2014 年世界发展指标

世界银行 著

中国财政经济出版社

World Development Indicators 2014

2014 年世界发展指标

图书在版编目（CIP）数据

2014 年世界发展指标/世界银行著；王喆等译. —北京：中国财政经济出版社，2014. 10
ISBN 978 - 7 - 5095 - 5739 - 6

Ⅰ. ① 2… Ⅱ. ①世… ②王… Ⅲ. ①世界经济 - 经济发展 - 综合指标 - 2014 Ⅳ. ①F112

中国版本图书馆 CIP 数据核字(2014)第 242444 号

中国财政经济出版社出版
URL：http://www.cfeph.cn
E-mail：cfeph@cfeph.cn

社址：北京市海淀区阜成路甲 28 号 邮政编码：100142
营销中心电话：010 - 88190406 北京财经书店电话：64033436 84041336
北京中兴印刷有限公司印刷 各地新华书店经销
889 × 1194 毫米 16 开 8.5 印张 300 000 字
2014 年 11 月第 1 版 2014 年 11 月北京第 1 次印刷
定价：60.00 元
ISBN 978 - 7 - 5095 - 5739 - 6/F · 4641
图字：01 - 2014 - 7096

前　言

2013 世界银行工作组宣布，会重点关注两个整体上可测的目标：到 2030 年消灭极端贫困以及促进共同繁荣。在一代人的时间内消灭贫困是史无前例的机遇——将会需要数据来监测进程、理解发展的复杂性并对项目和服务的有效执行进行管理。

《2014 年世界发展指标》汇集了与全球发展和战胜贫困相关的高质量、具有全球可比性的统计数据。希望能够帮助各个类型的用户——决策者、学者、分析人员、教授、项目管理人员以及普通公民来获取并使用关于发展的各个方面的数据，包括那些有助于监测和理解这两个指标进程的数据。

指标按 6 个章节进行组织——世界概览、人口、环境、经济、政府与市场以及全球联系。同以往的版本一样，世界概览回顾“千年发展目标”（MDGs）的全球进展，并提供针对贫困的关键指标。今年补充性的在线数据分析工具可以使读者进一步研究全球、地区以及国家在 MDGs 上的进展情况 http：//data. worldbank. org/mdgs。余下的几个部分包含引言，一组集中概括全球、地区或国家发展趋势的六个故事，一张反映与该主题最相关、最流行的指标的表格，以及对指标的编制方法的讨论。

这个印刷版本以及《2014 年世界发展数据手册》呈现了世界发展指标数据库中所收集数据的一部分，每一章节的结尾处列出了全部可用指标的索引。许多相关的额外指标可以在网上以数据库或表格的形式获得，通过网络或移动设备的应用程序 http：//data. worldbank. org/wdi 在线应用程序提供几种语言的指标描述和脚注信息，包括阿拉伯语、汉语、法语和西班牙语。

《世界发展指标》得益于各组织的通力协作：联合国系统内各机构、国际货币基金组织、国际电信联盟、经济合作与发展组织、200 多个经济体的统计机构，以及其他许多合作伙伴。在此，我们谨向这些合作伙伴——特别是世界各地的政府统计学家表示感谢。没有他们的辛勤工作、专业水准和奉献精神，对全球发展的衡量和监测工作是不可能完成的。

欢迎您提供宝贵建议使全球发展指标能够为大家提供更多的帮助。

Haishan Fu
发展经济学数据组组长

致　谢

William Prince 领导的编写组负责本书的筹备工作，该小组由 Neil Fantom 管理，成员包括：Azita Amjadi、Maja Bresslauer、Liu Cui、Federico Escaler、Mahyar Eshragh-Tabary、Juan Feng、Masako Hiraga、Wendy Vendee Huang、Bala Bhaskar Naidu Kalimili、Haruna Kashiwase、Buyant Erdene Khaltarkhuu、Tariq Khokar、Elysee Kiti、Ibrahim Levent、Hiroko Maeda、Maurice Nsabimana、Leila Rafei、Evis Rucaj、Umar Serajuddin、Rubena Sukaj、Emi Suzuki、Jomo Tariku 和 Rasiel Victor Vellos。编写组与世界银行发展经济学副行长办公室发展数据组中其他小组开展了密切合作。

《世界发展指标》的电子产品由 Soong Sup Lee 领导的团队制作，其中成员包括 Ying Chi、Jean-Pierre Djomalieu、Ramgopal Erabelly、Shelley Fu、Omar Hadi、Gytis Kanchas、Siddhesh Kaushik、Ugendran Machakkalai、Nacer Megherbi、Shanmugam Natarajan、Parastoo Oloumi、Manish Rathore、Ashish Shah、Atsushi Shimo 和 Malarvizhi Veerappan。

全部工作由 Haishan Fu 指导开展。Poornam Gupta、Zia M. Qureshi 和 David Rosenblatt 提出了宝贵的建议。

本书中指标的选择和正文内容的确定得到了世界银行四个主题网络的工作人员（可持续发展、人类发展、减贫和经济管理以及金融和私人部门发展），以及国际金融公司和多边投资担保机构的工作人员的悉心指导和大力帮助。更为重要的是，我们还得到了外部合作伙伴的大量帮助、指导以及数据支持。向为本书做出贡献的个人致谢的内容，请参阅贡献名单，本书主要合作伙伴名单请见合作伙伴。

由 Jack Harlow、Bruce Ross-Larson 及 Christopher Trott 领导的通信发展公司为本书进行总体策划、编辑和版式设计。Elaine Wilson 负责本书的封面设计、图片制作和排版。Peter Grundy Art & Design 的 Peter Grundy 和 Broadley Design 的 Diane Broadley 对报告进行了设计。世界银行出版办公室的工作人员对本书的印刷和发行进行了监督。

目　录

合作伙伴

本书所定义、收集并公布的国际统计数据是许多人士和组织集体努力的结果。《世界发展指标》提供的各种指标数据是各方面的工作人员几十年工作的结晶，包括在世界各地实际从事于普查和家庭调查的现场工作人员，以及各种委员会及各国和国际统计机构的工作人员。这些委员会和统计机构确定的术语、分类方法和标准，为国际统计体系奠定了基础。非政府组织和私人部门也在收集原始数据、组织和出版其成果方面做出了重要的贡献。另外，学术研究人员也在建立统计方法方面发挥了重要作用，并就统计指标的质量和解释开展了持续对话。所有这些人员都拥有一个强烈的信念，那就是获得精确的数据有利于提高公共和私人决策的质量。

通过与以下机构共享它们的数据和专业知识，这本《世界发展指标》才有可能出版。更为重要的是，这些机构的合作为世界银行致力于发展的努力做出了贡献，同时也对其他旨在提高人类生活质量的努力做出了贡献。我们要对那些努力帮助我们建立了有关这个世界及其人民的综合的、丰富翔实的信息基础的人们表示谢意。

为方便大家查询，我们在此列出了有关组织所拥有的网址。这些网址在 2014 年 3 月 1 日时仍有效。

国际和政府机构

二氧化碳信息分析中心

http://cdiac.ornl.gov

灾害流行病学研究中心

www.emdat.be

德国技术合作公司

www.giz.de

联合国粮食与农业组织

www.fao.org

国内流离失所监测中心

www.internal-displacement.org/

国际民用航空组织

www.icao.int

国际糖尿病联盟

www.idf.org

国际能源署

www.iea.org

国际劳工组织

www.ilo.org

国际货币基金组织

www.imf.org

国际电信联盟

www.itu.int

联合国艾滋病规划署

www.unaids.org

合作者

国家自然科学基金会

www.nsf.gov

联合国人类居住中心，
全球城市观测计划

www.unhabitat.org

美国外国灾害援助办公室

www.globalcorps.com/ofda.html

联合国儿童基金会

www.unicef.org

经济合作与发展组织

www.oecd.org

联合国贸易与发展会议

www.unctad.org

斯德哥尔摩国际和平研究所

www.sipri.org

联合国经济与社会事务署人口司

www.un.org/esa/population

理解儿童工作项目规划小组

www.ucw-project.org

联合国维持和平行动部

www.un.org/en/peacekeeping

联合国

www.un.org

联合国教育、科学及文化组织，
统计研究所

www.uis.unesco.org

联合国环境规划署

UNEP

www.unep.org

联合国工业发展组织

UNIDO

www.unido.org

联合国国际减灾战略组织

ISDR

www.unisdr.org

联合国药物管制与预防犯罪办事厅

www.unodc.org

联合国难民署

UNHCR

www.unhcr.org

联合国人口基金

UNFPA

www.unfpa.org

乌普萨拉大学冲突数据库

UCDP

www.pcr.uu.se/research/UCDP

世界银行集团

http://data.worldbank.org

世界卫生组织

www.who.int

世界知识产权组织

WIPO

www.wipo.int

世界旅游组织

UNWTO

www.unwto.org

世界贸易组织

World Trade Organization

www.wto.org

合作者

私人机构与非政府组织

国际地球科学信息网络中心

www.ciesin.org

国际战略研究所

www.iiss.org

国际集装箱化组织

www.ci-online.co.uk

国际道路联合会

www.irfnet.org

DHL

www.dhl.com

网络行会

http://news.netcraft.com

普华永道会计师事务所

www.pwc.com

世界经济论坛

www.weforum.org

标准普尔

www.standardandpoors.com

世界资源研究所

www.wri.org

世界保护监测中心

www.unep-wcmc.org

使用指南

世界发展指标是世界银行最重要的跨国可比发展指标汇编，包括 1,300 余个序列指标，涵盖 214 个经济体和 30 余个国家组，许多指标的数据积累超过 50 年。

《2014 年世界发展指标》是主要指标的精编集中展示，按照传统的分类划分并辅以区域性和话题性的重点关注内容。

世界概览	人口	环境
经济	政府与市场	全球联系

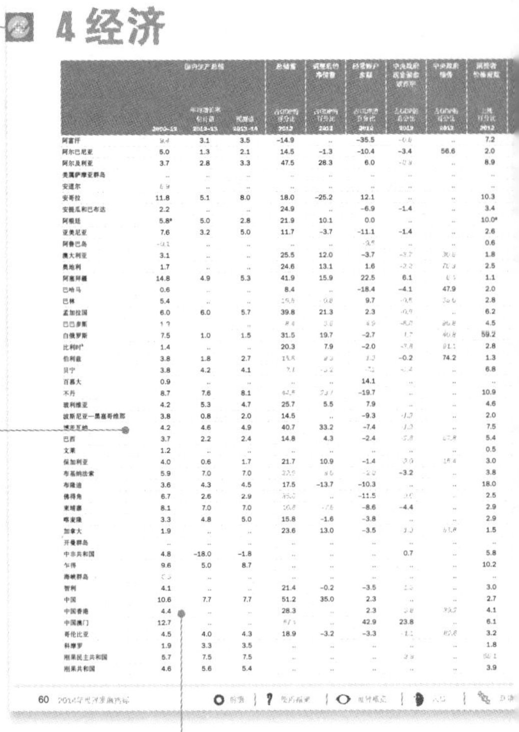

表格

该表包含所有世界银行成员国（188 个）以及所有人口超过 30,000 的其他经济体（共 214 个）。国家和经济体按首字母顺序排列（香港和澳门特别行政区列在中国之下）。国家这个术语与经济体是通用的，它并不意味着政治上的独立，而是指任何能够独立报告社会或经济统计数据的区域。如果可能的话，表末还列出了所属收入和地区组别的加总数值。

各收入组别的加总数值

各收入组别的加总数值包括了表格中所列的 214 个经济体，再加上中国台湾（如果数据可用的话）。为保持各时期之间与不同表格之间合计数值的一致性，缺失的数据在可能的情况下作了推算。

各地区的加总数值

各地区的加总数值仅包括中、低收入经济体。

各地区的国家构成基于世界银行为进行分析而做的地区划分，可能与通用的地理划分方法不同。地区划分，见封三的地图和封底的国家列表。有关加总方法进一步的讨论，见统计方法。

数据表示惯例

- 空格表示不适用或者对于加总数值而言不具有分析意义。
- 十亿为 1,000 百万。
- 万亿为 1,000 十亿。
- 蓝色斜体数字表示非特定年份或时期的数据，或者是非整个特定时期计算的增长率。
- 3 年以上的数据在脚注中显示。
- 数据截至 2014 年 2 月 1 日。

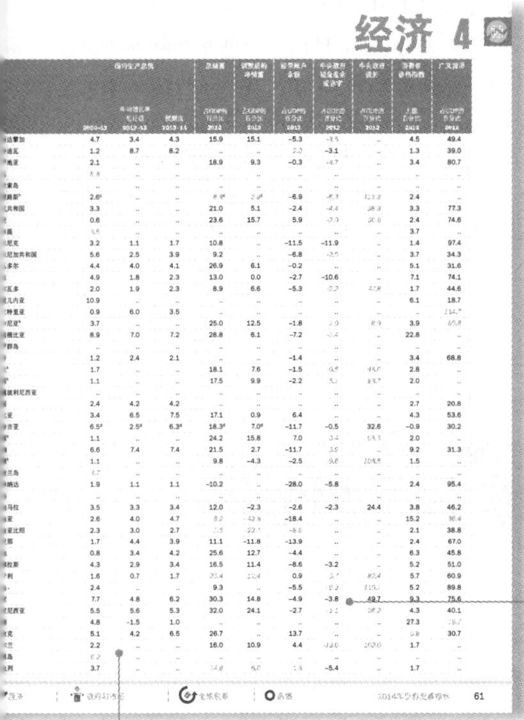

符号

..	表示该数据无法获得或者由于该年度数据遗失无法计算进行加总。
0 或 0.0	表示零或者数值非常小，在所列小数位下四舍五入为零。
/	用于日期中表示跨越两个日历年的一段时间（通常是 12 个月），例如 2011/2012 年，也指一个收成年度、一个调查年度或者一个财政年度。
$	为现值美元，除非另有说明。
<	为小于符号。

对各经济体的分类

为便于操作和分析，世界银行对世界各经济体分类的主要标准是（按照世界银行图表集法计算的）人均国民总收入（GNI）。因为随着时间的推移，人均国民总收入会发生变化，因此，各收入组的国别构成会出现该版《世界发展指标》不同于下一版的情况。某一版的分类一旦确定，则所有的历史数据就都根据同一组别中可得到的最近一年的人均国民总收入数据（本书为 2012 年）计算。

低收入经济体是指 2012 年人均国民总收入为 1,035 美元或以下者。中等收入经济体是指人均国民总收入为 1,035—12,616 美元者。中低收入和中高收入经济体以人均国民总收入 4,085 美元为界限划分。高收入经济体是指人均国民总收入为 12,616 美元或以上者。欧元区 18 个成员国作为高收入经济体中的一个亚组列示。

统计数据

原始数据文档提供了关于数据的额外信息。这一部分概括了各国和国际机构为改进原始数据收集工作所做的努力，并提供了关于基本来源、人口普查年份、财政年度、统计方法和使用的概念以及其他背景信息。统计方法则提供了本书使用的一些基本计算方法和公式等技术性信息。

国别说明

- Cape Verde 现作 Cabo Verde（佛得角）。
- 中国的数据不包括中国香港特别行政区、中国澳门特别行政区和中国台湾。
- 塞尔维亚的数据不包括科索沃地区或黑山共和国。
- 除非另有说明，苏丹的数据包含南苏丹。

WDI 在线表格的使用指南

以前在《世界发展指标》印刷版中的统计表格，现在可以通过网络获得。使用自动查询程序，这些统计表格将以世界发展指标数据库为基础不断更新。

如何访问 WDI 在线表格

要访问 WDI 网上表格，请登陆 http：//wdi. worldbank . org/tables。要直接访问特定的 WDI 在线表格，请使用 URL：http：//wdi. worldbank. org/table/和表格编号（例如，http：//wdi. worldbank. org/table/1. 1 可以查看世界概览的第一张表格）。这本书的每个部分都列出了指标的代码。要在线查看特定的指标，请使用 URL：http：//data. worldbank. org/indicator/ 和指标代码（例如，http：//data. worldbank. org/indicator/SP. POP. TOTL 可以查看总人口）。

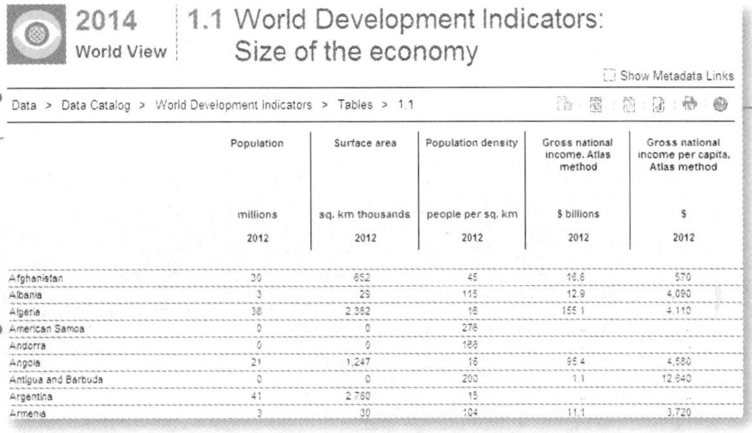

	Population	Surface area	Population density	Gross national income, Atlas method	Gross national income per capita, Atlas method
	millions	sq. km thousands	people per sq. km	$ billions	$
	2012	2012	2012	2012	2012
Afghanistan	30	652	45	16.6	570
Albania	3	29	115	12.9	4,090
Algeria	38	2,382	16	155.1	4,110
American Samoa	0	0	276	..	..
Andorra	0	0	166	..	..
Angola	21	1,247	16	95.4	4,580
Antigua and Barbuda	0	0	200	1.1	12,640
Argentina	41	2,780	15	..	..
Armenia	3	30	104	11.1	3,720

如何使用数据库

数据库（http：//databank. worldbank. org）是一个在线网络资源，能够简单快速的获得时序数据集。它在选择和显示数据方面具备强大功能，允许进行定制查询，下载数据，创建图表和地图。用户可以自选国家、指标和年份，创建动态自定义报表。所有这些报表都很易于编辑、共享、嵌入网站或博客。欲了解更多信息，请参阅http：//databank. worldbank. org/help。

动作

	点击编辑和修改数据库表格
	点击下载相应指标的元数据
	点击导出表格到Excel
	点击导出表格和相应指标的元数据到PDF
	点击打印表格和相应指标的元数据
	点击访问WDI表格在线帮助文档
Show Metadata Links	点击复选框以突出显示单元格级别的元数据和特定年份以外的值，再次单击复选框重置为默认显示

DataFinder 使用指南

DataFinder 是一个免费的手机应用程序，能够访问世界发展指标数据库里的全部数据。数据可以以表格、图表或地图的形式显示和保存，还能通过 email、Facebook 和 Twitter 分享。DataFinder 能以离线（没有网络连接）和在线（Wi－Fi 或 3G/4G）方式在移动设备（智能手机或平板电脑）上使用。

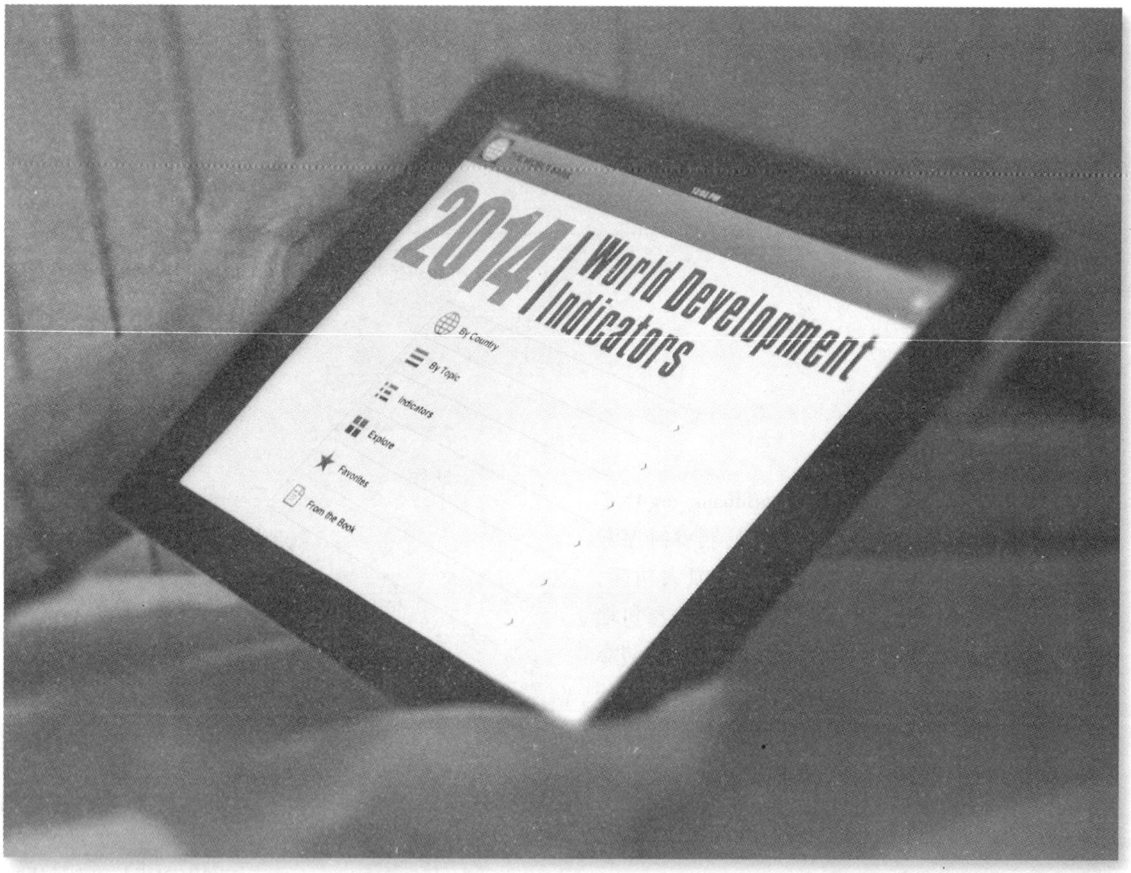

- 选择一个主题，显示所有相关指标。
- 比较多个国家的数据。
- 选择预定义查询。
- 创建一个新的查询，随后可以保存和编辑。
- 在表格、图表和地图格式中查看报表。
- 以 CSV 文件作为电子邮件附件的方式发送数据。
- 通过 Facebook、Twitter 或电子邮件分享评论和截图。

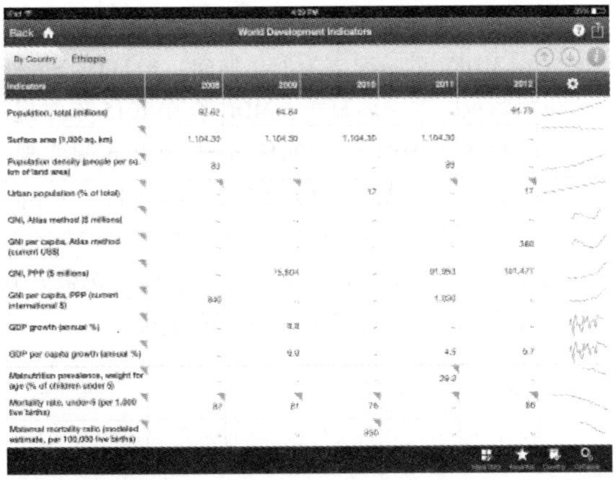

表格视图，提供按国家或主题分列的核心发展指标的时序数据。比较选项显示选定国家与另一国家最近一年的数据。

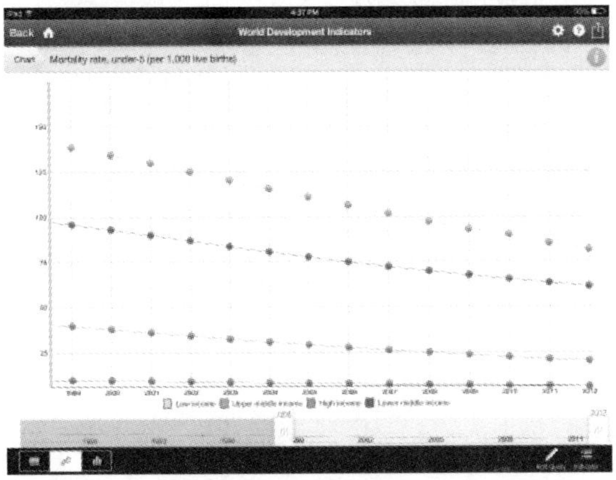

图表视图，说明数据变化趋势，以及跨国比较的线状或柱状图。

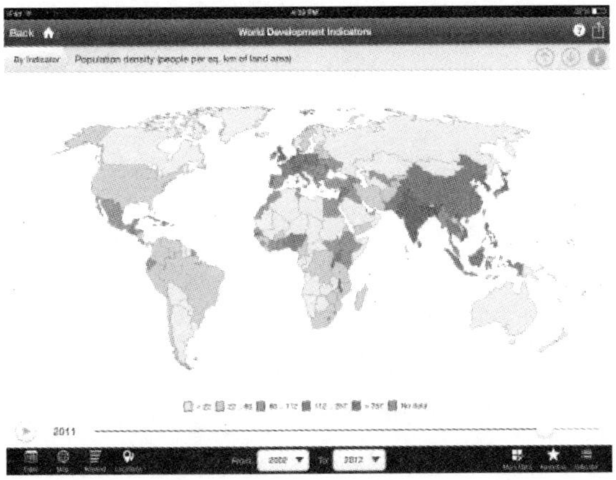

地图视图，在世界或区域地图上以颜色标注选定指标。运动选项，显示数据同比变化。

MDG 数据面板使用指南

世界发展指标数据库为各发展中国家或国家组的千年发展计划（MDGs）指标的发展趋势提供数据。每一年世界银行的“全球监测报告”运用这些数据来评估 MDGs 的进展情况。http://data.worldbank.org/mdgs 上有 6 个 MDG 在线交互数据面板，可以通过它了解更多评估的情况。

本书世界概览部分所列图表与《世界监测报告》中的评估相一致（MDG6 除外），但与本书以前的版本不能进行比较。根据上一个可观测的五年期间（在 MDG7 的情况下为七年期间）经济增长率外推出的数据，若进展显著，MDG 会在 2015 年实现；进展不显著，MDG 会在 2016 年到 2020 年间实现。略微偏离目标意味着 MDG 会在 2020 年到 2030 年间实现；而严重偏离目标的话，到 2030 年无法实现 MDG。数据不充分表明没有充分的数据点来做出关于进展的预测，或者 MDG 的起始值缺失。

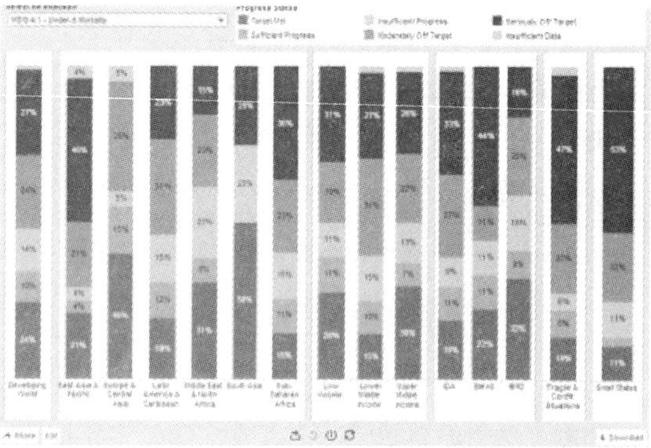

察看地区、收入组别以及按国家比例或数量分组的其他群组的进展情况。

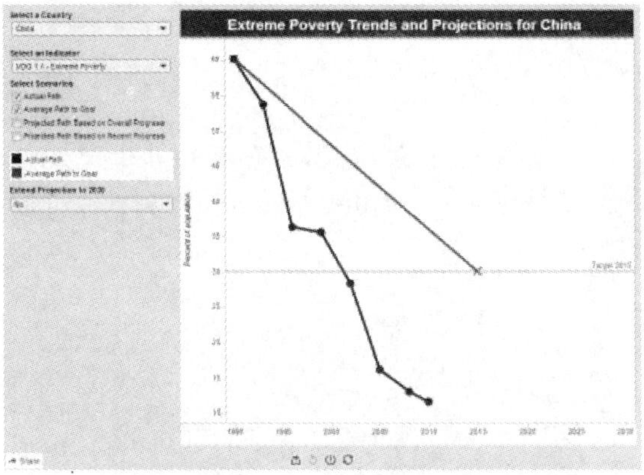

查看一个国家每个MDG目标的进展细节，包括1990年至最新数据年度的趋势，以及到目标年2015年及2030年的预计趋势。

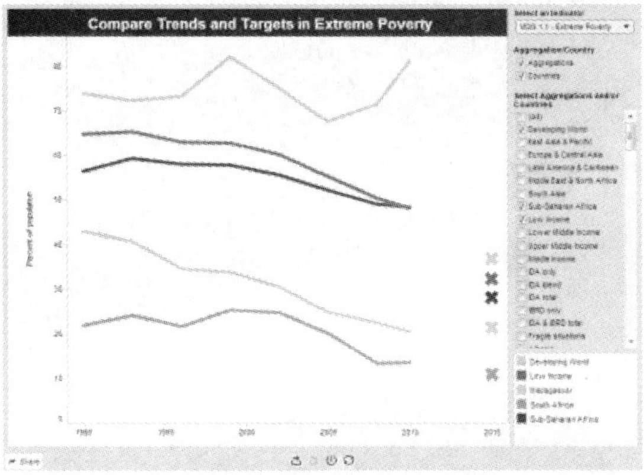

比较选定的国家或组别的每个MDG指标的趋势和目标。

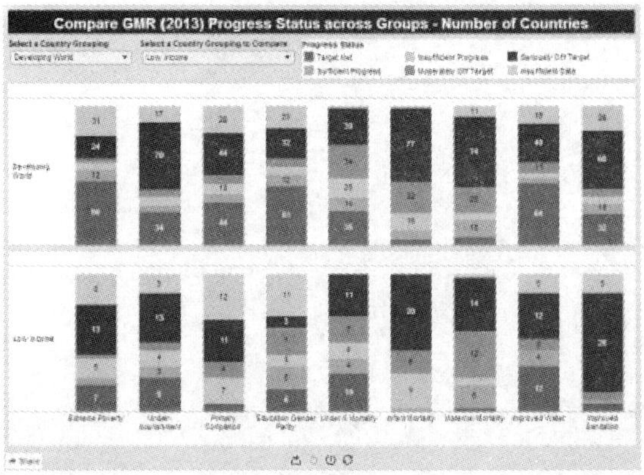

比较所有选定组别的所有MDG指标的进展情况。

世界概览

世界概览这一章通过在线交互可视化图表展现了 8 个千年发展目标（MDGs）的进展情况（http：//data. worldbank. org/mdgs）。这是对世界银行《全球监测报告》中细节分析的补充，并应用同一方法来评估不同国家在 2015 年完成这些具体目标上是否处于正确的方向。

世界银行于 2013 年 10 月宣布了两项新的目标，即消灭极端贫困以及在全球范围内促进共同繁荣。有两个指标被用来监测这一进程：生活在 1.25 美元/天（以 2005 年购买力平价衡量）以下的人口比例以及每个国家人均实际收入后 40% 人口的收入增长率。尽管世界范围内贫困率在下降，这一进展却并不均衡，要想达到新目标还需很多努力。正如 Jim Yong Kim 在世界银行 2013 年度报告中所说，“我们必须在一代人的时间内将贫困人口减少一半，再减少一半，再次减少一半。”

世界概览中的两张表格展示出对国际贫困线上贫困人口比例的最新估计。世界发展指标在线数据库和表格也描述了国家贫困线上的贫困率。大多数国家人均收入后 40% 人口的收入增长率的可靠数据库仍在建设当中。预期将在 2014 年晚些时候作为世界发展指标在线的一部分发布。

MDGs 的目标年 2015 年转瞬即至。MDGs 的一个重要方面在于集中于对目标进展的测量和监测，这对改善相关统计数据的质量、频率和可获得性都是一个挑战。过去几年中各国和国际合作伙伴均大力投资国家统计系统的建设，这也是大多数数据的原始来源。但最贫困的国家中许多指标的覆盖率和质量都存在问题，因此由于资源稀少，对进展测量的精细程度至关重要。尽管尽力达成这些目标仍然是重中之重，尤其对于那些落后地区而言更是如此，但国际组织已经开始讨论接下来的工作。

联合国秘书长召集高级委员会的 27 个成员国讨论 2015 年后发展议程，2013 年发布的报告关注了数据的重要性以及改善发展数据面临的挑战。它呼吁“可持续发展方面的数据革命，以及提高统计质量和公民对数据的可获得性的国际计划。”委员会还呼吁“利用新的科学技术、群众资源和改善的联系，使得人们在达到目标的过程中能够共享信息。”这些呼吁十分及时，大受欢迎。政府和发展伙伴都应该投资于国家统计系统，这是大多数数据的原始来源。

目标 1 消除极端贫困

贫困率持续下降 **1a**

生活费用不足1.25美元/天的人口(百分比)

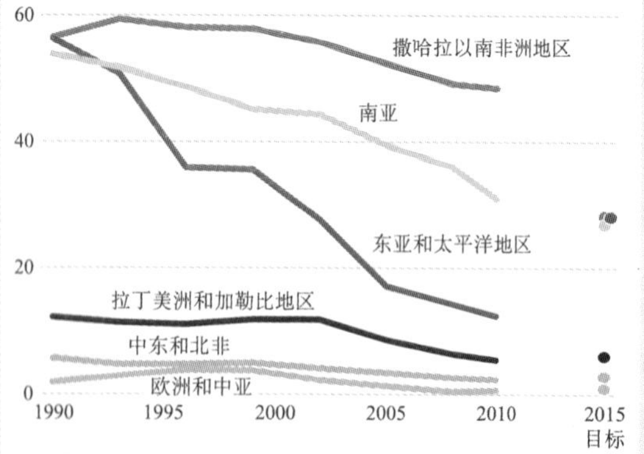

资料来源：世界银行 PovcalNet 数据库（http://iresearch.worldbank.org/PovcalNet）。

不同地区的减贫进程 **1b**

在消灭极端贫困进程中取得进展的国家(占所在地区内国家的百分比)

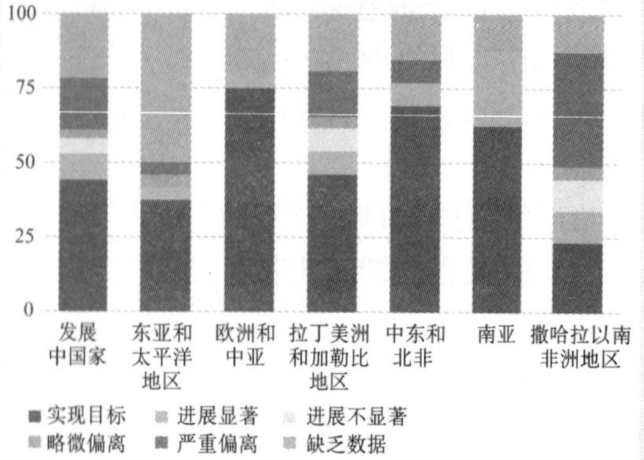

资料来源：世界银行（2013）和世界银行 MDG 数据面板（http://data.worldbank.org/mdgs）。

不同收入和贷款集团的减贫进程 **1c**

在消灭极端贫困进程中取得进展的国家(占该组国家的百分比)

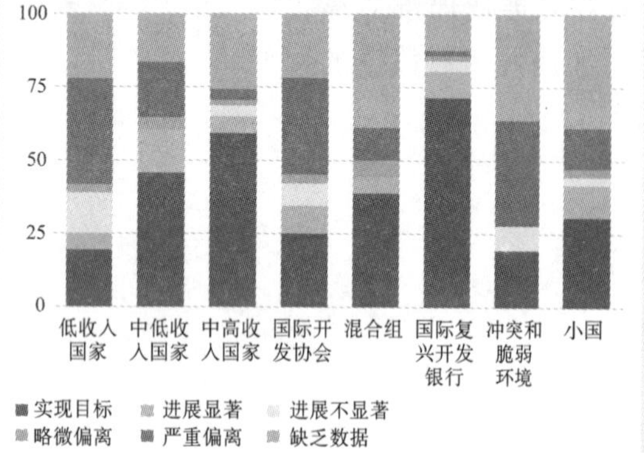

资料来源：世界银行（2013）和世界银行 MDG 数据面板（http://data.worldbank.org/mdgs）。

到 2015 年，世界范围内的极端贫困并不能被完全消灭，但是“千年发展目标”中将其减半的目标将得以实现。发展中国家（即 1990 年被划分为中、低收入的国家）每日生活费用不足 1.25 美元的人口比例已从 1990 年的 43.1% 下降至 2010 年的 20.6%，全部 6 个发展中国家地区中有 5 个都达到了新的低点。除了南亚和撒哈拉以南非洲地区，该目标于 2010 年在地区层面上完成。（图 1a）

在 2015 年的目标日期之前，还可能有更进一步的进展。发展中经济体有望在未来两年保持 5.3%—5.5% 的 GDP 增长率，人均 GDP 增长率将达到 4.2% 左右。增长最快的区域将会是东亚和太平洋地区以及南亚，这些地区生活着世界一半以上的最贫困人口。作为世界上最贫困的地区，撒哈拉以南非洲地区增长将会较慢，但仍比前几年为快。根据这些预测，生活在极端贫困中的人口比例将会在 2015 年降低到 16%。

根据目前的趋势，40% 的发展中国家已经完成了“千年发展”的首个目标，而且根据 2013 年全球监测报告（世界银行，2013）中所用的方法，只有 17% 的国家严重偏离目标。但在撒哈拉以南非洲地区，高达三分之一的国家均严重偏离目标——意味着按照它们现在的进展速度将无法在 2030 年使极端贫困率减半（图 1b）。在一些冲突频发较为脆弱的国家和一些小国，进展也十分缓慢（图 1c）。

数据缺失问题仍然存在，并且妨碍了对发展进程的监测。有五分之一的发展中国家自 1990 年以来未进行普查，这是使用国家统计数据衡量发展水平的最低要求。数据缺失在东亚和太平洋地区最严重，尤其是小国以及冲突和脆弱环境下更是如此。

对 2010 年的贫困估计是暂时性数据，将于 2014 年稍晚发布修正以及新的对 2011 年的估计。任何修正都可能影响到对 2015 年的预测。

目标 2　实现普及初等教育

让每一个儿童享受初等教育是最先被纳入千年发展目标的，早在 20 年前在泰国宗迪恩召开的全民教育大会（Education for All conference）上就设立了这一目标。

2009 年，发展中国家的初等教育普及率接近 90%，但自那以后就停滞不前，各个地区都没有实质性的进展。三个地区已经实现或者接近实现初等教育完全普及：东亚和太平洋地区、欧洲和中亚、拉丁美洲和加勒比地区。自 2009 年以来，中东和北非的初等教育普及率一直停留在 90% 附近。南亚地区初等教育普及率达到 88%，但提升十分缓慢。撒哈拉以南非洲地区初等教育普及率为 70%，远逊于其他地区（图 2a）。

最贫困的国家自 2000 年以来进步很快，尤其是南亚和撒哈拉以南非洲地区成效显著。但即便如此，离全民普及初等教育还相差很远。53 个国家已经完成了千年发展目标或正处于正确的道路上，但 38 个国家仍然严重偏离目标（图 2b）。即便这些地区的学校一年级接受所有适龄儿童入学，仍然无法在 2015 年完成目标。

另外的挑战在于帮助儿童留在学校中。由于费用、距离、身体面临危险以及无法取得进步等原因，许多儿童入学之后没有完成学业就辍学了。如今在中低收入国家，有 5,500 万适龄儿童没有进入学校学习——其中有 80% 都在撒哈拉以南非洲地区和南亚，那里的辍学率是最高的（图 2c）

即便国家在逐渐达到千年发展目标，现代经济扩张也对教育提出了更高的要求，实行初等教育不过是通向中等教育和高等教育的垫脚石。因此，更需要对学习质量和成果进行衡量和监测。教育完成率并不能保证教育的质量，一些儿童完成了基本教育但没有获得必要的识字和算术技能。

完成初等教育的增长率　2a

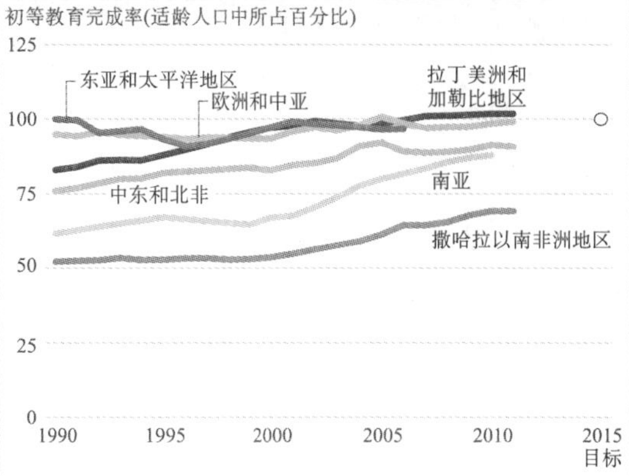

资料来源：联合国教科文组织统计研究所和世界发展指标数据库。

普及初等教育进程　2b

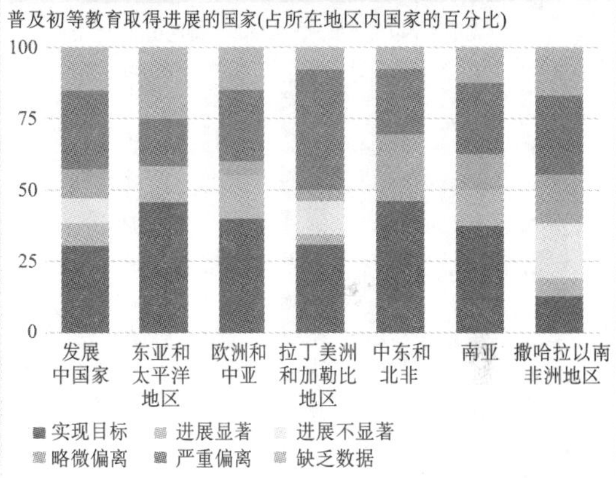

资料来源：世界银行（2013）和世界银行 MDG 数据面板（http：//data. worldbank. org/mdgs）。

许多儿童在入学之后辍学　2c

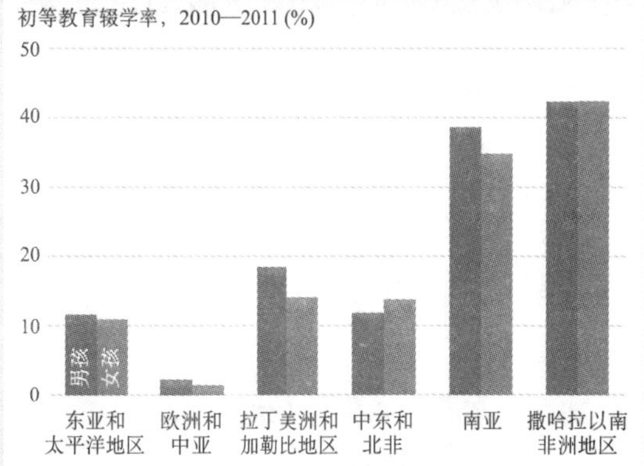

资料来源：联合国教科文组织统计研究所和世界发展指标数据库。

目标3　促进两性平等并赋予女性权力

在受教育机会上缩小性别差距　3a

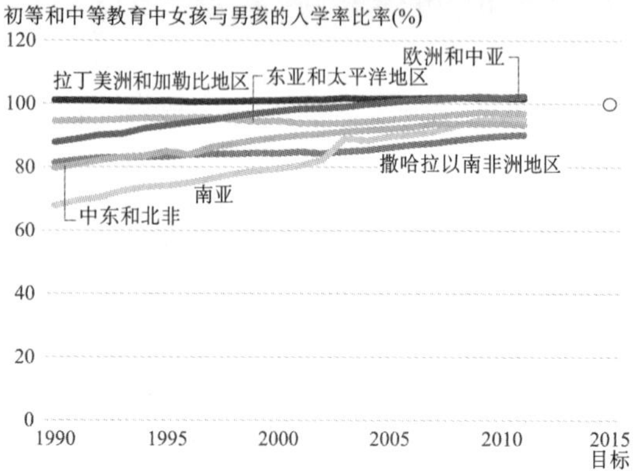

数据来源：联合国教科文组织统计研究所和世界发展指标数据库。

受教育人群性别平等进程　3b

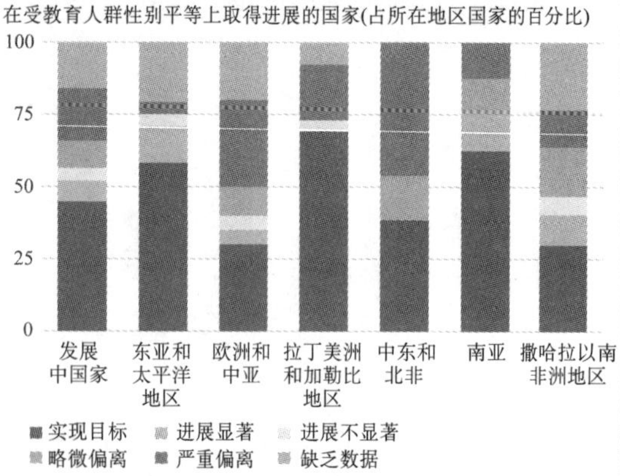

资料来源：世界银行（2013）和世界银行 MDG 数据面板（http：//data. worldbank. org/mdgs）。

女性仍然在劳动力市场上缺乏机会　3c

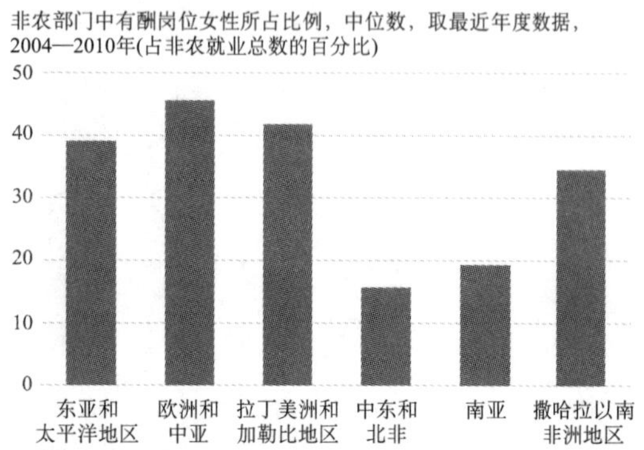

资料来源：国际劳工组织和世界发展指标数据库。

妇女为经济和社会发展做出了重要贡献。发展策略的核心内容就是要扩大妇女在公共部门和私人部门中的作用，而教育是这项战略的起点。通过入学和留在学校接受教育，女孩能够获得进入劳动力市场、照顾家庭和为自己做出决定的技能。

女童入学率已经有了大幅度提高。1990 年，发展中国家女童的小学入学率只有男童的 86%。2011 年，这项数据上升到 97%。在中学教育上也有同样的进展，同一时期，女生的中学入学率由 1990 年仅为男生的 77% 上升到了 2011 年的 96%。但平均数据掩盖了各个国家之间的巨大差异。低收入国家情况不容乐观，36 个国家中只有 8 个实现甚至超越了在小学和中学教育上的男女平等。与富裕家庭相比，贫困家庭更不可能将孩子留在学校，而富裕家庭的女孩们更有可能进入学校并学习更长时间。

女性长时间工作并为家庭做出了重要贡献，但许多在非正规部门工作的女性都没有得到报酬。在非农部门工作的女性比例（中位数）最大的是欧洲和中亚地区（46%）。而最低的则是中东和北非（16%）以及南亚（19%）。在这些地区，全面提高女性经济地位仍然是一个遥远的目标。

参与公共生活的妇女数量处在历史最高水平。各国议会中女性成员的比例不断提高。中东和北非在这方面的进步最为显著，在 1999—2013 年间，女性议员的比例超过原来的四倍，但也仅达到 16%。

数据的缺乏阻碍我们了解妇女在经济中扮演的角色。在性别统计国际机构和专家组的指导下，许多新的国际行动——包括世界银行性别统计项目、男女平等证据与数据行动计划和 Data2X 计划——旨在通过测绘数据间隙、提供技术支持以及开发在新兴领域提供统计数据的方法等方式来解决数据稀缺的问题。

目标 4　降低儿童死亡率

1990 年，全球有 1,300 万名 5 岁以下儿童死亡。1999 年该数字减少为不到 1,000 万。到 2012 年进一步减少到 700 万。在这段时间内，发展中国家 5 岁以下儿童死亡率降低了 46%，从 1990 年的每 1,000 个活产儿中有 99 例到 2012 年的 53 例。但撒哈拉以南非洲和南亚地区的此项数据仍然远高于另外四个发展中地区（图 4a）。除了撒哈拉以南非洲之外的所有发展中地区自 1990 年以来 5 岁以下儿童死亡率均减少了一半。整体上进展显著，但对全球而言降低的速度不足以完成千年发展中的第四个目标，即在 1990—2015 年间将 5 岁以下儿童死亡率降低 2/3。然而，5 岁以下儿童死亡率的下降速度在上升，从 1990—1995 年间的 1.2% 升高到 2005—2012 年间的 3.9%。这一速度已经接近要完成该目标应该达到的平均值（图 4b）。

大多数儿童死于很容易预防或治疗的疾病，例如肺炎（17%）、腹泻（9%）和疟疾（7%）。在 5 岁以下死亡儿童中，有大约 70% 发生在第一年，而其中的 60% 是在出生后一个月内死亡的。其中，早产并发症引发的死亡占 15%，分娩期间的并发症占 10%（UNICEF，2013）。因此，降低儿童死亡率的关键是排除新生儿和婴儿的致死因素：营养不良、卫生条件恶劣、缺乏出生和产后护理以及感染急性或慢性疾病。

对于大多数国家来说，降低婴儿和儿童死亡率能够最有效地延长国民寿命。儿童接种疫苗是一个成熟的、成本效益较高的方式。但是，虽然接种疫苗活动已经开展了数年，许多生活在低收入和中低收入国家的儿童仍然没有注射疫苗。要有效预防儿童疾病，就需要让所有儿童接种疫苗并坚持下去。令人担忧的是，死亡率最高的两个地区——南亚和撒哈拉以南非洲地区，麻疹疫苗接种率已经在低于 80% 的水平上停滞了三年（图 4c）。

5 岁以下儿童死亡率持续下降　4a

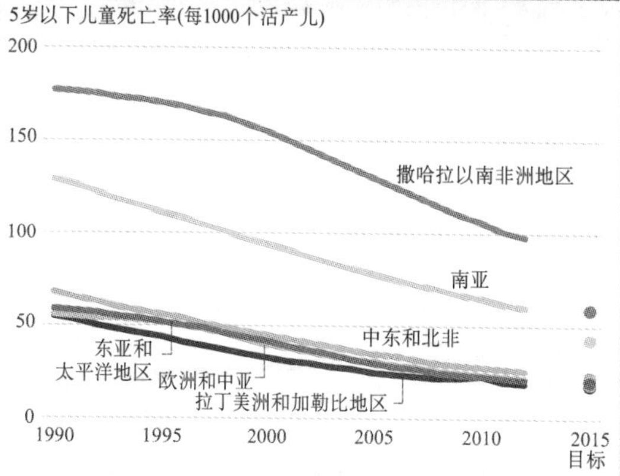

资料来源：跨机构儿童死亡率估值小组和世界发展指标数据库。

降低儿童死亡率的进展　4b

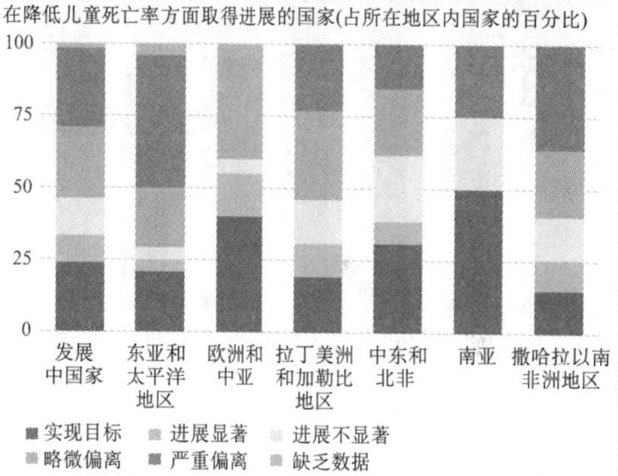

资料来源：世界银行（2013）和世界银行 MDG 数据面板（http：//data.worldbank.org/mdgs）。

麻疹疫苗接种率停滞不前　4c

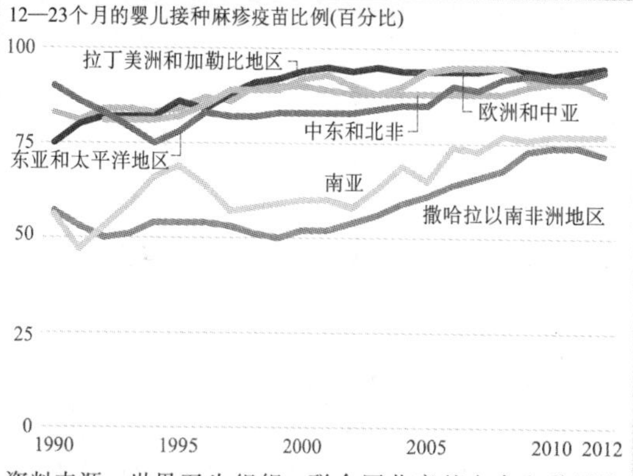

资料来源：世界卫生组织、联合国儿童基金会和世界发展指标数据库。

目标 5　提高孕产妇健康水平

南亚和撒哈拉以南非洲地区孕产妇死亡率更高　5a

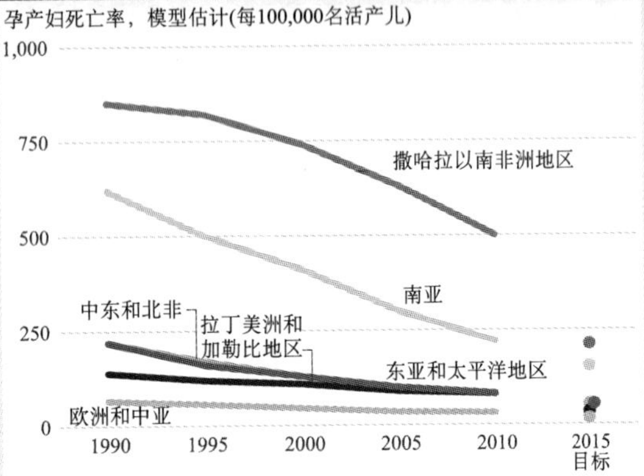

资料来源：孕产妇死亡率估算跨机构小组和世界发展指标数据库。

降低孕产妇死亡率的进展　5b

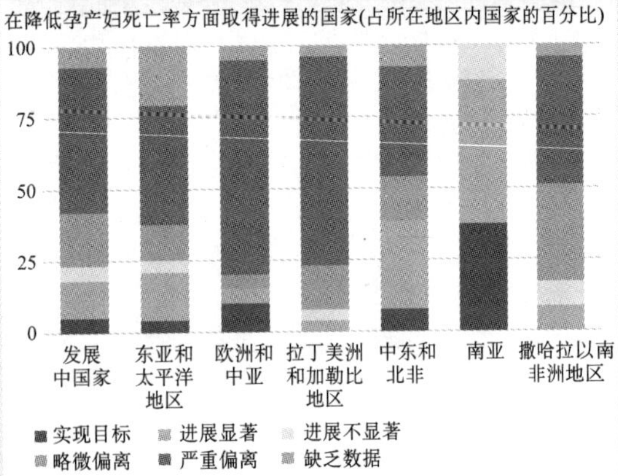

资料来源：世界银行（2013）和世界银行 MDG 数据面板（http：//data. worldbank. org/mdgs）。

需求广泛　5c

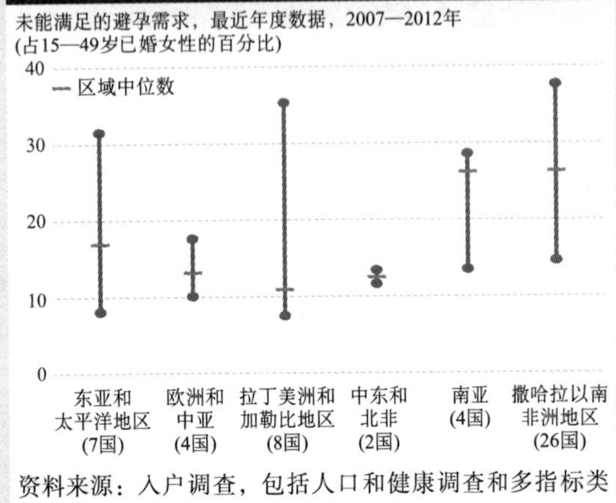

资料来源：入户调查，包括人口和健康调查和多指标类集调查以及世界发展指标数据库。

2010 年，全球约有 287, 000 名孕产妇死亡，比 1990 年下降了 47%。其中除 2, 400 人以外全部发生在发展中国家。2010 年全球孕产妇死亡案例超过一半发生在撒哈拉以南非洲地区，1/4 发生在南亚。虽然孕产妇死亡人数仍然很高，但南亚在达成千年发展目标方面已经取得了很大进步，2010 年每 10 万活产儿中孕产妇死亡 220 人，与 1960 年的 620 人相比下降了 65%。中东和北非、东亚和太平洋地区也使孕产妇死亡率降低了超过 60%（图 5a）。

上述成果无疑是骄人的，但在降低孕产妇死亡率方面的进展一直较为缓慢，远不足以实现千年发展目标，即在 1990—2015 年间将孕产妇死亡率降低 75%。只有极少数国家能达到这一目标，其中不包括任何发展中地区。但年均下降的速度在加快，从 1990—1995 年间的 2. 1% 提高到 2004—2010 年间的 4. 3%。这一速度已经接近要完成该目标应该达到的平均值（图 5b）。

更好的孕产妇保健和更低的生育率能够减少孕产妇死亡。实行计划生育并推广避孕措施有助于避免大量在不恰当的时机或者没有准备的情况下进行的生育。至少 2 亿女性希望使用安全有效的计划生育措施却无法做到（图 5c；UNFPA 2014）。

如果孕妇分娩前能够得到专业医护人员护理，很多健康问题都能得到治疗或预防。良好的营养、接种免疫并对感染进行治疗能够改善产妇和新生儿的情况。在处理产妇大出血和妊娠高血压等致命情况时，训练有素的医护人员和医疗设施至关重要。在南亚和撒哈拉以南非洲地区，许多产妇分娩时并没有医生、护士或专业助产人员在场护理。

目标 6　防治艾滋病、疟疾和其他疾病

传染性疾病给人类带来了巨大痛苦并严重阻碍了人类发展。贫困、武装冲突和自然灾害助长了疾病传播，而疾病传播又反过来加剧了这些困境。在非洲，艾滋病和艾滋病病毒的传播使该地区的居民寿命水平倒退了数十年，使数百万儿童成为孤儿。疟疾夺去了很多儿童的生命，并极大削弱了成年人的劳动力。结核病在 2012 年造成了 90 万人死亡，死者集中在 15—45 岁，患病人数更是多达数百万。

2012 年全球有 3,500 万艾滋病患者或病毒携带者，新增 230 万人感染艾滋病。撒哈拉以南非洲地区仍然是艾滋病的重灾区，但艾滋病感染者中成年人的比例已经开始下降，使用抗逆转录病毒药物的患者的存活率有所上升（图 6a 和 6b）。截至 2012 年年底，发展中国家中 970 万艾滋病患者接受了抗逆转录病毒药物治疗，近几年这一数字呈指数增长态势（UNAIDS，2013），但仍远未达到普及。

2012 年，有 860 万肺结核新发病患者，但肺结核的发病率、患病率和死亡率均在下降（图 6c）。如果这种趋势得以持续，2015 年能够实现在世界范围内控制并减小肺结核蔓延的目标。艾滋病患者和病毒携带者以及难民、流浪汉、囚犯等生活在狭小和不干净环境下的人群对肺结核的抵抗力很弱，尤其容易受到感染。采用适当药物治疗的完善医疗干预是阻止结核病传播的关键。

据估计 2012 年有 2 亿疟疾患者，造成 60 万人死亡（WHO，2013）。疟疾多发于贫困地区，但防治工作取得了一定进展。尽管在所有地区都有疟疾的病例，但撒哈拉以南非洲地区有最多的致命疟疾寄生虫。经杀虫剂处理的蚊帐已经被证实能够有效防止疟疾的传播，这种蚊帐在疫区的使用也越来越广泛。

撒哈拉以南非洲地区的 HIV 感染率继续下降　6a

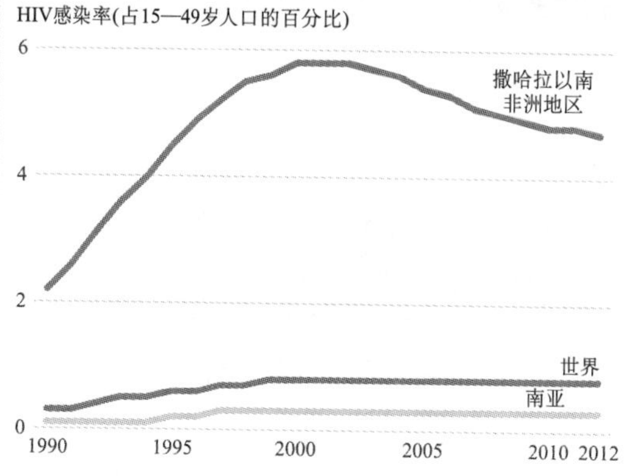

资料来源：联合国艾滋病规划署和世界发展指标数据库。

控制艾滋病蔓延的进展　6b

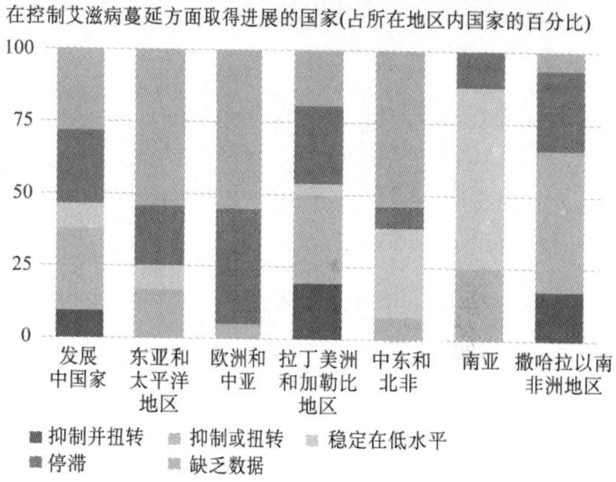

资料来源：世界银行工作人员计算。

更少人感染、携带和死于结核病　6c

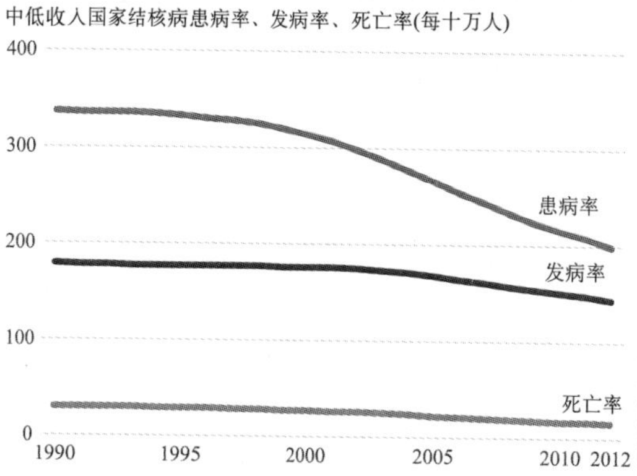

资料来源：世界卫生组织和世界发展指标数据库。

目标 7　确保环境的可持续发展

二氧化碳排放量持续上升至前所未有的水平　7a

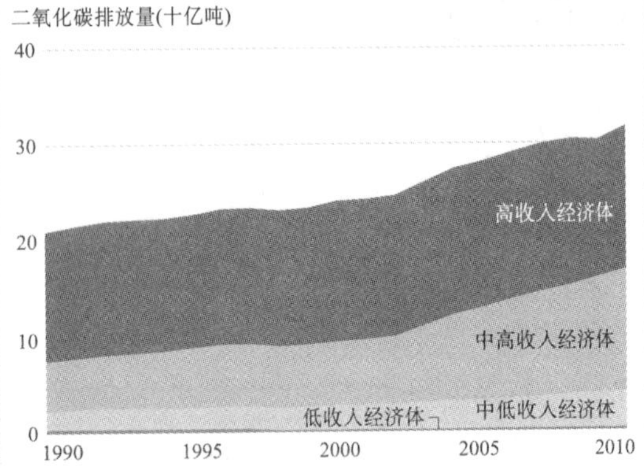

资料来源：二氧化碳信息分析中心和世界发展指标数据库。

使无法持续获得安全饮用水的人口减半的进展　7b

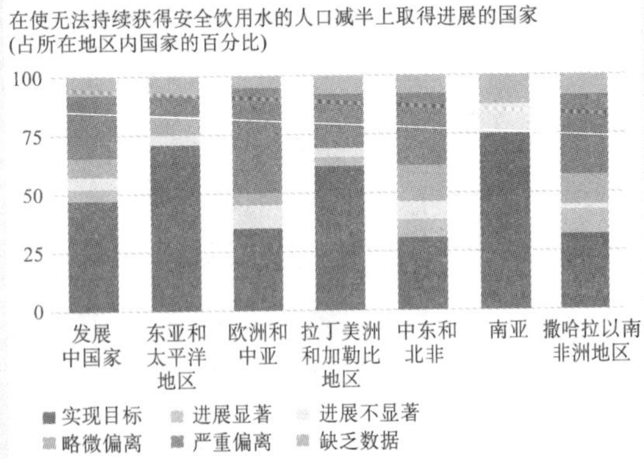

资料来源：资料来源：世界银行（2013）和世界银行 MDG 数据面板（http://data. worldbank. org/mdgs）。

使无法持续获得基本卫生设施的人口减半的进展　7c

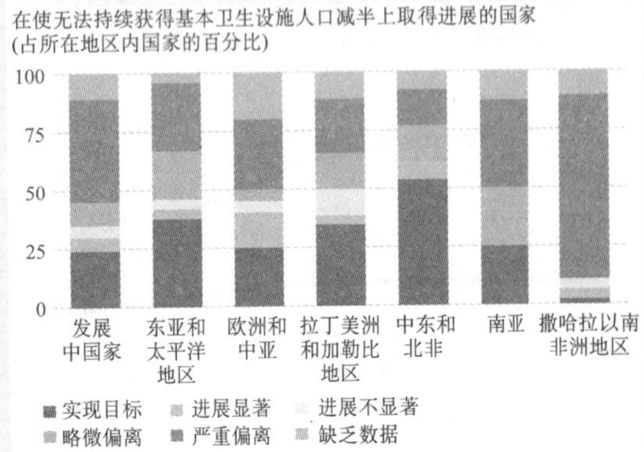

资料来源：资料来源：世界银行（2013）和世界银行 MDG 数据面板（http://data. worldbank. org/mdgs）。

“千年发展目标”中第七个目标是影响最为深远的，它影响着每个人的现在和未来。它要求改善自然条件和保护环境：再生和恢复自然资源、保护生物多样性、提供更多的安全饮用水源和卫生设施、改善贫困人群生活条件。总的主题是可持续发展，在不破坏自然和人文资源的条件下改善人类生活质量。

由于未能达成一个控制温室气体排放的全面协议，数十亿人仍将生活在气候变化的风险中，其中发展中国家遭受的影响最为巨大。温度上升、降水模式改变、海平面升高以及气候有关的灾害频发给农业以及食物和水的供应均带来危险。2010 年全球排放了 336 亿吨二氧化碳，比 2009 年增加了 5%，比 1990 年京都议定书规定的基准更是增加了 51%（图 7a）。据估计，2013 年的全球排放前所未有的达到了 360 万吨，比上一年增加 2%，略低于 2000 年以来的 3% 的平均水平。

千年发展目标要求到 2015 年，将无法获得卫生设施和改善水源的人口比例减半。1990 年，有将近 13 亿人缺乏便捷、卫生的饮用水源。到 2012 年这一数字降低了 41%，为 7. 52 亿人。在发展中国家，能够获得改善水源的人口比例由 1990 年的 70% 上升至 2012 年的 87%。然而，有近 27% 的国家距离达到饮水目标还相差很远（图 7b）。1990 年，中、低收入经济体中只有 35% 的人口拥有水厕及其他的卫生设施。2012 年，这一比例上升到 57%。但是仍有 25 亿人缺乏卫生设施。农村地区的情况更糟，只有 43% 的人享有改善的卫生设施，城市地区则为 73%。巨大的城乡差异，尤其是在南亚和撒哈拉以南非洲地区，是造成千年发展目标中卫生目标无法按时实现的主要原因（图 7c）。

目标 8 为发展而建立全球伙伴关系

2008 年爆发的金融危机以及许多高收入经济体因此实行的财政紧缩政策，破坏了经济合作与发展组织发展援助委员会（DAC）成员国提高官方发展援助（ODA）的承诺。在 2010 年达到峰值已来，ODA 经过通胀和汇率调整后的实际值已下降了 6%。2012 年 DAC 成员国的净 ODA 支出为 1270 亿美元，实际值下降了 4%。这一下降还伴随着受援助地区从最贫困地区向中等收入国家的显著转变。2012 年 DAC 成员国为撒哈拉以南非洲地区提供的双边 ODA 为 273 亿美元，实际值较 2011 年减少了 4.3%。占国民总收入的比例在 2012 年已经降至 0.29%，比联合国 0.7% 的目标的一半还要低（图 8a）。

经济增长、债务管理能力提高以及债务重组与减免等因素使得发展中国家的债务压力大幅减轻。这部分是由于 39 个国家中的 35 个都属于重债穷国（HIPC），享受债务减免计划和多边债务减免计划（MDRI）中债务的大幅减免。2012 年中、低收入经济体的负债额占出口额比率降至 9.8%，远低于 2000 年年初 21.1% 的一半。撒哈拉以南非洲地区有最多的 HIPC 和 MDRI 国家，债务对出口比率为最低水平，在 2012 年为 4.5%（图 8b）。

电信对经济发展至关重要，新技术在世界各地创造出许多新的机遇。到 2012 年年底世界范围内有 63 亿移动电话用户和 25 亿互联网用户。随着移动电话普及率接近市场饱和，发展中和发达经济体的增长率均有所下降。手机是访问互联网的几种方式之一。与电话类似，互联网的使用也与收入水平高度相关。自 2000 年以来，发展中经济体每 100 人中的互联网用户年均增长率达 28%，而南亚和撒哈拉以南非洲地区的低收入经济体中互联网发展则较为落后（图 8c）。

发展援助委员会成员国的官方发展援助 8a

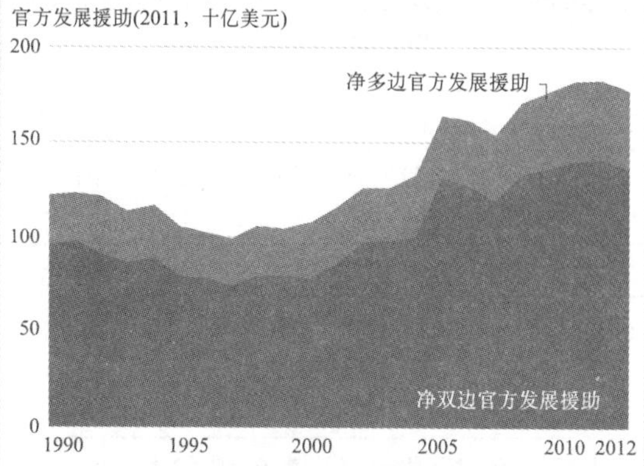

资料来源：经济合作与发展组织。

债务负担持续减少 8b

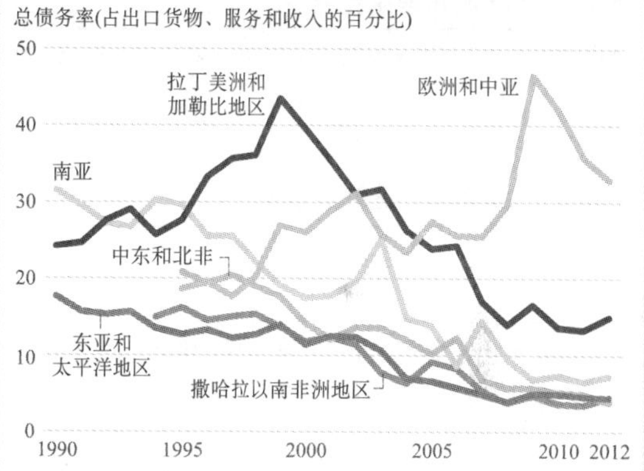

资料来源：世界发展指标数据库。

互联网用户数量持续增长 8c

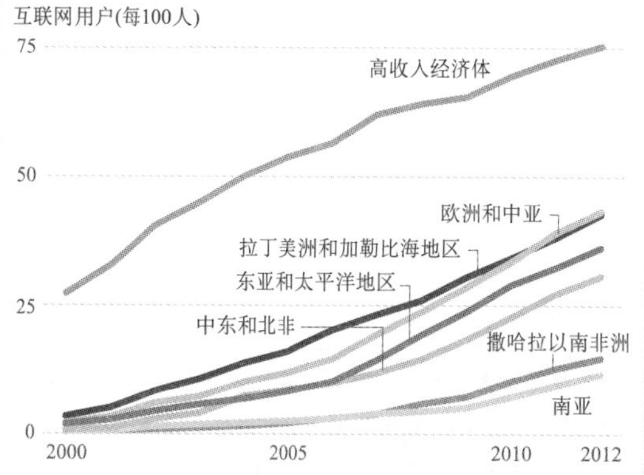

资料来源：国际电信联盟和世界发展指标数据库。

千年发展目标

千年宣言的目标和具体目标		监测进展的指标
目标1	**消除极端贫困与饥饿**	
具体目标1.A	1990—2015年间，将每日收入低于1美元的人口比例减少一半	1.1 每日生活费低于1美元（购买力平价）的人口所占比重[a] 1.2 贫困差距率（发生率×贫困程度） 1.3 最贫困的1/5人口在国民消费中所占比重
具体目标1.B	实现充分的生产性就业，并为所有人提供体面的工作，其中包括妇女和青年	1.4 就业人口的人均GDP增长率 1.5 人口就业率 1.6 就业人口每天生活费低于1美元（购买力平价）的比例 1.7 自营工作者和无报酬家庭劳动者占总就业的比例
具体目标1.C	1990—2015年间，将遭受饥饿的人口比例减少一半	1.8 5岁以下儿童体重不足的发生率 1.9 饮食中摄入能量少于最低标准的人口所占比重
目标2	**实现普及初等教育**	
具体目标2.A	到2015年，确保全球儿童（不论男女）都能完成小学全部课程	2.1 初等教育的净入学率 2.2 入学儿童中小学毕业的儿童所占的比重 2.3 15—24岁年龄组人口的识字率
目标3	**促进两性平等并赋予女性权力**	
具体目标3.A	最好在2005年前消除初等教育和中等教育中的性别不平等，最迟于2015年前消除各级别教育中的性别不平等	3.1 接受初等、中等和高等教育的女性与男性人数比例 3.2 女性在非农业部门有工资收入的就业人员中所占比重 3.3 女性在国家议会中所占席位的比重
目标4	**降低儿童死亡率**	
具体目标4.A	1990—2015年间，将5岁以下儿童死亡率减少2/3	4.1 5岁以下儿童死亡率 4.2 婴儿死亡率 4.3 1岁儿童接种麻疹疫苗的比例
目标5	**提高孕产妇健康水平**	
具体目标5.A	1990—2015年间，将孕产妇死亡率减少3/4	5.1 孕产妇死亡率 5.2 在熟练医护人员护理下的分娩比率
具体目标5.B	到2015年，实现生殖健康服务的普及	5.3 避孕普及率 5.4 青少年生育率 5.5 产前护理覆盖率（接受至少1次和至少4次产前检查） 5.6 家庭意外怀孕率
目标6	**防治艾滋病、疟疾和其他疾病**	
具体目标6.A	到2015年，遏制并开始逆转HIV/AIDS的蔓延趋势	6.1 HIV在15—24岁人口中的传播情况 6.2 上一次高风险性行为中避孕套的使用情况 6.3 全面、正确了解HIV/AIDS知识的15—24岁年龄段人口的比例 6.4 10—14岁年龄段的孤儿与非孤儿入学人数的比例
具体目标6.B	到2010年，针对所有需要HIV/AIDS治疗的病人实现治疗的普及	6.5 可获得抗逆转录（酶）病毒药物的HIV重度感染者的比例
具体目标6.C	到2015年，遏制并开始逆转疟疾和其他主要疾病的发生	6.6 疟疾的发病率和死亡率 6.7 5岁以下儿童睡在经过处理的蚊帐中的比例 6.8 5岁以下儿童发烧后服用适当的抗疟疾药物的比例 6.9 肺结核的感染率、传播率和死亡率 6.10 在短期直接观察治疗方案下查出和治愈的肺结核病例所占的比重

千年发展目标来自于千年宣言，由189个国家在2000年9月签订，其中包括147个国家政府首脑（www.un.org/millennium/declaration/ares552e.htm），2005年9月的第60届联合国大会对此进行了更新。修订过的千年发展目标主要监测以上给出的框架，其中包括新的目标和指标，并提交给了第62届联合国大会，2007年11月14日第12次会议上相关机构和专家组提供有关千年发展目标指标的新数据。目标都是相关的，应当看做一个整体。它们体现了发达国家和发展中国家之间的伙伴关系，“为创造一个环境——国家和全球层次的——以促进发展和消除贫困”。所有指标尽可能地都按性别和城市—农村区位划分。

千年宣言的目标和具体目标		监测进展的指标
目标 7　确保环境的可持续发展		
具体目标 7. A	将可持续发展原则融入国家政策和规划中，逆转环境资源的丧失趋势	7. 1　土地森林覆盖率 7. 2　（按购买力平价计算的）总的、人均以及 1 美元 GDP 的二氧化碳排放量 7. 3　消耗臭氧物质的消费量 7. 4　安全生态限制区内鱼类存量的比例 7. 5　所使用的水资源总量比例 7. 6　陆地保护区和海洋保护区比例 7. 7　濒危物种的比例
具体目标 7. B	减少生物多样性损失，到 2010 年实现损失率的大幅度降低	
具体目标 7. C	到 2015 年，将无法持续获得安全饮用水和基本卫生设施的人口比例减半	7. 8　使用改善的水资源的人口比重 7. 9　使用改善的环卫设施的人口比重
具体目标 7. D	到 2020 年，使至少 1 亿贫民窟居民的生活得到显著改善	7. 10　生活在贫民窟的城市人口比重[b]
目标 8　为发展而建立全球伙伴关系		
具体目标 8. A	进一步建立一个开放、遵循规则、可预测、非歧视性的贸易和金融体系 （包括在单个国家内和国际层面上致力于改善治理、发展和减少贫困）	以下指标中有些是分别用来监测最不发达国家、非洲国家、内陆发展中国家和小岛屿发展中国家的。 **官方发展援助** 8. 1　官方发展援助净额占 OECD/DAC 捐助国国民总收入的比重 8. 2　OECD/DAC 捐助国为社会基础服务（基础教育、初级医疗卫生、营养、安全饮用水和卫生设施）提供的双边、可在部门间分配的官方发展援助所占的比重 8. 3　OECD/DAC 捐助国提供的无附加条件的双边官方发展援助所占比重 8. 4　内陆国家接受到的官方发展援助占其国民总收入的百分比 8. 5　小岛屿发展中国家接受到的官方发展援助占其国民总收入的百分比 **市场准入** 8. 6　发达国家从发展中国家和最不发达国家进口的免征关税货物总额（按价值计，武器除外）所占比重 8. 7　发达国家对来自发展中国家的农产品、纺织品和服装征收的平均关税 8. 8　经济合作与发展组织成员国的农产品补贴的估计值占 GDP 的百分比 8. 9　用于帮助建设贸易能力的官方发展援助所占比重 **债务的可维持性** 8. 10　达到重债穷国决定点的国家总数和完成点（累计）的国家总数 8. 11　在重债穷国倡议和多边债务减免倡议下承诺的债务减免额 8. 12　还本付息额占货物和服务出口额的比重
具体目标 8. B	关注最不发达国家的特殊需求 （包括对最不发达国家的出口产品免除关税和配额；加强对重债穷国的债务减免计划并取消官方双边债务；对承诺减少贫困的国家提供更多的官方发展援助）	
具体目标 8. C	关注内陆发展中国家和小岛屿发展中国家的特殊需求（通过《小岛屿发展中国家可持续发展行动纲领》和联合国大会第 22 届特别会议的成果来实现）	
具体目标 8. D	通过国内和国际措施全面解决发展中国家的债务问题，以便使债务可长期承受	
具体目标 8. E	与制药公司合作，为发展中国家提供负担得起的必需药品	8. 13　可持续获得支付得起的必需药品的人口所占比重
具体目标 8. F	与私营部门合作，使新技术特别是信息和通信技术惠及大众	8. 14　每百人中的固定电话用户 8. 15　每百人中的移动电话用户 8. 16　每百人中的互联网用户

a. 为了监测国家贫困趋势，在可能的情况下应该使用以国家贫困线为基准的指标。

b. 生活在贫民窟的人口比例以替代指标来衡量，即具有以下至少一个特征的城市家庭人口：不能获取改善的水源供应、不能获取改善的卫生防疫设施、过度拥挤（每个房间居住 3 人或者以上），以及住所由非耐用材料建成。

	人口	地表面积	人口密度	城市人口	国民总收入				国内生产总值	
					图表集法		购买力平价			
	百万	千平方公里	人/平方公里	占总人口的百分比	10亿美元	人均，美元	10亿美元	人均，美元	增长百分比	人均增长百分比
	2012	2012	2012	2012	2012	2012	2012	2012	2011–2012	2011–2012
阿富汗	29.8	652.2	46	24	20.4	680	46.6[a]	1,560[a]	14.4	11.6
阿尔巴尼亚	3.2	28.8	115	54	12.7	4,030[b]	29.3	9,280	1.6	1.3
阿尔及利亚	38.5	2,381.7	16	74	193.2	5,020	321.6[a]	8,360[a]	3.3	1.4
美属萨摩亚	0.1	0.2	276	93	..	..[c]	..	..	..	..
安道尔	0.1	0.5	167	87	..	..[d]	..	..	..	..
安哥拉	20.8	1,246.7	17	60	95.4	4,580	112.4	5,400	6.8	3.5
安提瓜和巴布达	0.1	0.4	202	30	1.1	12,480[e]	1.7[a]	18,920[a]	2.8	1.8
阿根廷	41.1	2,780.4	15	93	..[f]	..[c,f]	..[f]	..[f]	1.9[g]	..[f]
亚美尼亚	3.0	29.7	104	64	11.0	3,720	20.4	6,860	7.2	7.0
阿鲁巴	0.1	0.2	569	47	..	..[d]	..	..	..	..
澳大利亚	22.7	7,741.2	3	89	1,346.6	59,260	966.6	42,540	3.4	1.7
奥地利	8.4	83.9	102	68	403.4	47,850	369.7	43,850	0.9	0.6
阿塞拜疆	9.3	86.6	112	54	57.9	6,220	86.5	9,310	2.2	0.9
巴哈马	0.4	13.9	37	84	7.7	20,600	10.8[a]	29,020[a]	1.8	0.3
巴林	1.3	0.8	1,734	89	25.8	19,560	*27.8*	*22,250*	3.4	1.4
孟加拉国	154.7	144.0	1,188	29	129.3	840	314.2	2,030	6.2	5.0
巴巴多斯	0.3	0.4	659	45	4.3	15,080	7.3[a]	25,670[a]	0.0	–0.5
白俄罗斯	9.5	207.6	47	75	61.8	6,530	141.6	14,960	1.5	1.6
比利时	11.1	30.5	368	98	497.6	44,720	452.7	40,680	–0.1	–0.9
伯利兹	0.3	23.0	14	45	*1.4*	*4,490*	2.5[a]	7,630[a]	5.3	2.8
贝宁	10.1	114.8	89	46	7.5	750	15.6	1,550	5.4	2.6
百慕大	0.1	0.1	1,296	100	6.8	104,590	..	..	–4.9	–5.2
不丹	0.7	38.4	19	36	1.8	2,420	4.6	6,200	9.4	7.6
玻利维亚	10.5	1,098.6	10	67	23.3	2,220	51.2	4,880	5.2	3.5
波斯尼亚和黑塞哥维那	3.8	51.2	75	49	18.2	4,750	37.0	9,650	–0.7	–0.6
博茨瓦纳	2.0	581.7	4	62	15.3	7,650	32.2	16,060	4.2	3.3
巴西	198.7	8,514.9	23	85	2,311.1	11,630	2,291.0	11,530	0.9	0.0
文莱	0.4	5.8	78	76	..	..[d]	..	..	2.2	0.7
保加利亚	7.3	111.0	67	74	50.0	6,840	112.9	15,450	0.8	1.4
布基纳法索	16.5	274.2	60	27	11.0	670	24.4	1,480	9.5	6.4
布隆迪	9.8	27.8	384	11	2.4	240	5.4	550	4.0	0.8
佛得角	0.5	4.0	123	63	1.9	3,830	2.4	4,930	2.5	1.7
柬埔寨	14.9	181.0	84	20	13.0	880	34.6	2,330	7.3	5.4
喀麦隆	21.7	475.4	46	53	25.3	1,170	49.3	2,270	4.6	2.0
加拿大	34.8	9,984.7	4	81	1,792.3	51,570	1,469.0	42,270	1.7	0.5
开曼群岛	0.1	0.3	240	100	..	..[d]	..	..	..	..
中非共和国	4.5	623.0	7	39	2.3	510	4.9	1,080	6.9	4.8
乍得	12.4	1,284.0	10	22	9.6	770	20.1	1,620	8.9	5.7
海峡群岛	0.2	0.2	849	31	..	..[d]	..	..	..	..
智利	17.5	756.1	23	89	249.9	14,310	357.2	20,450	5.6	4.6
中国	1,350.7	9,600.0	145	52	7,731.3	5,720	12,205.8	9,040	7.8	7.3
中国香港	7.2	1.1	6,866	100	261.6	36,560	373.4	52,190	1.5	0.3
中国澳门	0.6	0.0[h]	19,885	100	*30.4*	*55,720*	*37.1*	*68,000*	9.9	7.9
哥伦比亚	47.7	1,141.8	43	76	334.8	7,020	476.4	9,990	4.2	2.8
科摩罗	0.7	1.9	386	28	0.6	840	0.9	1,210	3.0	0.5
刚果民主共和国	65.7	2,344.9	29	35	15.4	230	25.5	390	7.2	4.3
刚果共和国	4.3	342.0	13	64	11.1	2,550	15.0	3,450	3.8	1.1

	人口	地表面积	人口密度	城市人口	国民总收入				国内生产总值	
					图表集法		购买力平价			
	百万	千平方公里	人/平方公里	占总人口的百分比	10亿美元	人均，美元	10亿美元	人均，美元	增长百分比	人均增长百分比
	2012	2012	2012	2012	2012	2012	2012	2012	2011–2012	2011–2012
哥斯达黎加	4.8	51.1	94	65	42.4	8,820	60.1[a]	12,500[a]	5.1	3.6
科特迪瓦	19.8	322.5	62	52	24.2	1,220	38.2	1,920	9.5	7.0
克罗地亚	4.3	56.6	76	58	57.6	13,490	86.2	20,200	–2.0	–1.7
古巴	11.3	109.9	106	75	*66.4*	*5,890*	..	..	*2.7*	*2.8*
库拉索	0.2	0.4	342	..	..	..[d]	..	..	..	..
塞浦路斯	1.1	9.3	122	71	22.8[i]	26,110[i]	26.1[i]	29,840[i]	–2.4[i]	–4.9[i]
捷克共和国	10.5	78.9	136	73	190.5	18,130	267.9	25,480	–1.0	–1.2
丹麦	5.6	43.1	132	87	334.8	59,870	246.4	44,070	–0.4	–0.7
吉布提	0.9	23.2	37	77	..	..[j]	..	..	..	..
多米尼克	0.1	0.8	96	67	0.5	6,440	0.9[a]	11,980[a]	–1.7	–2.1
多米尼加共和国	10.3	48.7	213	70	56.3	5,470	99.3[a]	9,660[a]	3.9	2.6
厄瓜多尔	15.5	256.4	62	68	80.1	5,170	147.0	9,490	5.1	3.5
埃及	80.7	1,001.5	81	44	240.3	2,980	520.7	6,450	2.2	0.5
萨尔瓦多	6.3	21.0	304	65	22.6	3,590	42.3[a]	6,720[a]	1.9	1.3
赤道几内亚	0.7	28.1	26	40	10.0	13,560	13.7	18,570	2.5	–0.3
厄立特里亚	6.1	117.6	61	22	2.8	450	3.4[a]	550[a]	7.0	3.6
爱沙尼亚	1.3	45.2	31	70	21.6	16,270	31.0	23,280	3.9	4.4
埃塞俄比亚	91.7	1,104.3	92	17	34.7	380	101.5	1,110	8.5	5.7
法罗群岛	0.0[k]	1.4	35	41	..	..[d]	..	..	..	..
斐济	0.9	18.3	48	53	3.6	4,110	4.1	4,690	2.3	1.5
芬兰	5.4	338.4	18	84	251.7	46,490	212.0	39,150	–0.8	–1.3
法国	65.7	549.2	120	86	2,742.9	41,750	2,458.1	37,420	0.0	–0.5
法属波利尼西亚	0.3	4.0	75	51	..	..[d]	..	..	..	..
加蓬	1.6	267.7	6	86	16.4	10,040	23.0	14,090	5.6	3.1
冈比亚	1.8	11.3	177	58	0.9	510	3.3	1,830	5.3	2.0
格鲁吉亚	4.5[l]	69.7	79[l]	53	14.8[l]	3,290[l]	26.0[l]	5,790[l]	6.0[l]	5.8[l]
德国	80.4	357.1	231	74	3,624.6	45,070	3,516.2	43,720	0.7	2.4
加纳	25.4	238.5	111	53	39.4	1,550	48.4	1,910	7.9	5.6
希腊	11.1	132.0	86	62	262.4	23,660	290.3	26,170	–6.4	–6.1
格陵兰	0.1	410.5[m]	0[n]	85	..	..[d]	..	..	..	..
格林纳达	0.1	0.3	310	39	0.8	7,220	1.1[a]	10,350[a]	0.6	0.2
关岛	0.2	0.5	302	93	..	..[d]	..	..	..	..
危地马拉	15.1	108.9	141	50	47.1	3,120	73.6[a]	4,880[a]	3.0	0.4
几内亚	11.5	245.9	47	36	5.0	440	11.1	970	3.9	1.3
几内亚比绍	1.7	36.1	59	45	0.9	510	1.8	1,100	–6.7	–8.9
圭亚那	0.8	215.0	4	28	2.7	3,410	2.7[a]	3,340[a]	4.8	4.2
海地	10.2	27.8	369	55	7.7	760	12.4[a]	1,220[a]	2.8	1.4
洪都拉斯	7.9	112.5	71	53	16.8	2,120	30.8[a]	3,880[a]	3.9	1.8
匈牙利	9.9	93.0	110	70	123.1	12,410	211.8	21,350	–1.7	–1.2
冰岛	0.3	103.0	3	94	12.3	38,270	11.2	34,770	1.4	0.9
印度	1,236.7	3,287.3	416	32	1,913.2	1,550	4,730.3	3,820	4.7	3.4
印度尼西亚	246.9	1,904.6	136	51	844.0	3,420	1,168.7	4,730	6.2	4.9
伊朗	76.4	1,745.2	47	69	..	..[c]	..	..	–1.9	–3.2
伊拉克	32.6	435.2	75	66	199.8	6,130	242.9	7,460	9.3	6.5
爱尔兰	4.6	70.3	67	63	179.0	39,020	164.2	35,790	0.2	–0.1
马恩岛	0.1	0.6	150	51	..	..[d]	..	..	..	..
以色列	7.9	22.1	366	92	253.4	32,030	240.2	30,370	3.4	1.5

1 世界概览

	人口	地表面积	人口密度	城市人口	国民总收入				国内生产总值	
					图表集法		购买力平价			
	百万	千平方公里	人/平方公里	占总人口的百分比	10亿美元	人均，美元	10亿美元	人均，美元	增长百分比	人均增长百分比
	2012	2012	2012	2012	2012	2012	2012	2012	2011–2012	2011–2012
意大利	59.5	301.3	202	69	2,062.5	34,640	2,065.9	34,700	–2.5	–0.6
牙买加	2.7	11.0	250	52	13.9	5,130	..	..	–0.5	–0.7
日本	127.6	378.0	350	92	6,106.7	47,870	4,687.6	36,750	2.0	2.2
约旦	6.3	89.3	71	83	29.5	4,670	37.8	5,980	2.7	0.4
哈萨克斯坦	16.8	2,724.9	6	54	164.3	9,780	197.9	11,790	5.0	3.5
肯尼亚	43.2	580.4	76	24	37.2	860	74.7	1,730	4.6	1.8
基里巴斯	0.1	0.8	124	44	0.3	2,520	0.4[a]	3,870[a]	2.8	1.2
朝鲜	24.8	120.5	206	60	..	..[o]	..	..	..	..
韩国	50.0	99.9	515	83	1,133.8	22,670	1,509.0	30,180	2.0	1.6
科索沃	1.8	10.9	166	..	6.5	3,600	..	..	2.7	1.8
科威特	3.3	17.8	182	98	*140.2*	*44,880*	*149.2*	*47,750*	6.2	2.1
吉尔吉斯共和国	5.6	199.9	29	35	5.5	990	12.4	2,220	–0.9	–2.5
老挝	6.6	236.8	29	35	8.4	1,270	17.9	2,690	8.2	6.2
拉脱维亚	2.0	64.5	33	68	28.6	14,060	44.4	21,820	5.0	6.3
黎巴嫩	4.4	10.5	433	87	40.7	9,190	62.7	14,160	1.4	0.4
莱索托	2.1	30.4	68	28	2.8	1,380	4.5	2,170	4.0	2.8
利比里亚	4.2	111.4	44	49	1.5	370	2.4	580	10.2	7.3
利比亚	6.2	1,759.5	3	78	..	..[c]	..	..	..	..
列支敦士登	0.0[k]	0.2	229	14	..	..[d]	..	..	..	..
立陶宛	3.0	65.3	48	67	41.3	13,820	70.3	23,540	3.7	5.1
卢森堡	0.5	2.6	205	86	38.0	71,640	32.4	60,950	–0.2	–2.5
前南斯拉夫马其顿共和国	2.1	25.7	83	59	9.7	4,620	24.3	11,540	–0.3	–0.3
马达加斯加	22.3	587.0	38	33	9.7	430	20.8	930	3.1	0.3
马拉维	15.9	118.5	169	16	5.0	320	11.6	730	1.9	–1.0
马来西亚	29.2	330.8	89	73	287.0	9,820	475.8	16,270	5.6	3.9
马尔代夫	0.3	0.3	1,128	42	1.9	5,750	2.6	7,560	3.4	1.4
马里	14.9	1,240.2	12	36	9.8	660	16.9	1,140	–0.4	–3.3
马耳他	0.4	0.3	1,311	95	8.3	19,710	11.3	26,930	1.0	0.2
马绍尔群岛	0.1	0.2	292	72	0.2	4,040[b]	..	..	1.9	1.8
毛里塔尼亚	3.8	1,030.7	4	42	4.2	1,110	9.4	2,480	7.6	4.9
毛里求斯	1.3	2.0	636	42	11.1	8,570	19.5	15,060	3.2	2.8
墨西哥	120.8	1,964.4	62	78	1,165.1	9,640	1,951.1	16,140	3.8	2.5
密克罗尼西亚联邦	0.1	0.7	148	23	0.3	3,230	0.4[a]	3,920[a]	0.4	0.5
摩尔多瓦	3.6[p]	33.9	124[p]	48	7.4[p]	2,070[p]	12.9[p]	3,630[p]	–0.8[p]	–0.8[p]
摩纳哥	0.0[k]	0.0[h]	18,790	100	..	..[d]	..	..	..	..
蒙古	2.8	1,564.1	2	69	8.8	3,160	14.0	5,020	12.3	10.6
黑山	0.6	13.8	46	63	4.5	7,220	9.1	14,590	–0.5	–0.6
摩洛哥	32.5	446.6	73	57	97.9[q]	2,960[q]	167.4[q]	5,060[q]	4.2[q]	2.7[q]
莫桑比克	25.2	799.4	32	31	12.8	510	25.3	1,000	7.4	4.7
缅甸	52.8	676.6	81	33	..	..[o]	..	..	..	..
纳米比亚	2.3	824.3	3	39	12.7	5,610	16.4	7,240	5.0	3.1
尼泊尔	27.5	147.2	192	17	19.2	700	40.4	1,470	4.9	3.6
荷兰	16.8	41.5	497	84	804.3	48,000	733.0	43,750	–1.2	–1.6
新喀里多尼亚	0.3	18.6	14	62	..	..[d]	..	..	..	..
新西兰	4.4	267.7	17	86	163.6	36,900	144.6	32,620	3.2	2.6
尼加拉瓜	6.0	130.4	50	58	9.9	1,650	23.3[a]	3,890[a]	5.2	3.7
尼日尔	17.2	1,267.0	14	18	6.7	390	13.0	760	10.8	6.7

	人口	地表面积	人口密度	城市人口	国民总收入				国内生产总值	
					图表集法		购买力平价			
	百万	千平方公里	人/平方公里	占总人口的百分比	10亿美元	人均，美元	10亿美元	人均，美元	增长百分比	人均增长百分比
	2012	2012	2012	2012	2012	2012	2012	2012	2011–2012	2011–2012
尼日利亚	168.8	923.8	185	50	242.7	1,440	404.8	2,400	6.5	3.6
北马里亚纳群岛	0.1	0.5	116	92	..	..[d]	..	..	..	..
挪威	5.0	323.8	16	80	495.7	98,780	338.5	67,450	2.9	1.6
阿曼	3.3	309.5	11	74	*58.8*	*19,450*	*71.0*	*25,330*	5.0	*-7.1*
巴基斯坦	179.2	796.1	232	37	225.1	1,260	516.5	2,880	4.0	2.3
帕劳	0.0[k]	0.5	45	85	0.2	9,860	0.4[a]	16,870[a]	5.3	4.5
巴拿马	3.8	75.4	51	76	32.4	8,510	57.6[a]	15,150[a]	10.7	8.9
巴布亚新几内亚	7.2	462.8	16	13	12.8	1,790	19.6[a]	2,740[a]	8.0	5.7
巴拉圭	6.7	406.8	17	62	22.8	3,400	38.2	5,720	-1.2	-2.9
秘鲁	30.0	1,285.2	23	78	181.8	6,060	302.7	10,090	6.3	5.0
菲律宾	96.7	300.0	324	49	241.7	2,500	423.6	4,380	6.8	5.0
波兰	38.5	312.7	127	61	488.0	12,660	838.6	21,760	1.8	1.8
葡萄牙	10.5	92.1	115	62	217.0	20,640	266.3	25,330	-3.2	-2.8
波多黎各	3.7	8.9	413	99	66.0	18,000	..	..	0.5	1.3
卡塔尔	2.1	11.6	177	99	*142.6*	*74,600*	*168.8*	*88,350*	6.2	-1.0
罗马尼亚	20.1	238.4	87	53	171.9	8,560	354.3	17,650	0.4	0.7
俄罗斯	143.5	17,098.2	9	74	1,822.7	12,700	3,272.9	22,800	3.4	3.0
卢旺达	11.5	26.3	464	19	6.9	600	15.1	1,320	8.0	5.0
萨摩亚	0.2	2.8	67	20	0.6	3,260	0.8[a]	4,250[a]	2.9	2.1
圣马力诺	0.0[k]	0.1	521	94	..	..[d]	..	..	..	..
圣多美和普林西比	0.2	1.0	196	63	0.2	1,310	0.3	1,810	4.0	1.3
沙特阿拉伯	28.3	2,149.7[r]	13	82	687.8	24,310	*837.4*	*30,160*	5.1	3.2
塞内加尔	13.7	196.7	71	43	14.2	1,030[s]	25.8	1,880	3.5	0.5
塞尔维亚	7.2	88.4	83	57	38.1	5,280	82.6	11,430	-1.7	-1.2
塞舌尔	0.1	0.5	192	54	1.1	12,180	2.3[a]	25,580[a]	2.8	1.8
塞拉利昂	6.0	71.7	83	40	3.5	580	8.0	1,340	15.2	13.0
新加坡	5.3	0.7	7,589	100	250.8	47,210	319.3	60,110	1.3	-1.1
荷属圣马丁	0.0[k]	0.0[h]	1,150	..	..	..[d]	..	..	..	..
斯洛伐克	5.4	49.0	112	55	93.0	17,190	137.5	25,430	1.8	1.6
斯洛文尼亚	2.1	20.3	102	50	46.9	22,810	58.1	28,240	-2.5	-2.7
所罗门群岛	0.5	28.9	20	21	0.6	1,130	1.2[a]	2,130[a]	3.9	1.7
索马里	10.2	637.7	16	38	..	..[o]	..	..	..	..
南非	52.3	1,219.1	43	62	389.8	7,460	563.3	10,780	2.5	1.2
南苏丹	10.8	644.3	..	18	8.6	790	..	..	-47.6	-49.8
西班牙	46.8	505.6	94	78	1,368.8	29,270	1,485.1	31,760	-1.6	-1.7
斯里兰卡	20.3	65.6	324	15	59.3	2,920	122.5	6,030	6.4	9.2
圣基茨和尼维斯	0.1	0.3	206	32	0.7	13,610	0.9[a]	17,630[a]	6.9	5.7
圣卢西亚	0.2	0.6	297	17	1.2	6,890	2.0[a]	11,300[a]	0.5	-0.4
法属圣马丁	0.0[k]	0.1	569	..	..	..[d]	..	..	..	..
圣文森特和格林纳丁斯	0.1	0.4	280	50	0.7	6,400	1.2[a]	10,870[a]	2.3	2.3
苏丹	37.2[t]	1,879.4[t]	20	33[t]	55.9[t]	1,500[t]	77.1[t]	2,070[t]	-10.1[u]	0.6[u]
苏里南	0.5	163.8	3	70	4.6	8,680	4.5[a]	8,380[a]	3.9	2.9
斯威士兰	1.2	17.4	72	21	3.5	2,860	5.9	4,760	-1.5	-3.0
瑞典	9.5	450.3	23	85	534.3	56,120	418.5	43,960	0.9	0.2
瑞士	8.0	41.3	200	74	647.5	80,970	439.8	55,000	1.0	0.0
叙利亚	22.4	185.2	122	56	..	..[j]	..	..	..	*0.8*
塔吉克斯坦	8.0	142.6	57	27	7.1	880	17.4	2,180	7.5	4.9

	人口	地表面积	人口密度	城市人口	国民总收入				国内生产总值	
					图表集法		购买力平价			
	百万	千平方公里	人/平方公里	占总人口的百分比	10亿美元	人均，美元	10亿美元	人均，美元	增长百分比	人均增长百分比
	2012	2012	2012	2012	2012	2012	2012	2012	2011–2012	2011–2012
坦桑尼亚	47.8	947.3	54	27	26.7[v]	570[v]	72.4[v]	1,560[v]	6.9[v]	3.7[v]
泰国	66.8	513.1	131	34	347.8	5,210	619.5	9,280	6.5	6.2
东帝汶	1.2	14.9	81	29	4.4	3,620	7.5[a]	6,230[a]	0.6	–2.3
多哥	6.6	56.8	122	39	3.3	500	6.0	900	5.6	2.9
汤加	0.1	0.8	146	24	0.4	4,220	0.5[a]	5,020[a]	0.8	0.5
特立尼达和多巴哥	1.3	5.1	261	14	19.7	14,710	30.6[a]	22,860[a]	1.5	1.2
突尼斯	10.8	163.6	69	67	44.8	4,150	99.2	9,210	3.6	2.6
土耳其	74.0	783.6	96	72	801.1	10,830	1,360.6	18,390	2.2	0.9
土库曼斯坦	5.2	488.1	11	49	28.0	5,410	46.9[a]	9,070[a]	11.1	9.7
特克斯和凯科斯群岛	0.0[k]	1.0	34	94	..	..[d]	..	..	..	..
图瓦卢	0.0[k]	0.0[h]	329	51	0.1	5,650	..	..	0.2	0.0
乌干达	36.3	241.6	182	16	17.6	480	47.1	1,300	3.4	0.0
乌克兰	45.6	603.6	79	69	159.6	3,500	327.1	7,180	0.2	0.4
阿拉伯联合酋长国	9.2	83.6	110	85	355.5	38,620	381.4	41,430	4.4	1.2
英国	63.6	243.6	263	80	2,448.8	38,500	2,266.0	35,620	0.3	–0.3
美国	313.9	9,831.5	34	83	16,430.4	52,340	16,514.5	52,610	2.8	2.0
乌拉圭	3.4	176.2	19	93	46.1	13,580	52.0	15,310	3.9	3.6
乌兹别克斯坦	29.8	447.4	70	36	51.2	1,720	109.1[a]	3,670[a]	8.2	6.6
瓦努阿图	0.2	12.2	20	25	0.7	3,000	1.1[a]	4,300[a]	2.3	0.0
委内瑞拉	30.0	912.1	34	94	373.3	12,460	386.9	12,920	5.6	4.0
越南	88.8	331.0	286	32	137.5	1,550	321.4	3,620	5.2	4.1
美属维尔京群岛	0.1	0.4	301	96	..	..[d]	..	..	..	..
西岸和加沙	4.0	6.0	672	75	..	..[j]	..	..	..	..
也门	23.9	528.0	45	33	30.4	1,270	55.1	2,310	0.1	–2.2
赞比亚	14.1	752.6	19	40	19.0	1,350	22.4	1,590	7.2	3.9
津巴布韦	13.7	390.8	35	39	8.9	650	..	..	4.4	1.6
世界整体	**7,043.9 s**	**134,289.9 s**	**54 w**	**53 w**	**71,692.4 t**	**10,178 w**	**85,986.8 t**	**12,207 w**	**2.4 w**	**1.2 w**
低收入国家	846.5	16,197.8	56	28	499.4	590	1,171.1	1,383	6.3	4.0
中等收入国家	4,897.6	64,212.0	77	50	21,404.7	4,370	35,099.0	7,167	4.9	3.7
中低收入国家	2,507.0	20,739.9	122	39	4,745.3	1,893	9,718.6	3,877	4.7	3.2
中高收入国家	2,390.6	43,472.2	56	61	16,661.1	6,969	25,389.9	10,621	5.0	4.2
中、低收入国家	5,744.1	80,409.9	73	46	21,916.1	3,815	36,250.5	6,311	4.9	3.6
东亚和太平洋地区	1,991.6	16,301.6	126	50	9,727.7	4,884	15,451.5	7,758	7.5	6.7
欧洲和中亚	270.8	6,478.6	43	60	1,804.4	6,664	3,234.8	11,946	1.8	1.1
拉丁美洲和加勒比地区	581.4	19,460.9	30	79	5,273.2	9,070	6,852.9	11,787	2.9	1.7
中东和北非	339.6	8,775.4	39	60	..	..	..	..	1.9	0.2
南亚	1,649.2	5,131.1	346	31	2,370.1	1,437	5,777.6	3,503	4.9	3.5
撒哈拉以南非洲地区	911.5	24,262.3	39	37	1,230.2	1,350	2,030.0	2,227	4.3	1.5
高收入国家	1,299.8	53,880.1	25	80	49,905.7	38,394	50,055.1	38,509	1.5	1.2
欧元区	331.2	2,693.1	128	76	12,673.5	38,263	12,354.0	37,299	–0.6	0.0

a. 这一估计以回归为基础；其他按 2005 年国际比较项目的基准估计数推断。b. 包括在基于早期数据的中高收入经济体的总和中。c. 估计为中高收入经济体（4,086—12,615 美元）。d. 估计为高收入经济体（12,616 美元及其以上）。e. 包括在基于早期数据的高收入经济体的总和中。f. 针对阿根廷国家统计局公布的统计数据进行的修正完成时，将会计算这一系列数据。g. 阿根廷的数据为国家统计局官方公布数字，然而国际货币基金组织已经发表谴责声明，要求阿根廷采取补救措施解决官方 GDP 和消费者价格指数的数据质量问题。自 2008 年以来阿根廷实际经济增长率的官方数据要显著大于其他来源，而通胀率则显著更小。h. 大于 0，但小于 50。i. 塞浦路斯政府控制地区的数据。j. 估计为低收入经济体（1035 美元及其以下）。k. 大于 0，小于 50000。l. 不包括阿布哈兹和南奥塞梯。m. 不包含冰雪覆盖区域 。n. 大于 0 但小于 0.5。o. 估计为低收入经济体（1035 美元及其以下）。p. 不包括德涅斯特河沿岸地区。q. 包括前西属撒哈拉地区。r. 暂时估计。s. 包括在基于早期数据的中低收入经济体的总和中。t. 不包括南苏丹。u. 2011 年 7 月 9 日之后的数据不包括南苏丹 v. 仅为坦桑尼亚大陆的数据。

关于数据

人口、土地面积、收入（由国民收入总值衡量，GNI）和产出（按国内生产总值衡量，GDP）是衡量一个经济体规模的基本指标。它们也大致象征了实际和潜在的资源。因此，它们在《世界发展指标》中常被用来规范化其他指标。

人口

人口估计通常基于国家人口普查。人口普查前后年份的人口数据可根据人口统计学模型，使用插入法或外推法进行估计。即便在高收入经济内，误差和遗漏也会发生，而在发展中国家，由于交通、通讯和其他赖以进行普查和分析所需的资源不足，其局限所导致的误差可能是巨大的。

官方人口统计数据的质量和可靠性也受到公众对政府的信任度、政府统计的全面和准确程度、为防止滥用普查数据采取的保密及保护措施、普查机构不受政治干扰的独立性等因素的影响。此外，由于概念、定义、采集程序以及国家统计机构和其他组织使用的估计方法的差异，各国人口指标的可比性存在局限。

表格里的214个经济体中，有180个（约86%）进行了2000年段（1995—2004年）的普查。截至2014年1月，175个国家已经完成了2010年段（2005—2014）的人口普查。人口普查的时效性以及调查或登记系统的补充数据的可用性是衡量人口统计数据质量的重要指标。有关最新人口普查或调查年份及登记完备性的信息，请参阅原始数据文档。一些欧洲国家的登记系统也在未进行人口普查的情况下，提供了较完整的人口信息。

缺乏近期普查数据及其前后年份人口数据估计的发展中国家的估计数据，由联合国人口署和其他机构提供。队列要素法——估计和预测人口数据的标准方法——需要生育率、死亡率和净迁移数据，这些数据往往来自抽样调查，样本的覆盖率较小或较为有限。人口估计来源于人口统计模型，因而容易受到模型缺陷和数据偏差及错误的影响。由于使用的数据基于5年区间，由插入法获得的年度数据或单一年龄结构可能无法反映实际事件或年龄组成。

地表面积

经济体的地表面积包含了内陆地区的水域及某些沿海水域。因此，地表面积不同于土地面积（土地面积不包括水体），也区别于总面积（总面积可能包括近海海域）。土地面积对理解经济体的农业生产力和人类活动对环境的影响是特别重要的。卫星定位和计算机数据库的革新使得对土地和水域的测量更为精确。

城市人口

城市与农村的区分一直没有一致和公认的标准，其中部分原因是各国情况各异。大多数国家根据定居点的规模和特征来判别城市。一些国家是基于现有的特定基础设施及服务来定义城市地区。而其他国家的城市地区是根据行政安排指定的。因为表格中的估计值是基于各国对城市或大都市的定义而形成的，因此不同国家横向比较时应当谨慎。为估计城市人口总量，将使用从联合国获得的城市人口占总人口的比例以及世界银行对总人口数的估计。

经济规模

GNI包含居民申报的国内和国外居民收入的增加值。GNI由GDP加上来源于非居民主营收入净值（员工薪资和财产收入）组成。GDP是经济中全体居民生产出的总增加值加上未包含在产出估值中的全部产品税（减去补贴）的总量。GNI的计算无需扣除生产性资产的折旧及天然资源的耗竭和退化。增加值是加总所有的产出再减去中间投入后的工业净产值。工业增加值的来源由国际标准产业分类修订3和修订4所决定。为方便分析，世界银行使用美元计价的GNI人均数据，以便将国家分类并确定借款资格。查询《世界发展指标》中对收入群体的定义，请参阅用户指南。

当将按各国货币计价的GNI数据换算为美元计价时，遵循世界银行图表集换算方法，使用三年平均汇率以消除短暂的汇率波动的影响（世界银行图表集法的进一步讨论，参见统计方法）。

因为汇率并不能完全反映不同国家之间价格水平的差异，该表也用购买力平价（PPP）方法将国民总收入（GNI）和人均国民收入（GNI）折合成国际美元计价的估计值。PPP提供了便于对不同国家之间实际开支水平相比较的测量标准，正如传统的价格指数允许随着时间的推移进行实际值的比较。

PPP的计算是通过同时比较大量国家之间的相似商品和服务价格来进行的。国际比较项目（ICP）2005年组织的最新一轮价格调查中，共有146个国家和地区参加，其中中国是首次参加，印度自1985年以来首次参加，几乎所有的非洲国家也参与其中。表中给出的PPP折算系数有三个来源。47个高收入和中高收入国家的折算系数由欧盟统计局和经济合作与发展组织（OECD）提供；这些国家的PPP估计值包含了自2005年起收集的新价格数据。其余参与了2005年ICP项目的国家，则是由2005年的ICP基准结果外推而得的，衡量了各经济体与美国之间的相对价格变化。对于没有参加2005年ICP项目的国家，其PPP估计值则是使用统计模型估算而得。关于2005年ICP结果的更多信息可查询 www. worldbank. org/data/icp。

GDP增长率及人均GDP的计算使用了最小二乘法及以本币计量的不变价格数据。地区间和不同收入群体的增长率则使用美元计量的不变价格价格数据进行核算。表中的增长率为年度平均值。增长率的计算方法参见统计方法。

定义

人口基于实际人口定义，包括全部居民，无论其是否具有法律地位或公民身份，但不包括不会永久定居在避难国的难民，一般认为他们是其来源国的人口。表中显示的数值是年中估计值。**地表面积**是一个国家的总面积，包括内陆地区的水域和一些沿海水域。**人口密度**是年中的人口数除以土地面积。**城市人口**为各国认定并已向联合国报告为城市地区的年中人口。**国民总收入，图表集法**指的是指全部居民厂商生产的产品增加值加上未包含在产值中的全部产品税（减去补贴）加上境外所获得的净收入（雇员薪资和财产收入）的总额。数据以世界银行图表集法（见统计方法）折合为以当前美元计量。**国民总收入，购买力平价**是将GNI以购买力平价比率折算为以国际美元计量的数额。一国际美元对国民总收入的购买力与一美元在美国的购买力相同。**人均国民总收入**是国民总收入除以年中人口。**国内生产总值**是所有居民厂商的产品增加值加上全部未包含在产值计算中的产品税（减去补贴）的总额。增长率用本国货币的不变价格计量的GDP数据进行计算。**人均国内生产总值**将国民生产总值（GDP）除以年中人口数。

数据资料来源

世界银行的人口估计由其发展数据组在人类发展网络、专业人员和国家办事处的帮助下进行汇编。联合国人口署（2013）是半数以上国家人口数据的来源，其中大多数为发展中国家。其他重要的来源包括人口普查报告和其他来自国家统计局的统计出版物；欧盟统计局的《人口统计》；联合国人口署的《人口和生命统计报告》；美国人口普查局的国际数据库以及太平洋共同体统计及人口计划秘书处。

地表和土地面积的数据来自于粮食和农业组织，数据通过向国家机构发放年度调查问卷并分析年度全国农业普查结果而得。

城市人口占比数据来自于联合国人口署（2012）。

GNI，人均GNI，GDP增长，及GDP人均增长率由世界银行工作人员根据国民账户数据估算而得。国民账户数据则由世界银行工作人员进行经济任务期间收集而得，或源于国家统计局对其他国际组织，比如OECD的报告。购买力平价换算系数由欧盟统计局/OECD和世界银行的工作人员根据ICP所收集数据估算而得。

参考文献

Eurostat (Statistical Office of the European Communities). n.d. *Demographic Statistics*. [http://epp.eurostat.ec.europa.eu/portal/page/portal/eurostat/home/]. Luxembourg.

OECD (Organisation for Economic Co-operation and Development). n.d. OECD.StatExtracts database. [http://stats.oecd.org/]. Paris.

UNAIDS (Joint United Nations Programme on HIV/AIDS). 2013a. *AIDS by Numbers*. Geneva.

———. 2013b. *Global Report: UNAIDS Report on the Global AIDS Epidemic 2013*. [www.unaids.org/en/resources/publications/2013/]. Geneva.

UNFPA (United Nations Population Fund). 2014. Reproductive Health website. [www.unfpa.org/rh/planning.htm].

UNICEF (United Nations Children's Fund). 2013. *Committing to Child Survival: A Promise Renewed—Progress Report 2013*. [www.unicef.org/publications/files/APR_Progress_Report_2013_9_Sept_2013.pdf]. New York.

UN Inter-agency Group for Child Mortality Estimation. 2013. *Levels and Trends in Child Mortality: Report 2013*. [www.childinfo.org/files/Child_Mortality_Report_2013.pdf]. New York.

United Nations. 2013. *The Millennium Development Goals Report 2013*. [www.un.org/millenniumgoals/reports.shtml]. New York.

United Nations Population Division. 2012. *World Urbanization Prospects: The 2011 Revision*. New York: United Nations, Department of Economic and Social Affairs.

———. 2013. *World Population Prospects: The 2012 Revision*. New York: United Nations, Department of Economic and Social Affairs.

United Nations Statistics Division. Various years. *Population and Vital Statistics Report*. New York.

WHO (World Health Organization). 2013. *World Malaria Report 2013*. Geneva.

World Bank. 2011. *The Changing Wealth of Nations: Measuring Sustainable Development for the New Millennium*. Washington, DC.

———. 2013. *Global Monitoring Report 2013: Rural-Urban Dynamics and the Millennium Development Goals*. Washington, DC.

在线表格和指标

若要获取《世界发展指标》在线表格，请使用网址 http://wdi.worldbank.org/table/和数据表编号（例如，http://wdi.worldbank.org/table/1.1）。若要查看特定的在线指标，请使用网址 http://data.worldbank.org/indicator/和指标编码（例如，http://data.worldbank.org/Indicator/SP.POP.TOTL）。

1.1 经济规模

人口 ♀♂	SP.POP.TOTL
地表面积	AG.SRF.TOTL.K2
人口密度	EN.POP.DNST
国民总收入，图表集法	NY.GNP.ATLS.CD
人均国民总收入，图表集法	NY.GNP.PCAP.CD
以购买力平价衡量的国民总收入	NY.GNP.MKTP.PP.CD
以购买力平价衡量的人均国民总收入	NY.GNP.PCAP.PP.CD
国内生产总值	NY.GDP.MKTP.KD.ZG
人均国内生产总值	NY.GDP.PCAP.KD.ZG

1.2 千年发展目标：消除贫困和改善生活

最贫困的1/5人口在国民消费或收入中所占份额	SI.DST.FRST.20
脆弱性就业 ♀♂	SL.EMP.VULN.ZS
营养不良和体重不足患病率 ♀♂	SH.STA.MALN.ZS
初等教育毕业率 ♀♂	SE.PRM.CMPT.ZS
小学和中学女生与男生入学比率 ♀♂	SE.ENR.PRSC.FM.ZS
5岁以下儿童死亡率 ♀♂	SH.DYN.MORT

1.3 千年发展目标：保护我们共同的环境

孕产妇死亡率，模型估计	SH.STA.MMRT
避孕普及率	SP.DYN.CONU.ZS
艾滋病患病率	SH.DYN.AIDS.ZS
肺结核患病数	SH.TBS.INCD
人均二氧化碳排放量	EN.ATM.CO2E.PC
国家陆地和海洋保护区	ER.PTD.TOTL.ZS
使用改善的卫生设施	SH.STA.ACSN
互联网用户数	IT.NET.USER.PZ

1.4 千年发展目标：克服障碍

本表提供了有关捐赠国提供的净官方发展援助、最不发达国家进入高收入国家市场和重债穷国的债务倡议方面的数据。	..[a]

1.5 发展进程中的女性状况

女性人口 ♀♂	SP.POP.TOTL.FE.ZS
出生时预期寿命，男性 ♀♂	SP.DYN.LE00.MA.IN
出生时预期寿命，女性 ♀♂	SP.DYN.LE00.FE.IN
获得孕期保健的孕妇	SH.STA.ANVC.ZS
青少年母亲	SP.MTR.1519.ZS
非农业部门中带薪就业的女性	SL.EMP.INSV.FE.ZS
无报酬家庭劳动者，男性 ♀♂	SL.FAM.WORK.MA.ZS
无报酬家庭劳动者，女性 ♀♂	SL.FAM.WORK.FE.ZS
女性非全日制工作者 ♀♂	SL.TLF.PART.TL.FE.ZS
女性法律工作者、高级官员和管理者	SG.GEN.LSOM.ZS
议会中的妇女	SG.GEN.PARL.ZS
女性为首的家庭	SP.HOU.FEMA.ZS

♀♂在《世界发展指标》数据库中，可以获取按性别分类的数据。

a. 可以在线获得数据表的一部分，但不能获得单个指标。

贫困率

	以本地货币计算的国际贫困线		低于国际贫困线的人口[a]									
	1.25美元/天 2005	2美元/天 2005	调查年份[b]	低于1.25美元/天的人口 %	以1.25美元/天衡量的贫困差距 %	低于2美元/天的人口 %	以2美元/天衡量的贫困差距 %	调查年份[b]	低于1.25美元/天的人口 %	以1.25美元/天衡量的贫困差距 %	低于2美元/天的人口 %	以2美元/天衡量的贫困差距 %
阿尔巴尼亚	75.5	120.8	2005	<2	<0.5	7.9	1.5	2008	<2	<0.5	4.3	0.9
阿尔及利亚	48.4[c]	77.5[c]	1988	7.6	1.2	24.6	6.7	1995	6.8	1.4	23.6	6.5
安哥拉	88.1	141.0	2000	54.3	29.9	70.2	42.4	2009	43.4	16.5	67.4	31.5
阿根廷	1.7	2.7	2009[d,e]	2.0	1.2	3.4	1.7	2010[d,e]	<2	0.7	<2	0.9
亚美尼亚	245.2	392.4	2008	<2	<0.5	12.4	2.3	2010	2.5	<0.5	19.9	4.0
阿塞拜疆	2,170.9	3,473.5	2001	6.3	1.1	27.1	6.8	2008	<2	<0.5	2.8	0.6
孟加拉国	31.9	51.0	2005	50.5	14.2	80.3	34.3	2010	43.3	11.2	76.5	30.4
白俄罗斯	949.5	1,519.2	2010	<2	<0.5	<2	<0.5	2011	<2	<0.5	<2	<0.5
伯利兹	1.8[c]	2.9[c]	1998[f]	11.3	4.7	26.3	10.0	1999[f]	12.2	5.5	22.0	9.9
贝宁	344.0	550.4		..	..	..	..	2003	47.3	15.7	75.3	33.5
不丹	23.1	36.9	2007	10.2	1.8	29.8	8.5	2012	1.7	<0.5	12.6	2.6
玻利维亚	3.2	5.1	2007[e]	13.1	6.6	24.7	10.9	2008[e]	15.6	8.6	24.9	13.1
波斯尼亚和黑塞哥维那	1.1	1.7	2004	<2	<0.5	<2	<0.5	2007	<2	<0.5	<2	<0.5
博茨瓦纳	4.2	6.8	1986	35.6	13.8	54.7	25.8	1994	31.2	11.0	49.4	22.3
巴西	2.0	3.1	2008[f]	6.0	3.4	11.3	5.3	2009[f]	6.1	3.6	10.8	5.4
保加利亚	0.9	1.5	2003	<2	<0.5	<2	<0.5	2007	<2	<0.5	<2	<0.5
布基纳法索	303.0	484.8	2003	56.5	20.3	81.2	39.3	2009	44.6	14.7	72.6	31.7
布隆迪	558.8	894.1	1998	86.4	47.3	95.4	64.1	2006	81.3	36.4	93.5	56.1
佛得角	97.7	156.3		..	..	..	..	2002	21.0	6.1	40.9	15.2
柬埔寨	2,019.1	3,230.6	2008	22.8	4.9	53.3	17.4	2009	18.6	3.6	49.5	15.1
喀麦隆	368.1	589.0	2001	10.8	2.3	32.5	9.5	2007	9.6	1.2	30.4	8.2
中非共和国	384.3	614.9	2003	62.4	28.3	81.9	45.3	2008	62.8	31.3	80.1	46.8
乍得	409.5	655.1		..	..	..	..	2003	61.9	25.6	83.3	43.9
智利	484.2	774.7	2006[f]	<2	0.5	3.2	1.1	2009[f]	<2	0.7	2.7	1.2
中国	5.1[g]	8.2[g]	2008[h]	13.1	3.2	29.8	10.1	2009[h]	11.8	2.8	27.2	9.1
哥伦比亚	1,489.7	2,383.5	2009[f]	9.7	4.7	18.5	8.2	2010[f]	8.2	3.8	15.8	6.8
科摩罗	368.0	588.8		..	..	..	..	2004	46.1	20.8	65.0	34.2
刚果民主共和国	395.3	632.5		..	..	..	..	2006	87.7	52.8	95.2	67.6
刚果共和国	469.5	751.1		..	..	..	..	2005	54.1	22.8	74.4	38.8
哥斯达黎加	348.7[c]	557.9[c]	2008[f]	2.4	1.5	5.0	2.3	2009[f]	3.1	1.8	6.0	2.7
科特迪瓦	5.6	8.9	2004	<2	<0.5	<2	<0.5	2008	<2	<0.5	<2	<0.5
克罗地亚	19.0	30.4	1993[e]	<2	<0.5	<2	<0.5	1996[e]	<2	<0.5	<2	<0.5
捷克共和国	407.3	651.6	2002	23.3	6.8	46.8	17.6	2008	23.8	7.5	46.3	17.8
吉布提	134.8	215.6		..	..	..	..	2002	18.8	5.3	41.2	14.6
多米尼加共和国	25.5[c]	40.8[c]	2009[f]	3.0	0.7	10.0	2.7	2010[f]	2.2	<0.5	9.9	2.4
厄瓜多尔	0.6	1.0	2009[f]	6.4	2.9	13.5	5.5	2010[f]	4.6	2.1	10.6	4.1
埃及	2.5	4.0	2005	2.0	<0.5	18.5	3.5	2008	<2	<0.5	15.4	2.8
萨尔瓦多	6.0[c]	9.6[c]	2008[f]	5.4	1.9	14.0	4.8	2009[f]	9.0	4.4	16.9	7.6
厄立特里亚	11.0	17.7	2003	<2	<0.5	2.6	<0.5	2004	<2	<0.5	<2	0.5
埃塞俄比亚	3.4	5.5	2005	39.0	9.6	77.6	28.9	2011	30.7	8.2	66.0	23.6
斐济	1.9	3.1	2003	29.2	11.3	48.7	21.8	2009	5.9	1.1	22.9	6.0
加蓬	554.7	887.5		..	..	..	..	2005	4.8	0.9	19.6	5.0
冈比亚	12.9	20.7	1998	65.6	33.8	81.2	49.1	2003	29.8	9.8	55.9	24.4
格鲁吉亚	1.0	1.6	2009	15.2	4.2	32.7	11.6	2010	18.0	5.8	35.6	13.7
加纳	5,594.8	8,951.6	1998	39.1	14.4	63.3	28.5	2006	28.6	9.9	51.8	21.3
危地马拉	5.7[c]	9.1[c]	2004[f]	24.4	13.2	39.2	20.2	2006[f]	13.5	4.7	26.3	10.5
几内亚	1,849.5	2,959.1	2003	56.3	21.3	80.8	39.7	2007	43.3	15.0	69.6	31.0

	以本地货币计算的国际贫困线		低于国际贫困线的人口[a]									
	1.25美元/天	2美元/天		低于1.25美元/天的人口	以1.25美元/天衡量的贫困差距	低于2美元/天的人口	以2美元/天衡量的贫困差距		低于1.25美元/天的人口	以1.25美元/天衡量的贫困差距	低于2美元/天的人口	以2美元/天衡量的贫困差距
	2005	2005	调查年份[b]	%	%	%	%	调查年份[b]	%	%	%	%
几内亚比绍	355.3	568.6	1993	52.1	20.6	75.7	37.4	2002	48.9	16.6	78.0	34.9
圭亚那	131.5[c]	210.3[c]	1993[e]	6.9	1.5	17.1	5.4	1998[e]	8.7	2.8	18.0	6.7
海地	24.2[c]	38.7[c]		..	..	..	..	2001	61.7	32.3	77.5	46.7
洪都拉斯	12.1[c]	19.3[c]	2008[f]	21.4	11.8	32.6	17.5	2009[f]	17.9	9.4	29.8	14.9
匈牙利	171.9	275.0	2004	<2	<0.5	<2	<0.5	2007	<2	<0.5	<2	<0.5
印度	19.5[i]	31.2[i]	2005[h]	41.6	10.5	75.6	29.5	2010[h]	32.7	7.5	68.7	24.5
印度尼西亚	5,241.0[i]	8,385.7[i]	2010[h]	18.1	3.3	46.1	14.3	2011[h]	16.2	2.7	43.3	13.0
伊朗	3,393.5	5,429.6	1998	<2	<0.5	8.3	1.8	2005	<2	<0.5	8.0	1.8
伊拉克	799.8	1,279.7		..	..	..	..	2007	2.8	<0.5	21.4	4.4
牙买加	54.2[c]	86.7[c]	2002	<2	<0.5	8.5	1.5	2004	<2	<0.5	5.4	0.8
约旦	0.6	1.0	2008	<2	<0.5	2.1	<0.5	2010	<2	<0.5	<2	<0.5
哈萨克斯坦	81.2	129.9	2008	<2	<0.5	<2	<0.5	2009	<2	<0.5	<2	<0.5
肯尼亚	40.9	65.4	1997	19.6	4.6	42.7	14.7	2005	43.4	16.9	67.2	31.8
吉尔吉斯共和国	16.2	26.0	2010	6.7	1.5	22.9	6.4	2011	5.0	1.1	21.6	5.4
老挝	4,677.0	7,483.2	2002	44.0	12.1	76.9	31.1	2008	33.9	9.0	66.0	24.8
拉脱维亚	0.4	0.7	2008	<2	<0.5	<2	<0.5	2009	<2	<0.5	<2	<0.5
莱索托	4.3	6.9	1994	46.2	25.6	59.7	36.1	2003	43.4	20.8	62.3	33.1
利比里亚	0.6	1.0		..	..	..	..	2007	83.8	40.9	94.9	59.6
立陶宛	2.1	3.3	2004	<2	<0.5	<2	0.5	2008	<2	<0.5	<2	<0.5
前南斯拉夫马其顿共和国	29.5	47.2	2009	<2	<0.5	5.9	0.9	2010	<2	<0.5	6.9	1.2
马达加斯加	945.5	1,512.8	2005	67.8	26.5	89.6	46.9	2010	81.3	43.3	92.6	60.1
马拉维	71.2	113.8	2004	73.9	32.3	90.5	51.8	2010	61.6	26.2	82.3	44.0
马来西亚	2.6	4.2	2007[e]	<2	<0.5	2.9	<0.5	2009[e]	<2	<0.5	2.3	<0.5
马尔代夫	358.3	573.5	1998	25.6	13.1	37.0	20.0	2004	<2	<0.5	12.2	2.5
马里	362.1	579.4	2006	51.4	18.8	77.1	36.5	2010	50.4	16.4	78.7	35.2
毛里塔尼亚	157.1	251.3	2004	25.4	7.0	52.6	19.2	2008	23.4	6.8	47.7	17.7
墨西哥	9.6	15.3	2008	<2	<0.5	5.2	1.3	2010	<2	<0.5	4.5	1.0
密克罗尼西亚联邦	0.8[c]	1.3[c]		..	..	..	..	2000[d]	31.2	16.3	44.7	24.5
摩尔多瓦	6.0	9.7	2009	<2	<0.5	7.1	1.2	2010	<2	<0.5	4.4	0.7
蒙古	0.6	1.0	2009	<2	<0.5	<2	<0.5	2010	<2	<0.5	<2	<0.5
摩洛哥	6.9	11.0	2001	6.3	0.9	24.3	6.3	2007	2.5	0.5	14.0	3.2
莫桑比克	14,532.1	23,251.4	2003	74.7	35.4	90.0	53.6	2008	59.6	25.1	81.8	42.9
纳米比亚	6.3	10.1	1993[e]	49.1	24.6	62.2	36.5	2004[e]	31.9	9.5	51.1	21.8
尼泊尔	33.1	52.9	2003	53.1	18.4	77.3	36.6	2010	24.8	5.6	57.3	19.0
尼加拉瓜	9.1[c]	14.6[c]	2001[e]	14.4	3.7	34.4	11.5	2005[e]	11.9	2.4	31.7	9.6
尼日尔	334.2	534.7	2005	50.2	18.3	75.3	35.6	2008	43.6	12.4	75.2	30.8
尼日利亚	98.2	157.2	2004	63.1	28.7	83.1	45.9	2010	68.0	33.7	84.5	50.2
巴基斯坦	25.9	41.4	2006	22.6	4.1	61.0	18.8	2008	21.0	3.5	60.2	17.9
巴拿马	0.8[c]	1.2[c]	2009[f]	5.9	1.8	14.6	4.9	2010[f]	6.6	2.1	13.8	5.1
巴布亚新几内亚	2.1[c]	3.4[c]		..	..	..	..	1996	35.8	12.3	57.4	25.5
巴拉圭	2,659.7	4,255.6	2009[f]	7.6	3.2	14.2	6.0	2010[f]	7.2	3.0	13.2	5.7
秘鲁	2.1	3.3	2009[f]	5.5	1.6	14.0	4.6	2010[f]	4.9	1.3	12.7	4.1
菲律宾	30.2	48.4	2006	22.6	5.5	45.0	16.4	2009	18.4	3.7	41.5	13.8
波兰	2.7	4.3	2010	<2	<0.5	<2	<0.5	2011	<2	<0.5	<2	<0.5
罗马尼亚	2.1	3.4	2010	<2	<0.5	<2	0.5	2011	<2	<0.5	<2	<0.5
俄罗斯	16.7	26.8	2008	<2	<0.5	<2	<0.5	2009	<2	<0.5	<2	<0.5
卢旺达	295.9	473.5	2006	72.1	34.8	87.4	52.2	2011	63.2	26.6	82.4	44.6

贫困率

	以本地货币计算的国际贫困线		低于国际贫困线的人口[a]									
	1.25美元/天 2005	2美元/天 2005	调查年份[b]	低于1.25美元/天的人口 %	以1.25美元/天衡量的贫困差距 %	低于2美元/天的人口 %	以2美元/天衡量的贫困差距 %	调查年份[b]	低于1.25美元/天的人口 %	以1.25美元/天衡量的贫困差距 %	低于2美元/天的人口 %	以2美元/天衡量的贫困差距 %
圣多美和普林西比	7,953.9	12,726.3		..	..	..	..	2001	28.2	7.9	54.2	20.6
塞内加尔	372.8	596.5	2005	33.5	10.8	60.4	24.7	2011	29.6	9.1	55.2	21.9
塞尔维亚	42.9	68.6	2009	<2	<0.5	<2	<0.5	2010	<2	<0.5	<2	<0.5
塞舌尔	5.6[c]	9.0[c]	2000	<2	<0.5	<2	<0.5	2007	<2	<0.5	<2	<0.5
塞拉利昂	1,745.3	2,792.4	2003	53.4	20.3	76.1	37.5	2011	51.7	16.6	79.6	35.8
斯洛伐克	23.5	37.7	2008[e]	<2	<0.5	<2	<0.5	2009[e]	<2	<0.5	<2	<0.5
斯洛文尼亚	198.2	317.2	2003	<2	<0.5	<2	<0.5	2004	<2	<0.5	<2	<0.5
南非	5.7	9.1	2006	17.4	3.3	35.7	12.3	2009	13.8	2.3	31.3	10.2
斯里兰卡	50.0	80.1	2007	7.0	1.0	29.1	7.4	2010	4.1	0.7	23.9	5.4
圣卢西亚	2.4[c]	3.8[c]		..	..	..	..	1995	20.9	7.2	40.6	15.5
苏丹	154.4	247.0		..	..	..	..	2009	19.8	5.5	44.1	15.4
苏里南	2.3[c]	3.7[c]		..	..	..	..	1999	15.5	5.9	27.2	11.7
斯威士兰	4.7	7.5	2001	62.9	29.4	81.0	45.8	2010	40.6	16.0	60.4	29.3
叙利亚	30.8	49.3		..	..	..	..	2004	<2	<0.5	16.9	3.3
塔吉克斯坦	1.2	1.9	2007	14.7	4.4	37.0	12.2	2009	6.6	1.2	27.7	7.0
坦桑尼亚	603.1	964.9	2000	84.6	41.6	95.3	60.3	2007	67.9	28.1	87.9	47.5
泰国	21.8	34.9	2009[j]	<2	<0.5	4.6	0.8	2010[j]	<2	<0.5	4.1	0.7
多哥	352.8	564.5	2006	38.7	11.4	69.3	27.9	2011	28.2	8.8	52.7	20.9
特立尼达和多巴哥	5.8[c]	9.2[c]	1988[e]	<2	<0.5	8.6	1.9	1992[e]	4.2	1.1	13.5	3.9
突尼斯	0.9	1.4	2005	<2	<0.5	8.1	1.8	2010	<2	<0.5	4.3	1.1
土耳其	1.3	2.0	2009	<2	<0.5	2.7	0.7	2010	<2	<0.5	4.7	1.4
土库曼斯坦	5,961.1[c]	9,537.7[c]	1993[e]	63.5	25.8	85.7	44.9	1998[e]	24.8	7.0	49.7	18.4
乌干达	930.8	1,489.2	2006	51.5	19.1	75.6	36.4	2009	38.0	12.2	64.7	27.4
乌克兰	2.1	3.4	2009	<2	<0.5	<2	<0.5	2010	<2	<0.5	<2	<0.5
乌拉圭	19.1	30.6	2009[f]	<2	<0.5	<2	<0.5	2010[f]	<2	<0.5	<2	<0.5
委内瑞拉	1,563.9	2,502.2	2005[f]	13.4	8.2	21.9	11.6	2006[f]	6.6	3.7	12.9	5.9
越南	7,399.9	11,839.8	2006	21.4	5.3	48.1	16.3	2008	16.9	3.8	43.4	13.5
西岸和加沙	2.7[c]	4.3[c]	2007	<2	<0.5	2.5	0.5	2009	<2	<0.5	<2	<0.5
也门	113.8	182.1	1998	12.9	3.0	36.4	11.1	2005	17.5	4.2	46.6	14.8
赞比亚	3,537.9	5,660.7	2006	68.5	37.0	82.6	51.8	2010	74.5	41.9	86.6	56.8

a. 基于名义人均消费平均值和从家庭调查数据估计得出的分配数据，除非另有说明。b. 指收集基础家庭调查数据的年份；假如收集数据的时期横跨两个日历年份，将公布收集大多数数据的年份。c. 基于回归估算的经购买力平价转换的美元。d. 只包括城市地区。e. 基于人均收入平均值和从家庭调查数据估计得出的分配数据。f. 利用以逐家记录的家庭调查数据为基础的人均名义收入分布进行的非参数估计。g. 基于城市价格的购买力平价的换算系数。h. 以人口为权重的城市和农村估计值的加权平均值。i. 基于基准国家购买力平价估计值，然后根据城市和农村地区的生活成本差异进行调整。j. 利用以逐家记录的家庭调查数据为基础的人均名义消费分布进行的非参数估计。

按地区划分的贫困指标走势，1990—2015

地区	1990	1993	1996	1999	2002	2005	2008	2010 estimate	2015 forecast	Trend, 1990–2010
每天生活费用不足1.25美元的人口份额(经购买力平价换算的2005年美元，%)										
东亚和太平洋地区	56.2	50.7	35.9	35.6	27.6	17.1	14.3	12.5	5.5	
欧洲和中亚	1.9	2.9	3.9	3.8	2.3	1.3	0.5	0.7	0.4	
拉丁美洲和加勒比地区	12.2	11.4	11.1	11.9	11.9	8.7	6.5	5.5	4.9	
中东和北非	5.8	4.8	4.8	5.0	4.2	3.5	2.7	2.4	2.6	
南亚	53.8	51.7	48.6	45.1	44.3	39.4	36.0	31.0	23.2	
撒哈拉以南非洲地区	56.5	59.4	58.1	57.9	55.7	52.3	49.2	48.5	42.3	
总计	**43.1**	**41.0**	**34.8**	**34.1**	**30.8**	**25.1**	**22.7**	**20.6**	**15.5**	
每天生活费用不足1.25美元的人口数量(经购买力平价换算的2005年美元，百万)										
东亚和太平洋地区	926	871	640	656	523	332	284	251	115	
欧洲和中亚	9	14	18	18	11	6	2	3	2	
拉丁美洲和加勒比地区	53	53	54	60	63	48	37	32	30	
中东和北非	13	12	12	14	12	10	9	8	9	
南亚	617	632	631	619	640	598	571	507	406	
撒哈拉以南非洲地区	290	330	349	376	390	395	399	414	408	
总计	**1,908**	**1,910**	**1,704**	**1,743**	**1,639**	**1,389**	**1,302**	**1,215**	**970**	
每天生活费用不足1.25美元的人口地区分布(占每天生活费用不足1.25美元的人口总数的百分比)										
东亚和太平洋地区	48.5	45.6	37.6	37.6	31.9	23.9	21.8	20.7	11.8	
欧洲和中亚	0.5	0.7	1.1	1.0	0.6	0.5	0.2	0.3	0.2	
拉丁美洲和加勒比地区	2.8	2.7	3.1	3.4	3.8	3.4	2.9	2.7	3.1	
中东和北非	0.7	0.6	0.7	0.8	0.7	0.8	0.7	0.7	1.0	
南亚	32.3	33.1	37.0	35.5	39.1	43.1	43.8	41.7	41.9	
撒哈拉以南非洲地区	15.2	17.3	20.5	21.6	23.8	28.4	30.7	34.1	42.1	
每天生活费用不足1.25美元的人口的日均消费或收入(经购买力平价换算的2005年美元)										
东亚和太平洋地区	0.83	0.85	0.89	0.87	0.89	0.95	0.95	0.97	..	
欧洲和中亚	0.90	0.90	0.91	0.92	0.93	0.88	0.88	0.85	..	
拉丁美洲和加勒比地区	0.71	0.69	0.68	0.67	0.65	0.63	0.62	0.60	..	
中东和北非	1.02	1.02	1.01	1.01	1.01	0.99	0.97	0.96	..	
南亚	0.88	0.89	0.91	0.91	0.92	0.94	0.95	0.96	..	
撒哈拉以南非洲地区	0.69	0.68	0.69	0.69	0.70	0.71	0.71	0.71	..	
总计	**0.82**	**0.83**	**0.85**	**0.84**	**0.85**	**0.87**	**0.87**	**0.87**	**..**	
调查范围(基本调查数据代表的人数占总人口的百分比)										
东亚和太平洋地区	92.4	93.3	93.7	93.4	93.5	93.2	93.6	93.5	..	
欧洲和中亚	81.5	87.3	97.1	93.9	96.3	94.7	89.9	85.3	..	
拉丁美洲和加勒比地区	94.9	91.8	95.9	97.7	97.5	95.9	94.5	86.9	..	
中东和北非	76.8	65.3	81.7	70.0	21.5	85.7	46.7	30.8	..	
南亚	96.5	98.2	98.1	20.1	98.0	98.0	97.9	94.5	..	
撒哈拉以南非洲地区	46.0	68.8	68.0	53.1	65.7	82.7	81.7	64.1	..	
总计	**86.4**	**89.4**	**91.6**	**68.2**	**87.8**	**93.0**	**90.2**	**84.7**	**..**	

资料来源：世界银行 PovcalNet 数据库。

贫困率

关于数据

世界银行利用22国住户调查数据（Ravallion、Datt和van de Walle，1991）在《1990年世界发展报告：贫困》（世界银行，1990）中，对发展中国家的情况做出了首个全球性贫困估计。从那时起，开展家庭收入和支出调查的国家数量大大增加。世界银行发展研究小组建立了一个数据库并定期更新，使新的调查数据及时入库（这样便于包含更多的近期数据或对未纳入表格的数据加以补充修订），并大约每三年对消除贫穷的进程进行一次重大评估。下一次综合性重新评估将于今年稍晚进行，修订和更新后的贫困数据将在世界发展指标在线表格和数据库中发布。

去年世界银行公布了2010年发展中国家地区和发展中国家全体（即在1990年被划分为中低收入的国家）的极端贫困估计值，由于近年（2008—2012年）有效的住户调查数据覆盖率较低，故此估计为暂定值。因为今年进行了40个新的调查，2010年的暂时估计值将在上述综合性重新评估中修订为2011年估计值。对2015年贫困率的预测也将在稍晚进行修订，目前仍使用2010年临时估计值为基准，并假设家庭平均收入或消费将随着《2014全球经济展望》（世界银行，2014）中总体经济预测的增长而增加，但国家内部不平衡的状况将维持不变。对生活在极端贫困中的人口的估计基于世界银行HealthStats数据库中的人口预测（http：//datatopics. worldbank. org/hnp）。

PovcalNet（http：//iresearch. worldbank. org/PovcalNet）是一种交互式计算工具，允许用户复制这些具有国际可比性的全球、区域和国家层面的贫困估计：每天1.25美元和2美元的生活标准，并计算传统国家组别不同贫困基准线下的贫困程度。贫困及公平数据门户网站（http：//povertydata. worldbank. org/poverty/home）提供了数据库访问链接，并配有易操作面板，附带图表以及直观反映不同地区和国家贫困及不平等程度的主要指标的交互式趋势图。各国的面板显示基于国家贫困线的贫困程度的趋势（在线表格2.7），并在表格中反映了具有国际可比性的估计值，这些均由PovalNet生成，并与之保持一致。

数据的获得

世界银行具有国际可比性的贫困监测数据库中使用收入或详细的消费数据，这些数据由近130个国家和地区的国家统计局经850多次住户统计调查，123万随机抽样而得。尽管监测贫困的工作在过去十年里取得了进展，但是仍然存在着挑战。住户调查的及时性、频率、质量和可比性仍需大幅提高，特别是在最贫困国家之中。一些小国、情况脆弱的国家以及低收入国甚至中等收入国家贫困监测数据的获得仍然困难，质量仍然很低。

一些国家提供数据的频率较低且缺乏可比性，导致减贫规模无法确定。贫困指标的趋势表对在基准年或在其之前或之后两年（换句话说，在一个以基准年为中心，为期五年的观测窗口）期间收集的，以家庭调查样本为代表的区域和全球人口的百分比做出了报告。在撒哈拉以南非洲地区、中东和北非地区，数据的覆盖面仍然较低且波动较大。贫困监测住户调查项目的进程显然亟需推进。但体制、政治及财政方面的障碍仍在限制着数据的采集、分析和查阅。

数据质量

除了调查数据的频率和及时性之外，衡量家庭生活标准时，数据的质量也存在着其他问题。调查对收入来源以及如何花销的问题进行了详细的询问，这些必须由受过培训的人员进行仔细记录。一般来说，收入比较难以精确测量，而消费则更接近生活标准的概念。尽管收入会随时间而变化，但生活水平则并不一定亦然。但消费数据并不一定能够获取：本书报告的最新估计值中仅使用了约2/3国家的消费数据。

然而，即使是相似的调查，也会因为时间、抽样框架或统计员的水平及培训存在差异而不具有严格的可比性。对不同发展水平国家的比较，也会由于非市场商品消费的相对重要性存在差异，而构成潜在的问题。以当地市场价值计算的全部实物消费（包括自产的，尤其是在欠发达地区的农村经济中特别重要）应包括在总消费支出中，但可能并没未被包括于其中。现在大多数的调查数据包括对自产产品的消费或收入估值，但估值方法却不尽相同。

本书的统计报告基于消费数据，当消费数据无法获得时则基于收入数据。对其中相同调查中两种数据均可获得的约20个国家进行分析，发现收入的均值比消费要高，但也存在着更高的不均等情况。对基于消费和收入的贫困估计进行比较，这两种效应大致相互抵消：不存在显著的统计学差异。

总会有一些样本家庭没有参与调查，因为他们拒绝参与或者无人在家接受访问。这被称为“单位无应答”，区别于“项目无应答”。项目无应答是指样本中有些受访者拒绝回答特定的问题，如有关收入或消费的问题。只要调查中的无应答是随机的，就无需考虑调查基础上推论的偏误，样本仍将是人口的代表。然而，不同收入的家庭不一定同样做出回应。富裕的家庭可能由于较高的时间机会成本或担心干扰其工作而不参加调查。同样，贫穷家庭也很有可能未被充分代表；有一些无家可归或流浪者及普通家庭调查设计中难以接触到的人群，还有一些可能在实体上或社会上被隔离的家庭也不太可能接受采访。如果不进行校正，这些可能导致对贫困及不平等的调研均出现偏误（Korinek、Mistiaen和Ravallion，2007）。

国际贫困线

对贫困估计的国际性比较涉及概念和实际两方面的问题。各国对贫穷有不同的定义，因而一致性跨国比较很困难。在富裕国家，当地的贫困线往往有较高的购买力，它们使用比贫困国家更慷慨的标准。基于国际贫困线的贫困估计试图保持各国间实际贫困线的一致，如同对时间序列进行比较时的做法。自《1990 世界发展报告》以来，世界银行旨在使用一套通用的标准来衡量极端贫困，以世界上最贫困的国家中贫穷的意义作为基准锚。不同国家人民的福利可通过调整货币的购买力，在同一规模上进行测量。通常使用的以 1985 年的国际价格计量并使用购买力平价调整为当地货币，每天 1 美元的标准，被《1990 年世界发展报告》选用，因为它当时是典型的低收入国所选择的贫困线。早期版本的《世界发展指标》使用佩恩表中的购买力平价将以本币计量的价值换算为具有同等购买力的美元计量价值。后期的版本则使用世界银行的 1993 年消费购买力平价估计进行换算。

国际贫困线进行了最新修订，新采用的购买力平价数据来自 2005 年轮次的国际比较项目，编制中还使用了扩展的家庭收入及支出的调查数据。新的极端贫穷线为每天 1.25 美元（以 2005 年购买力平价计算），代表了 15 个最贫困国人均消费的均值。新的贫困线沿用了极度贫困的标准：世界上最贫困国的代表性贫困线，但使用发展中国家生活成本的最新信息对其进行了更新。由于购买力平价汇率包含了当地未参与国际贸易的商品和服务的价格，因此被用于全球贫困性估计。但购买力平价汇率是为比较国民账户总额而设计的，并非用于进行国际贫困的比较。因而，还不能确定国际贫困线是否能衡量国家间相同程度的需求或损失。为比较世界上最贫困人群的消费而设计的所谓的贫困购买力平价，可能会为比较不同国家的贫困程度提供更好的基础。这些方面的工作正在进行之中。

定义

以当地货币计价的国际贫困线是指以 2005 年价格计算的每天 1.25 美元和 2.00 美元的标准，以国际比较项目估计的购买力平价换算系数换算成当地货币进行计量的国际贫困线。**调查年份**为基础数据的收集年份，当数据收集横跨两个日历年时，指收集的数据份额较大的一年。**每天生活费用不足 1.25 美元的人口和不足 2 美元的人口**是指以 2005 年国际价格计算，每天生活费用不足 1.25 美元和 2 美元的人口百分比。由于购买力平价汇率的修订，居民消费价格指数、福利总量、各国的贫困率等均不能与早期版本中的贫困率进行比较。PovcalNet 的在线数据库和工具（http://iresearch.worldbank.org/PovcalNet）中包含了最新的全部时间序列的国家间可比数据。**贫困差距**是与贫困线间差额的均值（非贫困人口记为零），以占贫困线的百分比来表示。这一指标反映了贫困的程度及其发生率。

数据来源

贫困估计是由世界银行发展研究组组织筹划的。国际贫困线基于由国家统计局或私人机构在政府或国际机构的监督下进行的全国性代表性家庭调查，并取自政府统计局和世界银行组织国家部门。世界银行最新估计的数据来源和方法的详细信息，请参阅 http://iresearch.worldbank.org/PovcalNet/index.htm。

参考文献

Chen, Shaohua, and Martin Ravallion. 2011. "The Developing World Is Poorer Than We Thought, But No Less Successful in the Fight Against Poverty." *Quarterly Journal of Economics* 125(4):1577–1625.

Korinek, Anton, Johan A. Mistiaen, and Martin Ravallion. 2007. "An Econometric Method of Correcting for Unit Nonresponse Bias in Surveys." *Journal of Econometrics* 136: 213–235.

Ravallion, Martin, Guarav Datt, and Dominique van de Walle. 1991. "Quantifying Absolute Poverty in the Developing World." *Review of Income and Wealth* 37(4): 345–361.

Ravallion, Martin, Shaohua Chen, and Prem Sangraula. 2009. "Dollar a Day Revisited." *World Bank Economic Review* 23(2): 163–184.

World Bank. 1990. *World Development Report 1990: Poverty.* Washington, DC.

———. 2008. *Poverty Data: A Supplement to World Development Indicators 2008.* Washington, DC.

———. 2014. *Global Economic Prospects: Coping with Policy Normalization in High-income Countries.* Volume 8, January 14. Washington, DC.

人口

2

本章介绍了全球人口统计趋势和预测以及教育、医疗卫生、就业、社会保障、贫困和收入分配等方面的情况。这些指标描绘了一幅立体的人类发展图景。

这个版本中包含2010年全球和区域极端贫困率数值（以每日生活费用不足1.25美元的人口占比为计算标准）。贫困监测数据的可得性、更新频率和质量仍然处于较低水平，部分脆弱的地区、国家和省份情况更糟。虽然随着可获得的国家数据增多，估值可能产生轻微变化，但现在可以清楚地看到：第一项千年发展目标，即在2015年以前削减全球极端贫困率至1990年水平的一半已经达成。1990年作为千年发展目标的基准年，它的极端贫困率为43.1%。而2010年极端贫困率估值已降至20.6%。世界银行正致力于建设一个辅助数据库，运用每个国家人均收入最低的40%人口的人均收入数值对提升共享繁荣的目标进行测量。这一数据库会在2014年世界银行年度会议中发布，将体现在未来的世界发展指标中。

除极端贫困率之外，人口这一部分还包含了许多其他可以监测千年发展目标完成程度的指标。自从联合国于2000年公布千年宣言以后，包括世界银行在内的各个国际组织致力于使用一套协同指标并提高数据质量和可获得性来监测千年发展目标的完成情况。这些努力包括为加强国家统计体系提供技术和财政援助，以及通过参与联合国千年发展目标指标和若干专题的跨机构合作小组的专家组来促进国际合作。

例如，2000年儿童死亡率的估计随着数据来源、统计方法和数据可得性的不同而不同，使得不同国家间或不同时间段间的比较十分困难。为了解决这一问题，一个联合国跨机构小组改善了统计方法和协调性，分享数据来源，记录进展并帮助提高国家的测量能力。这些努力在跨越50年的新生儿、婴儿和5岁以下婴儿死亡率的统计上提高了一致性。类似的跨机构合作还提升了性别数据和孕产妇死亡率的估计。一个跨机构组织和专家组还核准了一系列指标指导各国来制作、汇集和分解可比较的性别数据。世界银行的部分工作就在于为国家统计机构、新的合作伙伴和新的计划提供技术支持，比如性别统计数据和证据以及Data2X，以此来促进国际行动与合作。

人口将指标按照地点以及社会经济和人口统计学变量（如性别、年龄、地方和区域位置以及财富）分类。这些数据帮助我们更深入地了解国家内部的差异。2014年版本新增加的指标是按性别分类的严重消瘦指标。其他新指标还有国家对劳动力参与率和就业人口比率的估计。

初中教育完成率仅在中东和北非下降

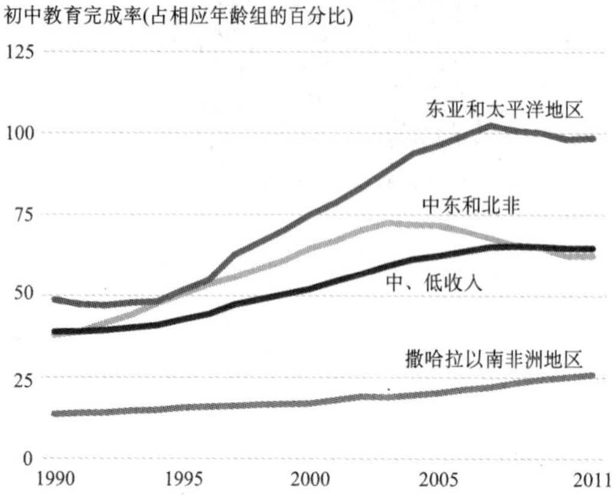

资料来源：联合国教科文组织统计机构。

在过去的20年间，中低收入国家的初中教育完成率提高了66%。东亚和太平洋地区曾取得最大进展，1990—2011年间这一比率增加一倍达到了99%。在90年代中期中东和北非与东亚和太平洋地区情况相似，但这一地区内许多国家的增长被伊朗自2003年开始的下滑所抵消。在撒哈拉以南非洲地区，2011年初中教育最后一年级的学生中只有26%完成学业，而小学毕业生的这一比率为70%。由于这些比率是实际完成率的较高估计，实际情况可能更糟。

欧洲和中亚地区的总入学率与净入学率间差距最小

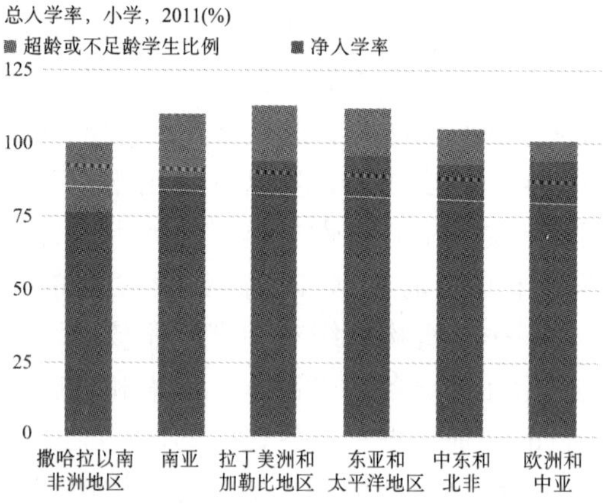

资料来源：联合国教科文组织统计机构。

总入学率与净入学率之间的差异反映出超龄或不足龄学生比率，是体现教育体系效率的指标。在撒哈拉以南非洲地区，进入小学的儿童中有42%在2011年辍学，使得该区域有最高的辍学率、复读率及总入学率和净入学率之差。拉丁美洲和加勒比地区的净入学率几乎与欧洲和中亚持平，但前者的上述差值更大，说明欧洲和中亚的教育体系更有效率，复读率和辍学率最低。

2012年南亚地区的儿童消瘦最为严重

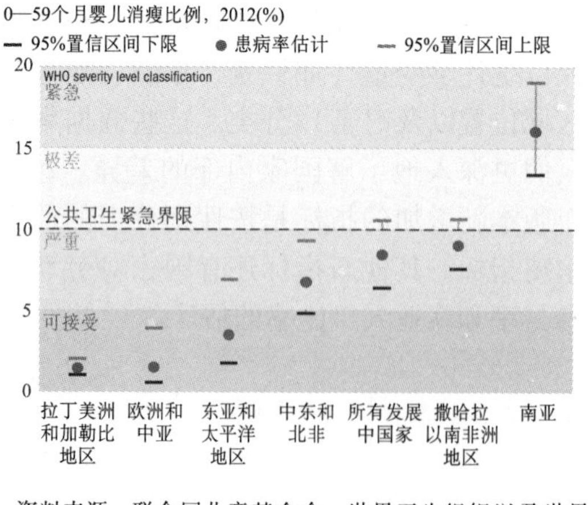

资料来源：联合国儿童基金会，世界卫生组织以及世界银行2013。

消瘦被定义为0—59个月大婴儿的体重身高比值低于国际指标中位数超过两个标准差的情况，是极端营养不良的检测标准。世界健康组织（WHO）成员国设立了全球营养目标，计划到2025年将儿童消瘦率降低至5%。据估计，2012年这一比率在所有发展中国家为8.5%，世界银行划分的六个发展中地区中有三个低于5%。在中东和北非以及撒哈拉以南非洲地区，这一比例高于5%但低于世界卫生组织划定的10%的公共卫生紧急界限。但南亚地区比例高达16%，在世界卫生组织严重程度分类标准里被认为是紧急。

孕产妇死亡多发于撒哈拉以南非洲和南亚地区

在2010年，世界上85%的孕产妇死亡案例发生在撒哈拉以南非洲和南亚地区。尽管每一地区的孕产妇死亡数量均在下降，全球在1990—2010年间由540,000降至290,000，但孕产妇死亡案例却越来越多地集中于这两个地区。2010年超过一半的案例发生在撒哈拉以南非洲地区，29%发生在南亚。撒哈拉以南非洲地区占全球比例从1990年的35%上升到2010年的57%，说明这一地区孕产妇死亡比例下降的速度低于其他地区。南亚所占比例从1990年的45%下降到2010年的29%，但仍然在全球范围内占据第二位。

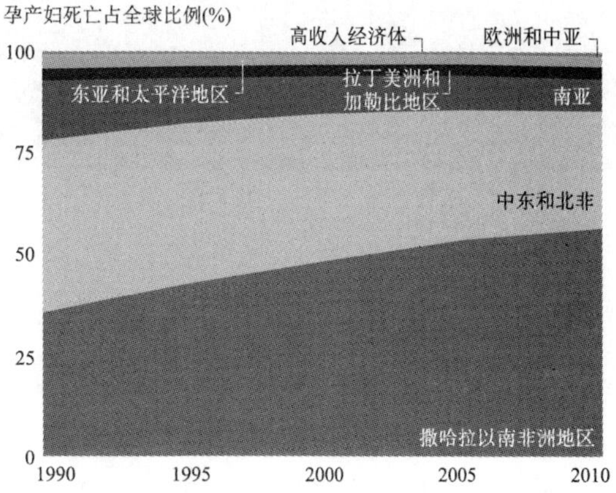

资料来源：世界卫生组织及其他2012。

全球范围内大部分的5岁以下儿童死亡发生在出生后的28天内

出生后的28天内（新生儿期）是婴儿最脆弱的时期。5岁以下儿童死亡发生在新生儿期的比例很大，而且自1990年起这一比例在所有地区内均在上升，尽管每个地区内新生儿死亡率都在下降。新生儿死亡率下降的速度小于5岁以下儿童死亡率：1990—2012年间，全球新生儿死亡占5岁以下儿童死亡的比例从37%上升为44%。2012年这一比例在四个地区均超过了50%，分别为中东和北非、东亚和太平洋地区、南亚以及拉丁美洲和加勒比地区。

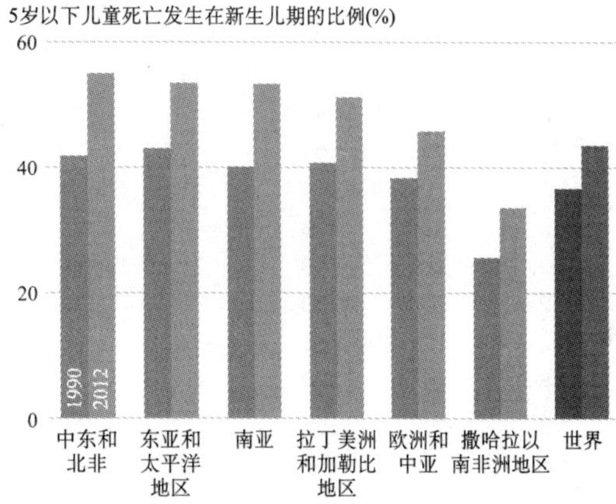

资料来源：联合国儿童死亡率估计跨机构工作组2013。

在拉丁美洲和撒哈拉以南非洲地区超过20%的部长为女性

有超过20%的部长为女性，在部长级职位女性参与率上拉丁美洲和加勒比地区以及撒哈拉以南非洲地区在发展中地区中处于领先位置。在佛得角、厄瓜多尔、玻利维亚、尼加拉瓜和南非这一比例均超过40%。然而尽管取得如此成就，男性依然在政治、经济及家庭活动中居于领导地位。仍有14个国家，其中有5个是高收入国家，在部长级职位上没有女性代表。决策层的性别平等不仅有利于妇女和女孩，而且对整个社会有广泛好处。在经济、政策和社会生活中赋予女性更多权力能够改变政策选择，使得各机构能够代表更广泛的声音。

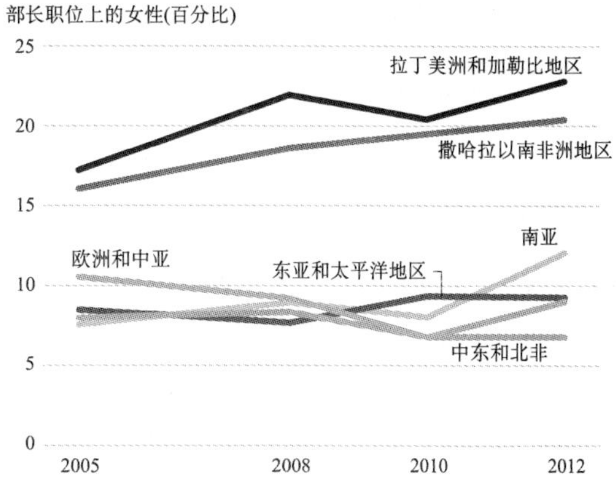

资料来源：国际议会联盟。

2 人 口

	儿童营养不良、体重不足患病率	5岁以下儿童死亡率	孕产妇死亡率	青春期女性生育率	艾滋病患病率	初等教育完成率	青年识字率	劳动力参与率	弱势群体就业率	失业率	女性法律工作者、高级官员和管理者
									无报酬家庭劳动者和自营工作者占总就业的百分比		
	占5岁以下儿童的百分比	每千例活产儿	每10万例活产儿(模型估计)	每千名15—19岁少女生育数	占15—49岁人口的百分比	占相应年龄组的百分比	占15—24岁人口的百分比	占15岁及其以上人口的百分比		占总劳动力的百分比	占总数的百分比
	2005–2012[a]	2012	2010	2012	2012	2008–2012[a]	2005–2012[a]	2012	2008–2012[a]	2008–2012[a]	2008–2012[a]
阿富汗	..	99	460	87	<0.1	..	..	48	..	..	..
阿尔巴尼亚	6.3	17	27	15	..	..	99	55	..	14	..
阿尔及利亚	3.7	20	97	10	..	100	92	44	30	10	..
美属萨摩亚	..	..	..	..	..	..	..	..	..	..	..
安道尔	..	3	..	..	..	..	..	..	..	..	..
安哥拉	15.6	164	450	170	2.3	54	73	70	..	..	..
安提瓜和巴布达	..	10	..	49	..	100	..	..	..	..	..
阿根廷	2.3	14	77	54	0.4	109	99	61	19	7	..
亚美尼亚	5.3	16	30	27	0.2	100	100	63	30	18	22
阿鲁巴	..	..	..	27	..	95	99	..	..	..	..
澳大利亚	0.2	5	7	12	..	..	..	65	9	5	37
奥地利	..	4	4	4	..	97	..	61	9	4	27
阿塞拜疆	8.4	35	43	40	0.2	92	100	66	55	5	7
巴哈马	..	17	47	28	3.3	93	..	74	..	14	52
巴林	..	10	20	14	..	..	98	71	2	1	..
孟加拉国	36.8	41	240	81	<0.1	75	79	71	..	5	..
巴巴多斯	..	18	51	48	0.9	104	..	71	..	12	47
白俄罗斯	1.3	5	4	21	0.4	103	100	56	2	6	..
比利时	..	4	8	7	..	91	..	53	10	8	30
伯利兹	6.2	18	53	71	1.4	116	..	66	..	8	..
贝宁	20.2	90	350	90	1.1	71	42	73	..	..	..
百慕大	..	..	..	..	..	91	..	..	..	..	..
不丹	12.8	45	180	41	0.2	101	74	72	53	2	27
玻利维亚	4.5	41	190	72	0.3	92	99	72	55	3	..
波斯尼亚和黑塞哥维那	1.5	7	8	15	..	..	100	45	27	28	..
博茨瓦纳	11.2	53	160	44	23.0	95	95	77	..	..	..
巴西	2.2	14	56	71	..	..	98	70	25	7	..
文莱	..	8	24	23	..	102	100	64	..	..	..
保加利亚	..	12	11	36	..	104	98	53	8	12	37
布基纳法索	26.2	102	300	115	1.0	58	39	84	..	..	..
布隆迪	29.1	104	800	30	1.3	62	89	83	..	..	..
佛得角	..	22	79	71	0.2	99	98	67	..	..	..
柬埔寨	29.0	40	250	44	0.8	98	87	83	64	0	21
喀麦隆	15.1	95	690	116	4.5	73	81	70	76	4	..
加拿大	..	5	12	14	..	..	..	66	..	7	36
开曼群岛	..	..	..	..	..	..	99	..	..	4	44
中非共和国	28.0	129	890	98	..	45	66	79	..	..	..
乍得	..	150	1,100	152	2.7	35	48	72	..	..	..
海峡群岛	..	..	..	8	..	..	..	..	..	..	..
智利	0.5	9	25	55	0.4	97	99	62	24	6	..
中国	3.4	14	37	9	..	..	100	71	..	4	..
中国香港	..	..	..	3	..	98	..	59	7	3	32
中国澳门	..	..	..	4	..	98	100	71	4	3	31
哥伦比亚	3.4	18	92	69	0.5	105	98	67	49	11	..
科摩罗	..	78	280	51	2.1	80	86	58	..	..	..
刚果民主共和国	24.2	146	540	135	1.1	73	66	72	..	..	..
刚果共和国	11.8	96	560	127	2.8	73	..	71	..	..	..

	儿童营养不良、体重不足患病率 占5岁以下儿童的百分比 2005–2012[a]	5岁以下儿童死亡率 每千例活产儿 2012	孕产妇死亡率 每10万例活产儿(模型估计) 2010	青春期女性生育率 每千名15—19岁少女生育数 2012	艾滋病患病率 占15—49岁人口的百分比 2012	初等教育完成率 占相应年龄组的百分比 2008–2012[a]	青年识字率 占15—24岁人口的百分比 2005–2012[a]	劳动力参与率 占15岁及其以上人口的百分比 2012	弱势群体就业率 无报酬家庭劳动者和自营工作者占总就业的百分比 2008–2012[a]	失业率 占总劳动力的百分比 2008–2012[a]	女性法律工作者、高级官员和管理者 占总数的百分比 2008–2012[a]
哥斯达黎加	1.1	10	40	61	0.3	95	98	63	20	8	35
科特迪瓦	29.4	108	400	130	3.2	61	68	67	..	..	..
克罗地亚	..	5	17	13	..	94	100	51	17	16	25
古巴	..	6	73	43	<0.1	96	100	57	..	3	..
库拉索	..	..	..	28	..	..	..	..	..	..	..
塞浦路斯	..	3	10	5	..	102	100	64	13	12	14
捷克共和国	..	4	5	5	..	102	..	59	15	7	26
丹麦	..	4	12	5	..	99	..	63	6	8	28
吉布提	29.8	81	200	19	1.2	52[b]	..	52	..	..	..
多米尼克	..	13	..	..	..	104	..	..	..	..	..
多米尼加共和国	3.4	27	150	100	0.7	90	97	65	37	15	..
厄瓜多尔	..	23	110	77	0.6	111	99	68	51	4	..
埃及	6.8	21	66	43	<0.1	107	89	49	23	13	..
萨尔瓦多	6.6	16	81	76	0.6	101	96	62	38	6	29
赤道几内亚	..	100	240	113	6.2	55	98	87	..	..	..
厄立特里亚	..	52	240	65	0.7	31	90	85	..	..	..
爱沙尼亚	..	4	2	17	..	96	100	62	5	10	36
埃塞俄比亚	29.2	68	350	78	1.3	..	55	84	..	..	..
法罗群岛	..	..	..	..	..	..	..	..	..	..	..
斐济	..	22	26	43	0.2	103	..	55	39	9	..
芬兰	..	3	5	9	..	97	..	60	10	8	32
法国	..	4	8	6	..	..	..	56	7	10	39
法属波利尼西亚	..	..	..	38	..	..	..	56	..	..	..
加蓬	6.5	62	230	103	4.0	..	98	61	..	..	..
冈比亚	15.8	73	360	116	1.3	70	68	78	..	..	..
格鲁吉亚	1.1	20	67	47	0.3	108	100	65	61	15	..
德国	1.1	4	7	4	..	100	..	60	7	5	30
加纳	14.3	72	350	58	1.4	98[b]	86	69	77	4	..
希腊	..	5	3	12	..	100	99	53	30	24	23
格陵兰	..	..	..	..	..	..	..	..	..	..	..
格林纳达	..	14	24	35	..	112	..	..	..	..	..
关岛	..	..	..	50	..	..	..	63	..	12	..
危地马拉	13.0	32	120	97	0.7	88	87	68	..	3	..
几内亚	16.3	101	610	131	1.7	61	31	72	..	..	..
几内亚比绍	16.6	129	790	99	3.9	64	73	73	..	..	..
圭亚那	11.1	35	280	88	1.3	85	93	61	..	..	..
海地	18.9	76	350	42	2.1	..	72	66	..	..	..
洪都拉斯	8.6	23	100	84	0.5	100	96	63	53	4	..
匈牙利	..	6	21	12	..	99	99	52	6	11	40
冰岛	..	2	5	11	..	99	..	74	8	6	40
印度	43.5	56	200	33	0.3	96	81	56	81	4	14
印度尼西亚	18.6	31	220	48	0.4	100	99	68	57	7	22
伊朗	..	18	21	32	0.2	102	99	45	42	11	13
伊拉克	7.1	34	63	69	..	..	82	42	..	15	..
爱尔兰	..	4	6	8	..	..	..	60	12	15	33
马恩岛	..	..	..	..	..	..	..	..	..	..	..
以色列	..	4	7	8	..	102	..	64	7	7	32

2 人　口

	儿童营养不良、体重不足患病率 占5岁以下儿童的百分比	5岁以下儿童死亡率 每千例活产儿	孕产妇死亡率 每10万例活产儿（模型估计）	青春期女性生育率 每千名15—19岁少女生育数	艾滋病患病率 占15—49岁人口的百分比	初等教育完成率 占相应年龄组的百分比	青年识字率 占15—24岁人口的百分比	劳动力参与率 占15岁及其以上人口的百分比	弱势群体就业率 无报酬家庭劳动者和自营工作者占总就业的百分比	失业率 占总劳动力的百分比	女性法律工作者、高级官员和管理者 占总数的百分比
	2005–2012[a]	2012	2010	2012	2012	2008–2012[a]	2005–2012[a]	2012	2008–2012[a]	2008–2012[a]	2008–2012[a]
意大利	..	4	4	4	..	103	100	49	18	11	25
牙买加	3.2	17	110	70	1.7	..	96	63	38	14	..
日本	..	3	5	5	..	102	..	59	11	4	..
约旦	1.9	19	63	26	..	93	99	41	10	12	..
哈萨克斯坦	3.7	19	51	30	..	102[b]	100	72	29	5	38
肯尼亚	16.4	73	360	94	6.1	..	82	67	..	..	..
基里巴斯	..	60	..	17	..	115	..	..	..	..	..
朝鲜	18.8	29	81	1	..	..	100	78	..	..	..
韩国	..	4	16	2	..	103	..	61	25	3	10
科索沃	..	..	..	..	..	..	..	..	17	31	..
科威特	2.2	11	14	14	..	..	99	68	2	4	..
吉尔吉斯共和国	2.7	27	71	29	0.3	98	100	67	..	8	..
老挝	31.6	72	470	65	0.3	95	84	78	..	..	..
拉脱维亚	..	9	34	14	..	99	100	60	8	15	45
黎巴嫩	..	9	25	12	..	86	99	47	..	..	..
莱索托	13.5	100	620	89	23.1	72	83	66	..	25	..
利比里亚	20.4	75	770	117	0.9	65	49	61	79	4	..
利比亚	5.6	15	58	3	..	..	100	53	..	..	..
列支敦士登	..	..	..	..	..	101	..	..	..	..	..
立陶宛	..	5	8	11	..	101	100	61	9	13	38
卢森堡	..	2	20	8	..	84	..	58	6	5	24
前南斯拉夫马其顿共和国	2.1	7	10	18	..	94	99	55	22	31	28
马达加斯加	..	58	240	123	0.5	70	65	89	..	..	..
马拉维	13.8	71	460	145	10.8	74	72	83	..	..	..
马来西亚	12.9	9	29	6	0.4	..	98	59	21	3	25
马尔代夫	17.8	11	60	4	<0.1	110	99	67	..	..	..
马里	27.9	128	540	176	0.9	59	47	66	..	..	..
马耳他	..	7	8	18	..	92	98	52	9	6	23
马绍尔群岛	..	38	..	..	..	100	..	..	..	..	..
毛里塔尼亚	19.5	84	510	73	0.4	69	69	54	..	31	..
毛里求斯	..	15	60	31	1.2	99	97	59	17	9	23
墨西哥	2.8	16	50	63	0.2	93	98	62	29	5	31
密克罗尼西亚联邦	..	39	100	19	..	..	..	..	..	..	..
摩尔多瓦	3.2	18	41	29	0.7	90	100	40	29	6	44
摩纳哥	..	4	..	..	..	..	..	..	..	..	..
蒙古	5.3	28	63	19	<0.1	130	96	62	55	5	47
黑山	2.2	6	8	15	..	101	99	50	..	20	30
摩洛哥	3.1	31	100	36	0.1	99[b]	82	50	51	9	13
莫桑比克	15.6	90	490	138	11.1	52	67	84	..	..	..
缅甸	22.6	52	200	12	0.6	95	96	79	..	..	..
纳米比亚	17.5	39	200	55	13.3	85	87	59	33	17	37
尼泊尔	29.1	42	170	74	0.3	100[b]	82	83	..	3	..
荷兰	..	4	6	6	..	..	..	65	12	5	30
新喀里多尼亚	..	..	..	21	..	..	100	57	..	..	..
新西兰	..	6	15	25	..	..	..	68	12	7	40
尼加拉瓜	5.7	24	95	101	0.3	80	87	63	47	8	..
尼日尔	39.9	114	590	205	0.5	49	37	65	..	..	..

	儿童营养不良、体重不足患病率 占5岁以下儿童的百分比 2005-2012[a]	5岁以下儿童死亡率 每千例活产儿 2012	孕产妇死亡率 每10万例活产儿(模型估计) 2010	青春期女性生育率 每千名15—19岁少女生育数 2012	艾滋病患病率 占15—49岁人口的百分比 2012	初等教育完成率 占相应年龄组的百分比 2008-2012[a]	青年识字率 占15—24岁人口的百分比 2005-2012[a]	劳动力参与率 占15岁及其以上人口的百分比 2012	弱势群体就业率 无报酬家庭劳动者和自营工作者占总就业的百分比 2008-2012[a]	失业率 占总劳动力的百分比 2008-2012[a]	女性法律工作者、高级官员和管理者 占总数的百分比 2008-2012[a]
尼日利亚	24.4	124	630	120	3.1	76	66	56	..	..	..
北马里亚纳群岛	..	..	..	..	..	..	..	..	..	..	..
挪威	..	3	7	8	..	98	..	66	5	3	31
阿曼	8.6	12	32	11	..	104	98	64	..	..	..
巴基斯坦	30.9	86	260	27	<0.1	72	71	54	63	5	3
帕劳	..	21	..	..	..	..	..	..	..	..	..
巴拿马	3.9	19	92	79	0.7	98	98	66	29	4	46
巴布亚新几内亚	18.1	63	230	62	0.5	..	71	72	..	..	..
巴拉圭	3.4	22	99	67	0.3	86	99	70	43	5	34
秘鲁	4.5	18	67	51	0.4	91	97	76	46	4	19
菲律宾	20.2	30	99	47	<0.1	91	98	65	40	7	55
波兰	..	5	5	12	..	95	100	57	18	10	38
葡萄牙	..	4	8	13	..	..	100	61	17	16	33
波多黎各	..	..	20	47	..	..	87	42	..	15	43
卡塔尔	..	7	7	10	..	..	97	87	..	1	4
罗马尼亚	..	12	27	31	..	97	97	56	32	7	31
俄罗斯	..	10	34	26	..	98	100	64	6	6	37
卢旺达	11.7	55	340	34	2.9	58	77	86	..	..	..
萨摩亚	..	18	100	28	..	102	100	41	38	6	36
圣马力诺	..	3	..	..	..	93	..	..	..	..	18
圣多美和普林西比	14.4	53	70	65	1.0	104[b]	80	61	..	..	..
沙特阿拉伯	5.3	9	24	10	..	106	98	52	..	6	5
塞内加尔	14.4	60	370	94	0.5	60	65	77	..	..	..
塞尔维亚	1.6	7	12	17	..	93	99	52	26	24	33
塞舌尔	..	13	..	56	..	105	99	..	..	..	..
塞拉利昂	21.1	182	890	101	1.5	72	61	67	..	..	..
新加坡	..	3	3	6	..	..	100	68	9	3	34
荷属圣马丁	..	..	..	..	..	..	..	..	..	..	..
斯洛伐克	..	8	6	16	..	95	..	60	12	14	31
斯洛文尼亚	..	3	12	1	..	101	100	58	13	9	38
所罗门群岛	11.5	31	93	65	..	85	..	66	..	..	..
索马里	32.8	147	1,000	110	0.5	..	..	56	..	..	..
南非	8.7	45	300	51	17.9	..	99	52	10	25	31
南苏丹	32.5	104	..	75	2.7	..	..	..	..	..	..
西班牙	..	5	6	11	..	102	100	59	12	25	30
斯里兰卡	21.6	10	35	17	<0.1	97	98	55	41	4	24
圣基茨和尼维斯	..	9	..	..	..	93	..	..	..	..	..
圣卢西亚	..	18	35	56	..	92	..	69	..	21	..
法属圣马丁	..	..	..	..	..	..	..	..	..	..	..
圣文森特和格林纳丁斯	..	23	48	55	..	99	..	67	8	19	..
苏丹	27.0[c]	73[c]	730	84[c]	..	..	87	54	..	15	..
苏里南	5.8	21	130	35	1.1	88	98	55	..	..	..
斯威士兰	5.8	80	320	72	26.5	77	94	57	..	..	..
瑞典	..	3	4	7	..	102	..	64	7	8	35
瑞士	..	4	8	2	..	96	..	68	9	4	33
叙利亚	10.1	15	70	42	..	107	95	44	33	8	9
塔吉克斯坦	15.0	58	65	43	0.3	98	100	68	47	12	..

2 人 口

	儿童营养不良、体重不足患病率 占5岁以下儿童的百分比 2005–2012[a]	5岁以下儿童死亡率 每千例活产儿 2012	孕产妇死亡率 每10万例活产儿（模型估计）2010	青春期女性生育率 每千名15—19岁少女生育数 2012	艾滋病患病率 占15—49岁人口的百分比 2012	初等教育完成率 占相应年龄组的百分比 2008–2012[a]	青年识字率 占15—24岁人口的百分比 2005–2012[a]	劳动力参与率 占15岁及其以上人口的百分比 2012	弱势群体就业率 无报酬家庭劳动者和自营工作者占总就业的百分比 2008–2012[a]	失业率 占总劳动力的百分比 2008–2012[a]	女性法律工作者、高级官员和管理者 占总数的百分比 2008–2012[a]
坦桑尼亚	16.2	54	460	123	5.1	81	75	89	..	4	..
泰国	7.0	13	48	41	1.1	..	98	72	54	1	25
东帝汶	45.3	57	300	52	..	71	80	38	70	4	10
多哥	16.5	96	300	92	2.9	74	80	81	..	..	..
汤加	..	13	110	18	..	100	99	64	..	..	..
特立尼达和多巴哥	..	21	46	35	1.6	95	100	64	..	5	..
突尼斯	3.3	16	56	5	<0.1	102	97	48	29	18	..
土耳其	..	14	20	31	..	103	99	49	32	9	10
土库曼斯坦	..	53	67	18	..	..	100	61	..	..	..
特克斯和凯科斯群岛	..	..	..	..	..	..	..	..	..	..	..
图瓦卢	1.6	30	..	..	..	..	..	..	..	..	..
乌干达	14.1	69	310	127	7.2	53	87	78	..	4	..
乌克兰	..	11	32	26	0.9	103	100	59	18	8	39
阿拉伯联合酋长国	..	8	12	28	..	111	95	79	1	4	10
英国	..	5	12	26	..	..	..	62	12	8	34
美国	..	7	21	31	..	98	..	63	..	8	43
乌拉圭	4.5	7	29	58	0.7	104	99	66	22	7	..
乌兹别克斯坦	4.4	40	28	39	0.1	92	100	61	..	..	..
瓦努阿图	11.7	18	110	45	..	84	95	71	70	5	29
委内瑞拉	2.9	15	92	83	0.6	96	99	65	32	8	..
越南	12.0	23	59	29	0.4	101	97	77	63	2	..
美属维尔京群岛	..	..	..	51	..	..	..	63	..	..	..
西岸和加沙	2.2	23	..	46	..	90	99	41	27	23	10
也门	..	60	200	47	0.1	70	86	49	30	18	5
赞比亚	14.9	89	440	125	12.7	91	64	79	..	..	..
津巴布韦	10.1	90	570	60	14.7	..	91	86	..	..	..
世界整体	**15.1 w**	**48 w**	**210 w**	**45 w**	**0.8 w**	**91 w**	**89 w**	**64 w**	**.. w**	**6 w**	
低收入国家	21.8	82	410	93	2.3	67	73	76	..	..	
中等收入国家	15.7	45	190	40	..	94	91	63	..	5	
中低收入国家	24.1	61	260	47	0.6	91	84	58	65	5	
中高收入国家	2.8	20	64	31	..	..	98	67	..	5	
中、低收入国家	17.0	53	240	49	1.2	89	88	64	..	5	
东亚和太平洋地区	5.3	21	83	20	..	..	99	71	..	4	
欧洲和中亚	1.8	22	32	31	..	99	99	57	27	9	
拉丁美洲和加勒比地区	2.9	19	82	69	..	102	97	67	32	7	
中东和北非	6.2	26	81	37	..	91	92	46	34	11	
南亚	32.2	60	220	39	0.3	88	80	57	78	4	
撒哈拉以南非洲地区	20.8	98	500	108	4.7	69	70	70	..	..	
高收入国家	1.4	6	16	18	..	100	..	61	11	8	
欧元区	..	4	6	6	..	99	100	57	11	11	

a. 最近年份可获得的数据。b. 2013 年的数据。c 不包括南苏丹。

关于数据

本章的许多指标在世界发展指标数据库中可以按照性别、居住地、财富、年龄分类统计显示，但在表格中考虑到空间有限，未能一一列示。

儿童营养不良

良好的营养是生存、健康和发展的基石。营养良好的儿童在学校表现更好，成年后更健康，从而给他们自己的孩子一个更好的人生开端。营养良好的妇女在怀孕和分娩中面对的风险更小，而且使她们孩子的身体成长和心理健康都能踏上更良好的发展道路。营养不良的孩子对传染病的抵抗力较弱，更可能死于常见的儿童疾病，如腹泻和呼吸系统感染。经常生病的人，身体的营养状况会越来越差，从而进入一个经常患病、成长缓慢的恶性循环。

体重不足儿童的占比是最常见的衡量儿童营养不良的指标。即使是轻度的体重不足也能增加死亡风险、抑制儿童的认知发展，而且，这个问题会通过代际遗传。例如，营养不良的女性更有可能生出出生体重较低的婴儿。对儿童体重不足患病率的估值来自于世界卫生组织关于儿童成长和营养不良的国际数据库。这个数据库是通过全国营养调查，并对儿童成长和营养不良的数据进行标准化汇编得到的。为了更好地监测全球儿童的营养不良问题，联合国儿童基金会（UNICEF）、世界卫生组织（WHO）和世界银行共同运用统一的数据库和加总算法，得出不同地区、不同收入群体和全世界的2011年的估值和自1990年以来的发展趋势。

5岁以下儿童死亡率

儿童和其他人群的死亡率是衡量健康状况的重要指标。当不能获得疾病发病率和患病率数据时，死亡率可以用来识别弱势群体，而且它们还是最经常被用来比较不同国家社会经济发展情况的指标。

死亡率的主要来源是人口动态登记系统和基于抽样调查或普查的直接或间接估值。一个完整的人口动态登记系统至少覆盖90%有关人口的重要事件，是特定年龄死亡率最好的数据来源。但是，完整的人口动态登记系统在发展中国家中是相当少见的。因此，估值必须从抽样调查获得，或把间接估值技术运用到登记、普查或调查数据上（参见原始数据文档）。调查数据容易产生记忆性偏差。

为了使估值具有可比性，并确保不同机构得出的估值的一致性，由联合国儿童基金会、世界卫生组织、联合国人口司、世界银行、其他高校和科研机构组成的联合国机构间儿童死亡率估算组，开发并采用了一种使用所有可用信息来调和分歧的统计方法。运用参考数据，拟合一个国家特定的死亡率回归模型，可以获得趋势线。（关于儿童死亡率估值的进一步讨论，请参阅联合国机构间儿童死亡率估算（2013）；更多详细背景数据和图形演示，请登录www. childmortality. org）。

孕产妇死亡率

孕产妇死亡率的计量容易受到多类错误的影响。在没有完整人口动态登记系统的国家，育龄妇女的死亡或者怀孕状况可能不被公布，或可能不能知道其死亡原因。即使在具有可靠人口动态登记系统的高收入国家，对产妇死亡情况的误判，已经导致了对孕产妇死亡率的严重低估。通过询问受访者其姐妹存活状况的调查和普查，可以估计孕妇的死亡率。但这是回顾性的，指向调查前大约五年的那段时期，可能会受记忆性偏差的影响。此外，它们还反映与妊娠有关的死亡（怀孕期间或者42天之内终止妊娠的死亡，不论死亡的原因），需要进行调整以符合孕产妇死亡的严格定义。

本书的孕产妇死亡率是以世界卫生组织、联合国儿童基金会、联合国人口基金会（UNFPA）和世界银行的测算结果以及国家级的时间序列数据为基础，进行建模估算得到的。对于没有完整登记数据但是有其他类型数据的国家以及没有数据的国家，孕产妇死亡率是通过一个多元回归模型，运用现有的孕产妇死亡率数据以及包括生育、接生人员和国内生产总值在内的社会经济信息来估计的。这种方法与先前估计所用的方法不同，因此这里给出的数据不能进行跨版本比较。

青春期女性生育率

生殖健康是指与生殖系统及其功能和过程有关的一种身体和精神健康状态。实现生殖健康的方法包括怀孕和分娩过程中的教育和服务，安全有效的避孕以及性传播疾病的预防和治疗。怀孕和分娩过程中的并发症是导致发展中国家育龄妇女死亡和残疾的首要原因。

青春期女性怀孕对母亲和孩子来说都是高风险的，更有可能导致早产、出生体重偏低、分娩并发症和死亡。许多少女怀孕是意外造成的，年轻的女孩们可能会放弃教育和工作的机会继续怀孕，或者进行并不安全的堕胎。估计青春期生育率，是基于人口动态登记系统的；在没有这一系统时，普查或者抽样调查一般被认为是可靠的计量方法。当没有关于特定年龄生育率的实证信息时，我们用模型来估算青春期生育率。对于没有人口动态登记系统的国家，生育率一般根据早年的普查或调查中观察到的趋势来推断。

艾滋病患病率

艾滋病患病率反映了每个国家人口的艾滋病感染率。然而，一国的患病率较低，可能会产生误导。因为它们往往掩饰了那种最初集中于某些地区或人群，然后可能威胁到更广泛人群的流行病。在许多发展中国家，大多数新的传染病发生在青年人群身上，其中年轻女性更易受感染。

艾滋病患病率的数据来自关于艾滋病的联合国联合计划。对数据估值的程序和假设的修改以及更好的国际合作已经使估值结果有所改进。新模型跟踪了艾滋病毒流行的过程和影响，充分利用了关于艾滋病患病趋势的调查和监测数据信息。模型包含了抗逆转录治疗的效果，并考虑到人们减少抗逆转录治疗带来的影响（对艾滋病患病率有很大影响，能使艾滋病人活得更久）以及随着时间的推移城市化程度的改变（这很重要，因为城市地区患病率较高，而且很多国家过去二十年都出现了城市化进程加快）。估值考虑到了合理的界限，参见 http：//data. worldbank. org，反映出每项估计的确定性。

初等教育完成率

许多国家的政府发布关于其教育系统如何运行和发展的统计信息，即有关招生和效率指标的统计数据，如复读率、师生比例和群体进步。初等教育完成率，也被称为初等教育最后一年级的总招收率，是衡量教育系统表现的核心指标。它反映了教育系统的覆盖率和学生受教育程度。它是实现千年发展目标和全民教育的关键。然而，初等教育完成率高并不一定意味着学生学习水平高。

该指标反映了各国按照《国际教育标准分类》界定的初等教育周期，初等教育范围从三或四年（少数国家）到五或六年（大多数国家）到七年（少数国家）不等。它应该被视为实际初等教育普及率的估值上限，因为数据存在局限性，它们没有把最后一学年退学的儿童考虑进去。有很多原因使得初等教育完成率超过 100%。分子可能包含推迟入学者、在初等教育阶段重复上了一个或多个年级的超龄儿童以及提早入学的儿童，而分母则是初等教育最后一年级的适龄儿童。

青年识字率

15—24 岁的青年人识字率是衡量学生受教育情况的标准指标。它通过过去十年左右获得基本识字算数能力的人口比重，反映初等教育的累积成果。但是，在实践中，识字率很难度量。估计识字率，需要在可控的环境下进行普查或调查。许多国家通过人们自己报告的情况来估算识字率。一些国家用教育完成情况作为替代变量，参考受教育年限的不同或完成的程度不同。由于不同国家数据收集的定义和方法有差别，数据应谨慎使用。一般来说，识字率包含计算能力，即进行简单的算术运算。

年轻人识字率的数据由联合国教科文组织的统计机构汇编，这些数据基于 1985 - 2011 年间各国普查或家庭调查；对于那些没有近期识字率数据的国家，则采用全球特定年龄段识字率预测模型。

劳动参与率

劳动力是一个经济体中可以用于生产产品、提供劳务的劳工。它包含目前被雇佣、没有被雇佣但正在寻找工作以及首次寻找工作的人。但并不是所有参加工作的人都被包含在内，没有被支付薪水的工人、家庭雇工和学生经常被排除在外，一些国家也不计算军队的人数。劳动力的规模随季节性工人的进入和退出而变化。

国际劳工组织通过劳动力调查、普查，企业进行的普查和调查以及国家政府的记录（例如就业交流登记和失业保险计划）来汇集劳动力数据。劳动力调查是国际上可比劳动力数据最全面的来源；来自人口普查的劳动力数据通常基于个人经济状况相关的有限几个问题，因而可探索的余地很小；企业的普查和调查仅仅局限于就业人口，而不考虑失业工人、小企业工人以及非正式部门的工人（国际劳工组织，《劳动力市场关键指标 2001—2002》）。

除了数据来源，还有别的重要因素影响数据的可比性，例如普查和调查的参考时间段、工作年龄的定义和地理覆盖面。关于国家层面的数据来源、参考时间段或定义，见世界发展指标数据库的脚注或第七版世界劳工组织劳动力市场关键指标数据库。

书中劳动参与率的估值来自第七版世界劳工组织劳动力市场关键指标数据库。这些调和估值采用严格的数据选择标准和强化方法，以保证跨国、跨时间的可比性，从而避免以上提到的不一致。估值主要基于劳动力调查，只有在没有可获得的调查数据的情况下才使用其他数据来源（人口普查和国家记录）。由于其他就业数据主要由国家来估计，在比较劳动参与率和别的就业数据时需要注意。

弱势群体就业率

没有薪水的家庭雇工和自佣工在总就业人数中的比例来自于就业状态信息。每一个群体都面临着不同的经济风险，但没有薪水的家庭雇工和自佣工最为危险，即最可能陷入贫穷。他们几乎不可能有正式的工作安排、没有能抵御经济冲击的社会保障和安全网、通常没有足够的储蓄来抵消这些冲击。如果一个国家没有薪水的家庭雇工占比高，意味着发展缓慢、就业增长很少，而且一般农村经济占比较大。

弱势群体就业率的数据来自劳动力和一般家庭样本调查、普查和官方估计。除了在计算劳动参与率提及的局限性之外，还有其他原因限制了数据的可比性。例如经济合作与发展组织提供的信息只与国民就业相关，这可能低估了“雇员”和“不按身份分类的工人”，特别是在那些拥有庞大军队的国家。尽管没有薪水的家庭雇工和自佣工的分类不受影响，但他们的相对份额则受到影响。

失业率

国际劳工组织将失业定义为失业人口占经济上活跃人口的比重。经济上活跃人口包括当前没有工作但仍能工作且正在寻找工作，以及已经失去工作和自己辞职的人。一些失业是不可避免的。在任何时候，总有一些人会暂时失去工作。一些雇主寻找更适合的工人，一些工人寻找更好的工作。那些失业通常称为摩擦失业，它是劳动力市场正常运行的结果。

失业随着时间的变化可能反映了劳动力供需情况的变化，但它们也可能反映报告实践的变化。在没有失业或福利的国家，人们在脆弱的就业环境中勉强维持生活；在安全保障网高度发达的国家，工人可以等待更有吸引力、更令人满意的岗位。但是，持续高失业率反映了资源配置的严重失效。

如何界定正在寻找工作的人，对待暂时被解雇或第一次寻找工作的人，不同国家的处理方法不同。在许多发展中国家，很难计量农业中的失业和就业人口。调查的时机可能最大化农业中季节性失业的影响。由于难以追踪非正式部门的活动，他们的就业情况也很难量化。

失业数据来自于劳动力样本调查、一般家庭样本调查、普查和官方估计。政府的记录，例如社会保险统计和就业办公室的统计并不包含在内，因为它们覆盖面存在局限性。

由于一系列原因，女性可能被排除在失业统计之外。女性遭受更多歧视，遭受更多来自结构性、社会性和文化上的壁垒，从而阻碍了她们寻找工作。同时，女性负责照顾孩子、老人和家庭事务，她们在较短的参考期内可能无法进行工作。女性进行兼职或短暂工作也可能被认为是就业，尽管这些工作并不稳定，或者她们正在积极寻找更有保障的工作。

女性法律工作者、高级官员和管理人员

尽管近几十年来取得了许多进展，但性别不平等现象在生活中的许多方面仍然存在，且在发展中国家最为盛行。教育、医疗、营养和政治权利方面的不平等与福利、生产力和经济增长息息相关，因而影响很大。不平等在儿童时就已经出现，例如男孩通常比女孩享有更好的教育和医疗条件。女性在法律工作者、高级官员和管理人员等高级岗位中的比重，大体表明了女性在劳动力和社会中的地位和角色。尽管近期有改善的迹象，女性仍然很难获得政府中具有决策权的岗位。

关于女性法律工作者、高级官员和管理人员的数据是基于不同职业就业率的估计，不同职业根据 1988 年国际标准职业分类进行划分。数据主要是从劳动力调查中获取，其他家庭调查、人口普查以及官方估算作为部分补充。将武装部队包含在内时国家应采取不同的方法。武装部队是一个非常大的独立群体，但在一些国家他们被划分在近似的平民职业或未分类工人中。国家层面上关于分类、来源、基准期及定义的信息，请参阅世界发展指标数据库的脚注或国际劳工组织第 8 版劳动力市场关键指标数据库。

定义

儿童营养不良、体重不足患病率是指 5 岁以下儿童中年龄体重比率低于 0 至 59 个月国际参照人口的中位数超过两个标准差的 百分比。数据基于世界卫生组织（WHO）在 2006 年发布的儿童成长标准。**5 岁以下儿童死亡率**是指规定年份出生的儿童，按照当年的特定年龄死亡率，在年满 5 岁前死亡的概率。这一概率表示为每 1,000 名活产婴儿的比率。**孕产妇死亡率，模型估计**是指每 10 万例活产儿中从妊娠开始到产后 42 天内因与妊娠有关的各种原因造成的孕产妇死亡数。**青春期女性生育率**是指每千名 15—19 岁女性的生育数量。**艾滋病患病率**是指相应年龄组中感染艾滋病毒人口的百分比。**初等教育完成率**是指在初等教育最后一年级新入学的人数（注册人数减去重修人数）除以人口中法定毕业年龄儿童。不考虑在最后一年中辍学的学生。**青年识字率**是指 15—24 岁人口中能够在日常生活中理解和读写简单论述的人口占比。**劳动力参与率**是指 15 岁或更大年龄人口在特定参照时间段因为工作或找工作而活跃在劳动力市场的比重。**弱势群体就业率**是指就业人口中未被支付报酬的家庭雇工和自佣工的比重。**失业率**是指劳动力中没有工作但可以获得工作并且正在寻找工作的人口比重。劳动力和失业的定义在不同国家可能是不同的。**女性法律工作者、高级官员和管理人员**是指法律工作者、高级官员和管理人员中女性比重（国际职业分类中 88 个栏目的第 1 个）。

数据来源

有关儿童营养不良的数据来自于世界卫生组织（WHO）关于儿童成长和营养不良的全球数据库（www.who.int/nutgrowthdb/en/）。5 岁以下儿童死亡率来自联合国儿童死亡率估计跨机构工作组（www.childmortality.org），主要基于家庭调查、普查和生命登记数据。孕产妇死亡率的模型估值来自于联合国孕产妇死亡率估计跨机构工作组（www.maternalmortalitydata.org）。青春期生育率的数据来自于联合国人口司（2013），年度数据用世界银行发展数据组的插值替换得出。艾滋病患病率数据来自联合国艾滋病规划署（2013）。初等教育完成率和识字率数据来自联合国教科文组织统计机构（www.uis.unesco.org）。劳动参与率，弱势群体就业率，失业率以及女性立法者、高级官员和管理人员的数据来自于国际劳工组织第 8 版劳动力市场关键指标数据库。

参考文献

ILO (International Labour Organization).Various years. *Key Indicators of the Labour Market.* Geneva: International Labour Office.

UNAIDS (Joint United Nations Programme on HIV/AIDS). 2013. *Global Report: UNAIDS Report on the Global AIDS Epidemic 2013.* Geneva.

UNICEF (United Nations Children's Fund), WHO (World Health Organization), and the World Bank. 2013. *2012 Joint Child Malnutrition Estimates - Levels and Trends.* New York: UNICEF. [www.who.int/nutgrowthdb/estimates2012/en/].

UN Inter-agency Group for Child Mortality Estimation. 2013. *Levels and Trends in Child Mortality: Report 2013.* New York.

United Nations Population Division. 2013. *World Population Prospects: The 2012 Revision.* New York: United Nations, Department of Economic and Social Affairs.

WHO (World Health Organization), UNICEF (United Nations Children's Fund), UNFPA (United Nations Population Fund), and World Bank. 2012. *Trends in Maternal Mortality: 1990 to 2010.* Geneva: WHO.

World Bank. 2011. *World Development Report 2012: Gender Equality and Development.* Washington, DC.

———. n.d. PovcalNet online database. [http://iresearch.worldbank.org/PovcalNet]. Washington, DC.

在线表格和指标

若要获取《世界发展指标》在线表格，请使用网址 http://wdi.worldbank.org/table/和表格编号（例如，http://wdi.worldbank.org/table/2.1）。若要查看特定的在线指标，请使用网址 http://data.worldbank.org/indicator/和指标编码（例如，http://data.worldbank.org/Indicator/SP.POP.TOTL）。

2.1 人口动态

人口 ♀♂	SP.POP.TOTL
人口增长率	SP.POP.GROW
0—14 岁的人口 ♀♂	SP.POP.0014.TO.ZS
15—64 岁的人口 ♀♂	SP.POP.1564.TO.ZS
65 岁之上的人口 ♀♂	SP.POP.65UP.TO.ZS
抚养比率，青年	SP.POP.DPND.YG
抚养比率，老年	SP.POP.DPND.OL
原始死亡率	SP.DYN.CDRT.IN
原始出生率	SP.DYN.CBRT.IN

2.2 劳动率结构

劳动力参与率，男性 ♀♂	SL.TLF.CACT.MA.ZS
劳动力参与率，女性 ♀♂	SL.TLF.CACT.FE.ZS
劳动力，总数 ♀♂	SL.TLF.TOTL.IN
劳动力，年均增长率	..[a,b]
劳动力，女性 ♀♂	SL.TLF.TOTL.FE.ZS

2.3 按部门划分的就业

农业，男性 ♀♂	SL.AGR.EMPL.MA.ZS
农业，女性 ♀♂	SL.AGR.EMPL.FE.ZS
工业，男性 ♀♂	SL.IND.EMPL.MA.ZS
工业，女性 ♀♂	SL.IND.EMPL.FE.ZS
服务业，男性 ♀♂	SL.SRV.EMPL.MA.ZS
服务业，女性 ♀♂	SL.SRV.EMPL.FE.ZS

2.4 体面工作与生产性就业

就业率，总数 ♀♂	SL.EMP.TOTL.SP.ZS
就业率，年轻人 ♀♂	SL.EMP.1524.SP.ZS
弱势群体就业率，男性 ♀♂	SL.EMP.VULN.MA.ZS
弱势群体就业率，女性 ♀♂	SL.EMP.VULN.FE.ZS
就业人口人均 GDP	SL.GDP.PCAP.EM.KD

2.5 失业率

失业率，男性 ♀♂	SL.UEM.TOTL.MA.ZS
失业率，女性 ♀♂	SL.UEM.TOTL.FE.ZS
青年失业率，男性 ♀♂	SL.UEM.1524.MA.ZS
青年失业率，女性 ♀♂	SL.UEM.1524.FE.ZS
长期失业率，总数 ♀♂	SL.UEM.LTRM.ZS
长期失业率，男性 ♀♂	SL.UEM.LTRM.MA.ZS
长期失业率，女性 ♀♂	SL.UEM.LTRM.FE.ZS
根据受教育程度划分的失业率，小学 ♀♂	SL.UEM.PRIM.ZS
根据受教育程度划分的失业率，中学 ♀♂	SL.UEM.SECO.ZS
根据受教育程度划分的失业率，大学 ♀♂	SL.UEM.TERT.ZS

2.6 童工

就业儿童，总数 ♀♂	SL.TLF.0714.ZS
就业儿童，男性 ♀♂	SL.TLF.0714.MA.ZS
就业儿童，女性 ♀♂	SL.TLF.0714.FE.ZS
只从事工作 ♀♂	SL.TLF.0714.WK.ZS
学习兼工作 ♀♂	SL.TLF.0714.SW.ZS
农业就业 ♀♂	SL.AGR.0714.ZS
制造业就业 ♀♂	SL.MNF.0714.ZS
服务业就业 ♀♂	SL.SRV.0714.ZS
自我雇佣者 ♀♂	SL.SLF.0714.ZS
带薪工作者 ♀♂	SL.WAG.0714.ZS
无报酬家庭劳动者 ♀♂	SL.FAM.0714.ZS

2.7 以国家贫困线衡量的贫困率

贫困率，农村	SI.POV.RUHC
贫困率，城市	SI.POV.URHC
贫困率，国家	SI.POV.NAHC
贫困差距，农村	SI.POV.RUGP
贫困差距，城市	SI.POV.URGP
贫困差距，国家	SI.POV.NAGP

2.8 以国际贫困线衡量的贫困率

每天生活费用不足 1.25 美元的人口（经购买力平价换算的 2005 年美元）	SI.POV.DDAY

在1.25美元/天的贫困线上的贫困差距（经购买力平价换算的2005年美元）	SI. POV. 2DAY
每天生活费用不足2美元的人口（经购买力平价换算的2005年美元）	SI. POV. GAPS
在2美元/天的贫困线上的贫困差距（经购买力平价换算的2005年美元）	SI. POV. GAP2

2.9 收入分配或消费分布

基尼系数	SI. POV. GINI
收入或消费的份额，最低的10%人口	SI. DST. FRST. 10
收入或消费的份额，最低的20%人口	SI. DST. FRST. 20
收入或消费的份额，第二个20%人口	SI. DST. 02ND. 20
收入或消费的份额，第三个20%人口	SI. DST. 03RD. 20
收入或消费的份额，第四个20%人口	SI. DST. 04TH. 20
收入或消费的份额，最高的20%人口	SI. DST. 05TH. 20
收入或消费的份额，最高的10%人口	SI. DST. 10TH. 10

2.10 教育投入

学生人均公共支出，小学	SE. XPD. PRIM. PC. ZS
学生人均公共支出，中学	SE. XPD. SECO. PC. ZS
学生人均公共支出，大学	SE. XPD. TERT. PC. ZS
教育公共支出，占GDP的百分比	SE. XPD. TOTL. GD. ZS
教育公共支出，占政府总支出的百分比	SE. XPD. TOTL. GB. ZS
具备教学资格的小学教师 ♀♂	SE. PRM. TCAQ. ZS
小学师生比率	SE. PRM. ENRL. TC. ZS

2.11 受教育的机会

学前教育总入学率 ♀♂	SE. PRE. ENRR
小学总入学率 ♀♂	SE. PRM. ENRR
中学总入学率 ♀♂	SE. SEC. ENRR
大学总入学率 ♀♂	SE. TER. ENRR
小学净入学率 ♀♂	SE. PRM. NENR
中学净入学率 ♀♂	SE. SEC. NENR
调整后的小学净入学率，男性 ♀♂	SE. PRM. TENR. MA
调整后的小学净入学率，女性 ♀♂	SE. PRM. TENR. FE
小学适龄儿童失学，男性 ♀♂	SE. PRM. UNER. MA
小学适龄儿童失学，女性 ♀♂	SE. PRM. UNER. FE

2.12 教育效率

小学一年级总入学率，男性 ♀♂	SE. PRM. GINT. MA. ZS
小学一年级总入学率，女性 ♀♂	SE. PRM. GINT. FE. ZS
留存率，读到5年级，男性 ♀♂	SE. PRM. PRS5. MA. ZS
留存率，读到5年级，女性 ♀♂	SE. PRM. PRS5. FE. ZS
留存率，读到小学最后一年级，男性 ♀♂	SE. PRM. PRSL. MA. ZS
留存率，读到小学最后一年级，女性 ♀♂	SE. PRM. PRSL. FE. ZS
小学复读人数，男性 ♀♂	SE. PRM. REPT. MA. ZS
小学复读人数，女性 ♀♂	SE. PRM. REPT. FE. ZS
中学升学率，男性 ♀♂	SE. SEC. PROG. MA. ZS
中学升学率，女性 ♀♂	SE. SEC. PROG. FE. ZS

2.13 毕业率及教育成果

小学毕业率，总数 ♀♂	SE. PRM. CMPT. ZS
小学毕业率，男性 ♀♂	SE. PRM. CMPT. MA. ZS
小学毕业率，女性 ♀♂	SE. PRM. CMPT. FE. ZS
青年识字率，男性 ♀♂	SE. ADT. 1524. LT. MA. ZS
青年识字率，女性 ♀♂	SE. ADT. 1524. LT. FE. ZS
成年人识字率，男性 ♀♂	SE. ADT. LITR. MA. ZS
成年人识字率，女性 ♀♂	SE. ADT. LITR. FE. ZS

2.14 收入和性别引起的教育差距

本表提供了最贫困的1/5人口、最富裕的1/5人口的教育调查数据。	..[b]

2.15 医疗卫生体系

医疗卫生总支出	SH. XPD. TOTL. ZS
公共医疗卫生支出	SH. XPD. PUBL
自付医疗卫生支出	SH. XPD. OOPC. TO. ZS
用于医疗卫生的外部资源	SH. XPD. EXTR. ZS
人均医疗卫生支出，美元	SH. XPD. PCAP
人均医疗卫生支出，PPP换算的美元	SH. XPD. PCAP. PP. KD
医生数	SH. MED. PHYS. ZS

护士和接生员数	SH. MED. NUMW. P3
社区医疗卫生工作者数	SH. MED. CMHW. P3
病床数	SH. MED. BEDS. ZS
出生登记的完整性	SP. REG. BRTH. ZS

2.16 疾病防治的范围和质量

改善的水源可获得性	SH. H2O. SAFE. ZS
改善的医疗卫生设施可获得性	SH. STA. ACSN
儿童免疫接种率，麻疹	SH. IMM. MEAS
儿童免疫接种率，白喉、百日咳、破伤风	SH. IMM. IDPT
得到医疗保健服务的患急性呼吸道感染儿童	SH. STA. ARIC. ZS
得到连续口服补液盐的患痢疾儿童	SH. STA. ORCF. ZS
在经处理过的蚊帐内睡眠的儿童	SH. MLR. NETS. ZS
服用疟疾药物的发烧儿童	SH. MLR. TRET. ZS
肺结核治愈率	SH. TBS. CURE. ZS
肺结核诊断率	SH. TBS. DTEC. ZS

2.17 生殖健康

总生育率	SP. DYN. TFRT. IN
青春期女性生育率	SP. ADO. TFRT
意外怀孕的女性	SP. UWT. TFRT
避孕普及率	SP. DYN. CONU. ZS
接受产前护理的孕妇	SH. STA. ANVC. ZS
在熟练医护人员护理下的分娩	SH. STA. BRTC. ZS
孕产妇死亡率，国家估计数	SH. STA. MMRT. NE
孕产妇死亡率，模型估计数	SH. STA. MMRT
孕产妇死亡的终身风险	SH. MMR. RISK

2.18 营养与成长

营养不良患病率	SN. ITK. DEFC. ZS
体重不足患病率，男性 ♀♂	SH. STA. MALN. MA. ZS
体重不足患病率，女性 ♀♂	SH. STA. MALN. FE. ZS
发育迟缓患病率，男性 ♀♂	SH. STA. STNT. MA. ZS
发育迟缓患病率，女性 ♀♂	SH. STA. STNT. FE. ZS
瘦弱患病率，男性 ♀♂	SH. STA. WAST. MA. ZS
瘦弱患病率，女性 ♀♂	SH. STA. WAST. FE. ZS
严重消瘦患病率，男性 ♀♂	SH. SVR. WAST. MA. ZS
严重消瘦患病率，女性 ♀♂	SH. SVR. WAST. FE. ZS
儿童超重患病率，男性 ♀♂	SH. STA. OWGH. MA. ZS
儿童超重患病率，女性 ♀♂	SH. STA. OWGH. FE. ZS

2.19 营养摄取和补给

出生时体重不足的婴儿	SH. STA. BRTW. ZS
完全母乳喂养	SH. STA. BFED. ZS
食用加碘盐的比例	SN. ITK. SALT. ZS
维生素 A 补充率	SN. ITK. VITA. ZS
5 岁以下儿童贫血患病率	SH. ANM. CHLD. ZS
孕妇贫血患病率	SH. PRG. ANEM

2.20 健康风险因素与未来挑战

吸烟率，男性 ♀♂	SH. PRV. SMOK. MA
吸烟率，女性 ♀♂	SH. PRV. SMOK. FE
肺结核患病率	SH. TBS. INCD
糖尿病患病率	SH. STA. DIAB. ZS
艾滋病患病率，总计	SH. DYN. AIDS. ZS
女性占 15 岁以上感染人数的百分比 ♀♂	SH. DYN. AIDS. FE. ZS
艾滋病患病率，青年男性 ♀♂	SH. HIV. 1524. MA. ZS
艾滋病患病率，青年女性 ♀♂	SH. HIV. 1524. FE. ZS
抗逆转录病毒治疗范围	SH. HIV. ARTC. ZS
传染性疾病、孕育期疾病、围产期疾病和营养状况导致的死亡	SH. DTH. COMM. ZS
非传染性疾病导致的死亡	SH. DTH. NCOM. ZS
伤害导致的死亡	SH. DTH. INJR. ZS

2.21 死亡率

出生时的预期寿命 ♀♂	SP. DYN. LE00. IN
新生儿死亡率	SH. DYN. NMRT
婴儿死亡率	SP. DYN. IMRT. IN
5 岁以下儿童死亡率，总数 ♀♂	SH. DYN. MORT
5 岁以下儿童死亡率，男性 ♀♂	SH. DYN. MORT. MA
5 岁以下儿童死亡率，女性 ♀♂	SH. DYN. MORT. FE
成人死亡率，男性 ♀♂	SP. DYN. AMRT. MA
成人死亡率，女性 ♀♂	SP. DYN. AMRT. FE

2.22 收入带来的健康差距

本表提供了最贫困的 1/5 人口、最富裕的 1/5 人口的健康调查数据。	..[b]

♀♂ 在《世界发展指标》数据库中，可以获取按性别分类的数据。

a. 取自《世界发展指标》数据库外的数据。

b. 可以在线获得数据表的一部分，但不能获得单个指标。

环境

3

健康的环境对完成千年发展目标而言十分必要，因为它要求挽回环境损失并将环境可持续发展纳入国家政策和规划。世界能否维持下去在很大程度上取决于其能否管理好自然资源。本章的指标将衡量资源使用以及人类活动对自然和人造环境的影响。其中包括对环境资源（森林、水、耕地）和环境恶化（污染、森林砍伐、栖息地缩小和生物多样性的丧失）的衡量。这些指标显示日益增长的人口和经济扩张已越来越依赖于对土地、水、森林、矿产和能源的需求。但更好的政策、生产率的提升以及新技术可以确保未来的发展在环境及社会上的可持续性。

经济的增长与大量能源的应用呈正相关——电力和能源对提升人民生活水平至关重要。经济发展提高了很多人的生活质量，在人类历史中带来的收益无与伦比。但这种收益并不平衡，经济增长经常给环境带来负面影响，对穷人的冲击更巨大。从化石燃料中获得能源排放出的二氧化碳，是造成气候变化的主要温室气体。

世界银行工作组加入了联合国“人人享有可持续能源”的倡议，呼吁政府、商业团体及公民社会到2030年达到三个目标：首先使大众普遍获得电力和清洁烹饪燃料。其次使能源供给中可持续资源的比例加倍。最后是使能源利用效率加倍。本章中的一些指标涵盖能源利用和效率、电力应用和生产、温室气体排放、经济部门二氧化碳排放以及电力供应等方面。

其他指标还包括土地利用、农业和粮食生产、森林和生物多样性、濒危物种、水资源、气候变化、冲击敞口、弹性、城市化、交通拥堵、空气污染、自然资源租金。在可能情况下，这些指标来自国际来源并经过标准化，以便进行国家间的比较。但生态系统跨越国界，不同国家获得的自然资源可能会有所不同。例如，水资源在一个国家的某些地区可能是丰富的，但在其他地区则可能稀缺，而且国家之间经常分享水资源。土地生产率和最优土地使用量可能会随地区不同而不尽相同，而相距遥远的地区可能拥有共同的特点。温室气体排放和气候变化在全球进行测量，但其影响则仅由当地人民承担，并会改变人们的生活甚至生存方式。在地方、国家及超国家的层面上对环境现象及其影响进行测量仍是一项重大挑战。

随着工业占 GDP 份额的减少，农业土地利用增加

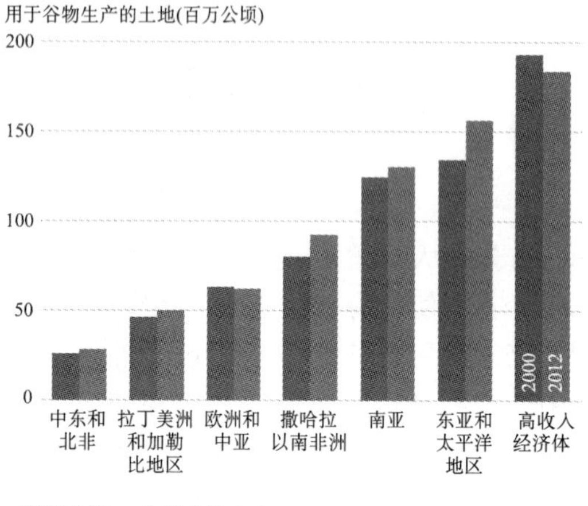

资料来源：在线表格 3. 2。

在所有地区和收入组中农业占 GDP 的份额均在下降。2000 年至 2012 年间全球下降了 20%。即使在低收入国家，随着大多数经济体逐渐向工业和服务业转型，这一比例也下降了 6 个百分点，从 34% 降低到 28%。在过去的十年中，除了欧洲和中亚的发展中国家，中、低收入经济体总体上增加了用于谷物生产的土地。东亚和太平洋地区以及撒哈拉以南非洲地区用于谷物生产的土地均增加了超过 15%。由于大多数能满足现在和未来食物需求的土地已经得到开发，未来很可能需要开发脆弱和贫瘠的土地，这一策略并不能持续长久。

森林减少但保护区域增加

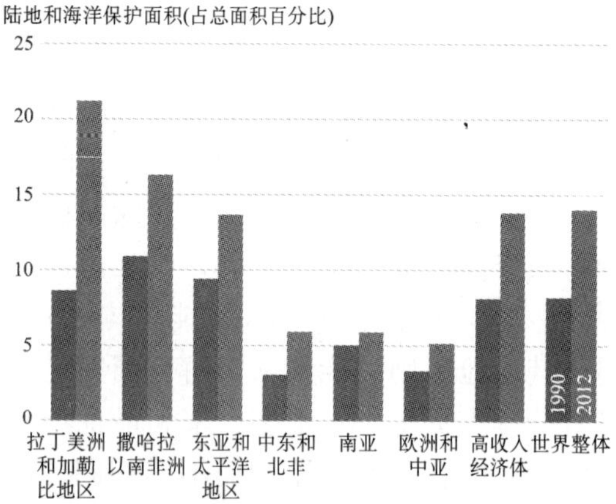

资料来源：表 3 和在线表格 1. 3。

20 世纪初地球的森林覆盖面积达 50 亿公顷。如今已经缩减到 40 亿公顷，而且主要集中于发展中国家。中、低收入经济体在 1990—2011 年间每年的森林面积要减少 1, 460 万公顷。拉丁美洲和加勒比地区拥有最丰富的森林资源，占地球总量的四分之一，但已经减少了 9, 900 万公顷，占其森林总面积的 11%。但高收入经济体的森林面积自 1990 年以来增加了 1, 770 万公顷。许多国家指定保护区域来保存珍贵的植物和动物的栖息地。而且到 2012 年，超过 14% 的土地和海洋得到了保护。

高收入经济体消耗更多能源，但发展中国家的经济增长速度更快

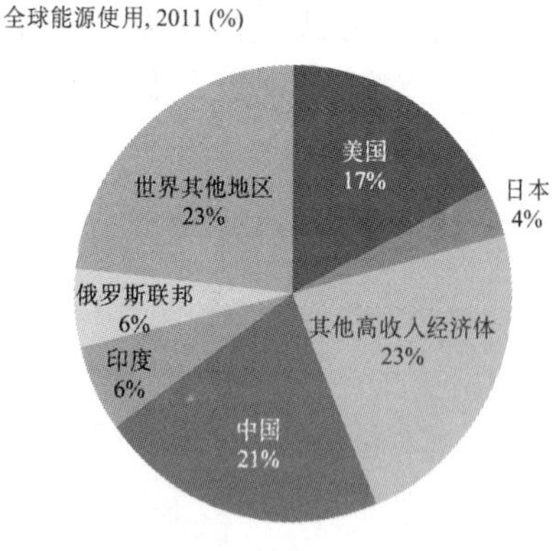

资料来源：在线表格 3. 6。

经济增长速度和能源利用同向变化，而且能源生产者通常也是能源利用者。只拥有世界上 18% 人口的高收入经济体每年要用掉一半的能源，比中等收入经济体人均资源使用量高出 4 倍，比低收入经济体高出 14 倍。但中、低收入经济体在 1990—2011 年间能源的消费和生产量增加了超过一倍，而高收入经济体的能源消费增加了 16%，生产增加了 21%。全球 1990—2011 能源使用平均增长率是 2%，其中发展中国家为 3. 6% 而高收入经济体为 0. 9%。

二氧化碳总排放量最高的国家人均排放量并不是最高

1990年到2010年间全球二氧化碳人均排放量增加了16%，达到4.9吨。人均排放量最高的那些国家的总排放量并不是最高。2010年人均排放量最高的五个国家分别是：卡塔尔、特立尼达和多巴哥、科威特、文莱及阿鲁巴岛，均为高收入国家。而总排放量最高的五个国家为：中国、美国、印度、俄罗斯联邦和日本。在发展中国家地区中，欧洲和中亚人均排放量最高（5.3吨），其次是东亚和太平洋地区（4.9吨）。尽管高收入经济体人均二氧化碳排放量在1990—2010年间减少了2.5%达到11.6吨，仍然是世界上人均排放量最高的群组。

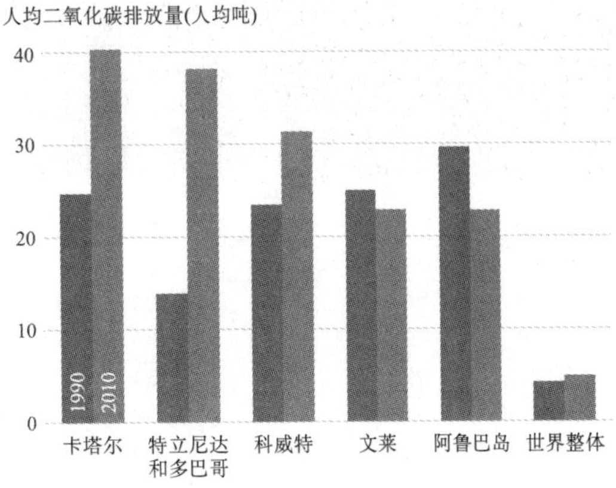

资料来源：在线表格3.8。

撒哈拉以南非洲地区城市人口迅速增长

世界上人口有一半生活在城市，未来的四十年城市地区将容纳几乎所有的人口增长。发展中国家的这一速度最快，据预测城市人口将从2012年的27亿增加到2050年的52亿。在所有发展中地区中，撒哈拉以南非洲的城市增长率最快，1990—2012年间每年增长4%。城市化能够带来重要的社会福利，比如改善人们享受的公共服务。在撒哈拉以南非洲地区，83%的人口能够享受到改善的水源，而农村地区则只有51%。城市地区享受改善的卫生设施的比例是农村地区的两倍。但城市化也可能存在对环境的负面影响，如集中污染、危害健康以及降低生产力。

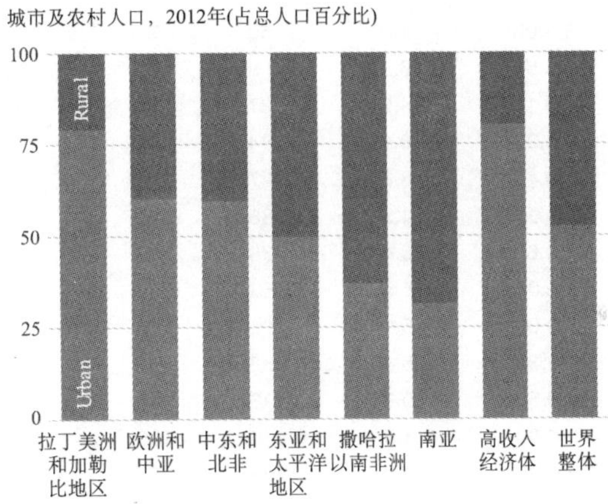

资料来源：在线表格3.12。

发展中国家成为WAVES合作伙伴

财富核算和生态系统服务价值评估（WAVES）是全球性的合作伙伴关系，通过在发展规划和国民经济核算中将自然资源主流化而促进可持续发展。水资源账户是自然资本账户的一部分，收集关于水资源的流量和存量以及取水权和用水权等方面的数据。它们在国家和地区层面在资源分配政策中为整合水资源的数据提供了概念性框架。博茨瓦纳、哥伦比亚、哥斯达黎加、马达加斯加和菲律宾于2012年加入WAVES。运用联合国统计委员会批准的环境—经济核算体系的方法，博茨瓦纳运用国家资本账户更新了20世纪90年代的水资源账户。除了水资源，博茨瓦纳的国家资本账户还将包括土地和生态系统账户，集中关注旅游、矿产和能源。

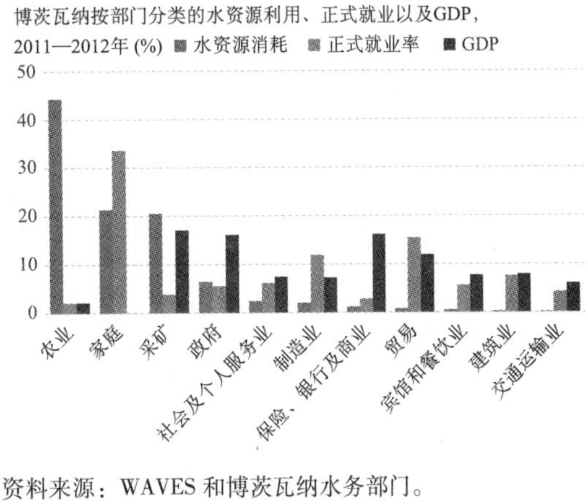

资料来源：WAVES和博茨瓦纳水务部门。

	森林面积减少[a]	国家保护区	可再生内陆淡水资源[b]	获得改善的水资源	获得改善的卫生防疫设施	城市人口	颗粒物浓度	二氧化碳排放量	能源使用量	发电量
	年均百分比	陆地和海洋保护区占领土面积的百分比	人均立方米	占总人口的百分比	占总人口的百分比	年均增长百分比	每立方米中10微米以下的颗粒物的毫克数(以城市人口为权重)	百万吨	人均千克石油当量	10亿千瓦时
	2000–2010	2012	2011	2012	2012	2011–2012	2011	2010	2011	2011
阿富汗	0.00	0.4	1,620	64	29	3.7	63	8.2	..	..
阿尔巴尼亚	–0.10	9.5	8,529	96	91	2.2	43	4.3	689	4.2
阿尔及利亚	0.57	7.4	298	84	95	3.0	34	123.5	1,108	51.2
美属萨摩亚	0.19	16.8	..	100	62	0.0	..	..	..	..
安道尔	0.00	9.8	4,053	100	100	0.0	31	0.5	..	..
安哥拉	0.21	12.1	7,334	54	60	4.4	21	30.4	673	5.7
安提瓜和巴布达	0.20	1.2	590	98	*91*	1.0	9	0.5	..	..
阿根廷	0.81	6.6	6,777	99	97	1.0	35	180.5	1,967	129.6
亚美尼亚	1.48	8.1	2,314	100	91	0.2	13	4.2	916	7.4
阿鲁巴	0.00	0.0	..	98	98	0.6	..	2.3	..	..
澳大利亚	0.37	15.0	22,023	100	100	1.9	14	373.1	5,501	252.6
奥地利	–0.13	23.6	6,543	100	100	0.6	28	66.9	3,928	62.2
阿塞拜疆	0.00	7.4	885	80	82	1.8	20	45.7	1,369	20.3
巴哈马	0.00	1.0	55	98	92	1.8	..	2.5	..	..
巴林	–3.55	6.8	3	100	99	2.0	24	24.2	7,353	13.8
孟加拉国	0.18	4.2	687	85	57	2.9	121	56.2	205	44.1
巴巴多斯	0.00	0.1	284	100	..	1.6	11	1.5	..	..
白俄罗斯	–0.43	8.3	3,927	100	94	0.4	20	62.2	3,114	32.2
比利时	–0.16	24.5	1,086	100	100	0.8	29	108.9	5,349	89.0
伯利兹	0.67	26.4	50,588	99	91	2.0	18	0.4	..	..
贝宁	1.04	25.5	1,053	76	14	4.2	69	5.2	385	0.2
百慕大	0.00	5.1	..	..	..	0.4	..	0.5	..	..
不丹	–0.34	28.4	106,933	98	47	3.8	16	0.5	..	..
玻利维亚	0.50	20.8	29,396	88	46	2.3	78	15.5	746	7.2
波斯尼亚和黑塞哥维那	0.00	1.5	9,246	100	95	1.0	84	31.1	1,848	15.3
博茨瓦纳	0.99	37.2	1,208	97	64	1.9	199	5.2	1,115	0.4
巴西	0.50	26.0	27,512	98	81	1.2	36	419.8	1,371	531.8
文莱	0.44	29.6	20,910	..	..	1.9	9	9.2	9,427	3.7
保加利亚	–1.53	35.4	2,858	99	100	0.2	41	44.7	2,615	50.0
布基纳法索	1.01	15.2	781	82	19	6.0	51	1.7	..	..
布隆迪	1.40	4.9	1,054	75	47	5.8	30	0.3	..	..
佛得角	–0.36	0.2	612	89	65	2.0	..	0.4	..	..
柬埔寨	1.34	23.8	8,257	71	37	2.7	89	4.2	365	1.1
喀麦隆	1.05	10.9	12,904	74	45	3.6	26	7.2	318	6.0
加拿大	0.00	7.0	82,987	100	100	1.3	14	499.1	7,333	636.9
开曼群岛	0.00	1.5	..	96	96	1.7	..	0.6	..	..
中非共和国	0.13	18.0	31,784	68	22	2.6	32	0.3	..	..
乍得	0.66	16.6	1,242	51	12	3.4	50	0.5	..	..
海峡群岛	..	*0.5*	..	..	..	1.0	..	..	..	..
智利	–0.25	15.0	51,073	99	99	1.1	60	72.3	1,940	65.7
中国	–1.57	16.1	2,093	92	65	3.0	82	8,286.9	2,029	4,715.7
中国香港	..	41.9	..	..	..	1.2	30	36.3	2,106	39.0
中国澳门	..	..	..	..	..	1.9	33	1.0	..	..
哥伦比亚	0.17	20.8	44,861	91	80	1.7	53	75.7	671	61.8
科摩罗	9.34	4.0	1,714	*95*	*35*	2.8	21	0.1	..	..
刚果民主共和国	0.20	12.0	14,078	46	31	4.3	46	3.0	383	7.9
刚果共和国	0.07	30.4	52,540	75	15	3.3	29	2.0	393	1.3

	森林面积减少[a]	国家保护区	可再生内陆淡水资源[b]	获得改善的水资源	获得改善的卫生防疫设施	城市人口	颗粒物浓度	二氧化碳排放量	能源使用量	发电量
	年均百分比	陆地和海洋保护区占领土面积的百分比	人均立方米	占总人口的百分比	占总人口的百分比	年均增长百分比	每立方米中10微米以下的颗粒物的毫克数(以城市人口为权重)	百万吨	人均千克石油当量	10亿千瓦时
	2000–2010	2012	2011	2012	2012	2011–2012	2011	2010	2011	2011
哥斯达黎加	–0.93	22.6	23,725	97	94	2.1	48	7.8	983	9.8
科特迪瓦	–0.15	22.2	3,963	80	22	3.7	21	5.8	579	6.1
克罗地亚	–0.19	10.3	8,807	99	98	0.2	30	20.9	1,971	10.7
古巴	–1.66	9.9	3,381	94	93	–0.1	37	38.4	992	17.8
库拉索	..	..	..	..	..	..	..	..	..	..
塞浦路斯	–0.09	17.1	699	100	100	1.4	42	7.7	2,121	4.9
捷克共和国	–0.08	22.4	1,253	100	100	0.1	29	111.8	4,138	86.8
丹麦	–1.14	23.6	1,077	100	100	0.5	25	46.3	3,231	35.2
吉布提	0.00	0.2	354	92	61	1.6	40	0.5	..	..
多米尼克	0.58	3.7	..	..	..	0.6	15	0.1	..	..
多米尼加共和国	0.00	20.8	2,069	81	82	2.1	31	21.0	727	13.0
厄瓜多尔	1.81	37.0	28,334	86	83	2.4	32	32.6	849	20.3
埃及	–1.73	11.3	23	99	96	2.0	120	204.8	978	156.6
萨尔瓦多	1.45	8.7	2,837	90	70	1.4	46	6.2	690	5.8
赤道几内亚	0.69	15.1	36,313	..	..	3.2	21	4.7	..	..
厄立特里亚	0.28	3.8	472	..	..	5.4	77	0.5	129	0.3
爱沙尼亚	0.12	23.2	9,521	99	95	–0.3	17	18.3	4,197	12.9
埃塞俄比亚	1.08	18.4	1,365	52	24	4.1	86	6.5	381	5.2
法罗群岛	0.00	1.0	..	..	..	0.4	21	0.7	..	..
斐济	–0.34	6.0	32,895	96	87	1.5	27	1.3	..	..
芬兰	0.14	15.2	19,858	100	100	0.6	16	61.8	6,449	73.5
法国	–0.39	28.7	3,059	100	100	1.1	24	361.3	3,868	556.9
法属波利尼西亚	–3.97	0.1	..	100	97	1.1	..	0.9	..	..
加蓬	0.00	19.1	102,884	92	41	2.7	12	2.6	1,253	1.8
冈比亚	–0.41	4.4	1,729	90	60	4.2	39	0.5	..	..
格鲁吉亚	0.09	3.7	12,966	99	93	0.4	35	6.2	790	10.2
德国	0.00	49.0	1,308	100	100	–1.5	24	745.4	3,811	602.4
加纳	2.08	14.4	1,221	87	14	3.4	82	9.0	425	11.2
希腊	–0.81	21.5	5,214	100	99	0.1	35	86.7	2,402	59.2
格陵兰	0.00	40.6	..	100	100	0.2	..	0.6	..	..
格林纳达	0.00	0.3	..	97	98	1.3	9	0.3	..	..
关岛	0.00	5.3	..	100	90	1.2	..	..	..	..
危地马拉	1.40	29.8	7,425	94	80	3.4	75	11.1	691	8.1
几内亚	0.54	26.8	20,248	75	19	3.9	37	1.2	..	..
几内亚比绍	0.48	27.1	9,851	74	20	3.9	34	0.2	..	..
圭亚那	0.00	5.0	304,723	98	84	0.9	17	1.7	..	..
海地	0.76	0.1	1,297	62	24	3.8	56	2.1	320	0.7
洪都拉斯	2.06	16.2	12,336	90	80	3.1	84	8.1	609	7.1
匈牙利	–0.62	23.1	602	100	100	0.2	32	50.6	2,503	36.0
冰岛	–4.99	13.3	532,892	100	100	0.6	18	2.0	17,964	17.2
印度	–0.46	5.0	1,184	93	36	2.4	100	2,008.8	614	1,052.3
印度尼西亚	0.51	9.1	8,281	85	59	2.7	47	434.0	857	182.4
伊朗	0.00	7.0	1,704	96	89	1.5	115	571.6	2,813	239.7
伊拉克	–0.09	0.4	1,108	85	85	2.5	36	114.7	1,266	54.2
爱尔兰	–1.53	12.8	10,706	100	99	0.7	18	40.0	2,888	27.7
马恩岛	0.00	..	..	..	..	0.7	..	..	..	..
以色列	–0.07	14.7	97	100	100	1.9	47	70.7	2,994	59.6

3 环 境

	森林面积减少[a] 年均百分比	国家保护区 陆地和海洋保护区占领土面积的百分比	可再生内陆淡水资源[b] 人均立方米	获得改善的水资源 占总人口的百分比	获得改善的卫生防疫设施 占总人口的百分比	城市人口 年均增长百分比	颗粒物浓度 每立方米中10微米以下的颗粒物的毫克数(以城市人口为权重)	二氧化碳排放量 百万吨	能源使用量 人均千克石油当量	发电量 10亿千瓦时
	2000–2010	2012	2011	2012	2012	2011–2012	2011	2010	2011	2011
意大利	−0.90	21.0	3,005	100	..	−1.7	34	406.3	2,757	300.6
牙买加	0.11	7.1	3,483	93	80	0.5	41	7.2	1,135	5.1
日本	−0.05	11.0	3,364	100	100	0.4	19	1,170.7	3,610	1,042.7
约旦	0.00	0.0	110	96	98	2.5	38	20.8	1,143	14.6
哈萨克斯坦	0.17	3.3	3,887	93	97	1.2	47	248.7	4,717	86.6
肯尼亚	0.33	11.6	493	62	30	4.4	66	12.4	480	7.8
基里巴斯	0.00	20.2	..	67	40	1.8	..	0.1	..	..
朝鲜	2.00	1.7	2,720	98	82	0.8	124	71.6	773	21.6
韩国	0.11	5.3	1,303	98	100	0.8	46	567.6	5,232	520.1
科索沃	..	..	..	..	..	..	48	..	1,411	5.8
科威特	−2.57	12.9	–	99	100	4.0	89	93.7	10,408	57.5
吉尔吉斯共和国	−1.07	6.3	8,873	88	92	1.9	50	6.4	562	15.2
老挝	0.49	16.7	29,197	72	65	5.1	46	1.9	..	..
拉脱维亚	−0.34	17.6	8,127	98	..	−1.2	39	7.6	2,122	6.1
黎巴嫩	−0.45	0.5	1,095	100	..	1.1	43	20.4	1,449	16.4
莱索托	−0.47	0.5	2,577	81	30	3.7	42	0.0	..	..
利比里亚	0.67	2.4	49,023	75	17	3.5	25	0.8	..	..
利比亚	0.00	0.1	115	..	97	1.1	74	59.0	2,186	27.0
列支敦士登	0.00	43.1	..	..	..	0.5	30	..	..	..
立陶宛	−0.68	17.2	5,139	96	94	−1.2	32	13.6	2,406	4.2
卢森堡	0.00	39.7	1,929	100	100	2.7	17	10.8	8,046	2.6
前南斯拉夫马其顿共和国	−0.41	7.3	2,567	99	91	0.3	82	10.9	1,484	6.9
马达加斯加	0.45	4.7	15,545	50	14	4.7	48	2.0	..	..
马拉维	0.97	18.3	1,044	85	10	3.8	49	1.2	..	..
马来西亚	0.54	13.9	20,168	100	96	2.6	47	216.8	2,639	130.1
马尔代夫	0.00	..	90	99	99	4.6	21	1.1	..	..
马里	0.61	6.0	4,162	67	22	4.8	55	0.6	..	..
马耳他	0.00	2.2	121	100	100	0.9	41	2.6	2,060	2.2
马绍尔群岛	0.00	0.7	..	95	76	0.5	..	0.1	..	..
毛里塔尼亚	2.66	1.2	108	50	27	3.2	46	2.2	..	..
毛里求斯	1.00	0.7	2,139	100	91	0.5	11	4.1	..	..
墨西哥	0.30	13.7	3,427	95	85	1.6	46	443.7	1,560	295.8
密克罗尼西亚联邦	−0.04	0.1	..	89	57	0.4	..	0.1	..	..
摩尔多瓦	−1.77	3.8	281	97	87	1.5	44	4.9	936	5.8
摩纳哥	0.00	98.4	..	100	100	0.8	18	..	..	..
蒙古	0.73	13.8	12,635	85	56	2.8	284	11.5	1,310	4.8
黑山	0.00	12.8	..	98	90	0.4	30	2.6	1,900	2.7
摩洛哥	−0.23	19.9	905	84	75	2.1	66	50.6	539	24.9
莫桑比克	0.54	16.4	4,080	49	21	3.3	34	2.9	415	16.8
缅甸	0.93	6.0	19,159	86	77	2.6	67	9.0	268	7.3
纳米比亚	0.97	42.6	2,778	92	32	3.3	55	3.2	717	1.4
尼泊尔	0.70	16.4	7,298	88	37	3.1	110	3.8	383	3.3
荷兰	−0.14	31.5	659	100	100	0.8	25	182.1	4,638	113.0
新喀里多尼亚	0.00	30.5	..	98	100	1.4	29	3.9	..	..
新西兰	−0.01	21.3	74,230	100	..	0.7	16	31.6	4,124	44.5
尼加拉瓜	2.01	32.5	32,125	85	52	2.0	49	4.5	515	3.8
尼日尔	0.98	16.7	212	52	9	5.2	50	1.4	..	..

	森林面积减少[a]	国家保护区	可再生内陆淡水资源[b]	获得改善的水资源	获得改善的卫生防疫设施	城市人口	颗粒物浓度	二氧化碳排放量	能源使用量	发电量
	年均百分比	陆地和海洋保护区占领土面积的百分比	人均立方米	占总人口的百分比	占总人口的百分比	年均增长百分比	每立方米中10微米以下的颗粒物的毫克数(以城市人口为权重)	百万吨	人均千克石油当量	10亿千瓦时
	2000–2010	2012	2011	2012	2012	2011–2012	2011	2010	2011	2011
尼日利亚	3.67	13.8	1,346	64	28	4.0	149	78.9	721	27.0
北马里亚纳群岛	0.53	19.9	..	98	80	0.3	..	..	..	..
挪威	–0.80	12.2	77,124	100	100	1.7	24	57.2	5,681	126.9
阿曼	0.00	9.3	463	93	97	9.5	32	57.2	8,356	21.9
巴基斯坦	2.24	10.6	312	91	48	2.6	171	161.4	482	95.3
帕劳	–0.18	28.2	..	*95*	100	1.6	..	0.2	..	..
巴拿马	0.36	14.1	39,409	94	73	2.4	49	9.6	1,085	7.9
巴布亚新几内亚	0.48	1.4	114,217	40	19	2.7	32	3.1	..	..
巴拉圭	0.97	6.4	14,301	94	80	2.6	32	5.1	739	57.6
秘鲁	0.18	18.3	54,567	87	73	1.7	63	57.6	695	39.2
菲律宾	–0.75	5.1	5,039	92	74	2.2	45	81.6	426	69.2
波兰	–0.31	34.8	1,391	..	..	–0.1	34	317.3	2,629	163.1
葡萄牙	–0.11	14.7	3,599	100	100	0.5	28	52.4	2,187	51.9
波多黎各	–1.76	4.6	1,922	..	99	–0.6	15	..	..	..
卡塔尔	0.00	2.4	29	100	100	7.2	28	70.5	17,419	30.7
罗马尼亚	–0.32	19.2	2,100	..	..	–0.3	35	78.7	1,778	62.0
俄罗斯	0.00	11.3	30,169	97	70	0.6	27	1,740.8	5,113	1,053.0
卢旺达	–2.38	10.5	852	71	64	4.4	30	0.6	..	..
萨摩亚	0.00	2.3	..	99	92	–0.2	..	0.2	..	..
圣马力诺	0.00	..	..	..	..	0.7	20	..	..	..
圣多美和普林西比	0.00	0.0	11,901	97	34	3.7	14	0.1	..	..
沙特阿拉伯	0.00	29.9	86	97	100	2.1	108	464.5	6,738	250.1
塞内加尔	0.49	24.2	1,935	74	52	3.6	147	7.1	264	3.0
塞尔维亚	–0.99	6.3	1,158	99	97	0.1	43	46.0	2,230	38.0
塞舌尔	0.00	1.3	..	96	97	1.7	..	0.7	..	..
塞拉利昂	0.69	10.3	27,278	60	13	2.9	29	0.7	..	..
新加坡	0.00	3.4	116	100	100	2.5	25	13.5	6,452	46.0
荷属圣马丁	..	..	..	..	..	..	..	..	..	..
斯洛伐克	–0.06	36.1	2,334	100	100	0.1	30	36.1	3,214	28.3
斯洛文尼亚	–0.16	54.9	9,095	100	100	0.2	31	15.3	3,531	15.9
所罗门群岛	0.25	1.1	83,086	81	29	4.3	25	0.2	..	..
索马里	1.07	0.5	606	*31*	*23*	4.1	32	0.6	..	..
南非	0.00	6.6	869	95	74	2.0	40	460.1	2,741	259.6
南苏丹	..	..	..	57	9	5.4	..	..	..	..
西班牙	–0.68	25.3	2,379	100	100	0.2	27	269.7	2,686	289.0
斯里兰卡	1.12	15.4	2,530	94	92	–2.1	62	12.7	499	11.6
圣基茨和尼维斯	0.00	0.8	453	98	..	1.4	9	0.2	..	..
圣卢西亚	–0.07	2.5	..	94	*65*	–3.0	11	0.4	..	..
法属圣马丁	0.00	..	..	..	..	..	..	..	..	..
圣文森特和格林纳丁斯	–0.27	1.2	..	95	..	0.8	14	0.2	..	..
苏丹	0.08	*7.1*	641	55[c]	24[c]	2.5[c]	62	14.2	355	8.6
苏里南	0.01	15.2	166,113	95	80	1.5	18	2.4	..	..
斯威士兰	–0.84	3.0	2,178	74	57	1.4	52	1.0	..	..
瑞典	–0.30	13.9	18,097	100	100	0.9	20	52.5	5,190	150.3
瑞士	–0.38	26.3	5,106	100	100	1.2	21	38.8	3,207	62.9
叙利亚	–1.29	0.7	325	90	96	2.7	27	61.9	910	41.1
塔吉克斯坦	0.00	4.8	8,120	72	94	2.7	15	2.9	306	16.2

	森林面积减少[a]	国家保护区	可再生内陆淡水资源[b]	获得改善的水资源	获得改善的卫生防疫设施	城市人口	颗粒物浓度	二氧化碳排放量	能源使用量	发电量
	年均百分比	陆地和海洋保护区占领土面积的百分比	人均立方米	占总人口的百分比	占总人口的百分比	年均增长百分比	每立方米中10微米以下的颗粒物的毫克数(以城市人口为权重)	百万吨	人均千克石油当量	10亿千瓦时
	2000–2010	2012	2011	2012	2012	2011–2012	2011	2010	2011	2011
坦桑尼亚	1.13	31.7	1,812	53	12	4.8	62	6.8	448	5.3
泰国	0.02	16.4	3,372	96	93	1.4	45	295.3	1,790	156.0
东帝汶	1.40	6.2	6,986	70	39	4.2	..	0.2	..	..
多哥	5.13	24.2	1,777	61	11	3.9	34	1.5	427	0.1
汤加	0.00	9.5	..	99	91	0.8	..	0.2	..	..
特立尼达和多巴哥	0.32	10.1	2,881	*94*	92	2.3	16	50.7	15,691	8.9
突尼斯	–1.86	4.8	393	97	90	1.3	79	25.9	890	16.1
土耳其	–1.11	2.1	3,107	100	91	2.6	65	298.0	1,539	229.4
土库曼斯坦	0.00	3.2	275	71	99	2.0	21	53.1	4,839	17.2
特克斯和凯科斯群岛	0.00	3.6	..	..	..	2.6	..	0.2	..	..
图瓦卢	0.00	0.3	..	98	83	1.0	..	..	..	..
乌干达	2.56	11.5	1,110	75	34	6.0	29	3.8	..	..
乌克兰	–0.21	4.5	1,162	98	94	0.0	47	304.8	2,766	194.9
阿拉伯联合酋长国	–0.24	15.5	17	100	98	3.4	132	167.6	7,407	99.1
英国	–0.31	23.4	2,292	100	100	0.7	20	493.5	2,973	364.9
美国	–0.13	15.1	9,044	99	100	1.0	18	5,433.1	7,032	4,326.6
乌拉圭	–2.14	2.6	17,438	99	96	0.4	33	6.6	1,309	10.3
乌兹别克斯坦	0.20	3.4	557	87	100	1.6	35	104.4	1,628	52.4
瓦努阿图	0.00	0.5	..	91	58	3.5	23	0.1	..	..
委内瑞拉	0.60	49.5	24,488	..	..	1.7	38	201.7	2,380	122.1
越南	–1.65	4.7	4,092	95	75	3.1	69	150.2	697	99.2
美属维尔京群岛	0.80	2.8	..	100	96	–0.3	..	..	..	..
西岸和加沙	–0.10	*0.6*	207	82	94	3.3	..	2.4	..	..
也门	0.00	1.1	90	55	53	4.1	78	21.9	312	6.2
赞比亚	0.33	37.8	5,882	63	43	4.3	46	2.4	621	11.5
津巴布韦	1.88	27.2	918	80	40	4.0	104	9.4	697	8.9
世界整体	**0.11 w**	**14.0 w**	**6,122 s**	**89 w**	**64 w**	**2.0 w**	**61 w**	**33,615.4[d] w**	**1,890 w**	**22,158.5 w**
低收入国家	0.61	13.5	5,121	69	37	3.7	74	229.3	360	209.7
中等收入国家	0.13	14.4	4,931	90	60	2.4	75	16,548.5	1,281	9,778.8
中低收入国家	0.31	11.1	3,144	88	48	2.6	90	3,827.0	687	2,211.0
中高收入国家	0.04	15.8	6,791	93	74	2.3	65	12,721.1	1,893	7,566.7
中、低收入国家	0.22	14.2	4,958	87	57	2.5	75	16,777.5	1,179	10,005.1
东亚和太平洋地区	–0.44	13.7	4,438	91	67	2.9	75	9,570.5	1,671	5,410.8
欧洲和中亚	–0.48	5.2	2,744	95	94	1.3	48	1,416.7	2,078	908.6
拉丁美洲和加勒比地区	0.46	21.2	21,735	94	81	1.5	43	1,553.7	1,292	1,348.0
中东和北非	–0.15	5.9	679	90	88	2.2	79	1,277.9	1,376	654.4
南亚	–0.29	5.9	1,217	91	40	2.5	110	2,252.6	555	1,215.8
撒哈拉以南非洲地区	0.48	16.3	4,391	64	30	3.9	77	703.8	681	445.2
高收入国家	–0.03	13.8	11,335	99	96	0.7	27	14,901.7	4,872	12,198.4
欧元区	–0.31	27.0	2,962	100	100	–0.2	27	2,472.4	3,480	2,292.2

a. 负值表明森林面积的增加。b. 由于数据不可靠，不包括来自其他国家的河水流量。c. 不包括南苏丹。d. 包括未分配给特定国家的排放量。

关于数据

环境资源对于促进经济增长和减少贫困是必要的，但经济增长会给环境带来新的压力。滥伐森林、生物多样性的栖息地的缩小、水资源枯竭、污染、城市化以及不断增加的能源生产需求在发展战略的制定过程中是必须考虑的因素。

森林减少

森林为许多物种提供了栖息地，并能够吸收二氧化碳。如果管理得当，森林能够为管理和使用森林资源的人们提供生计。粮食及农业组织（2010）使用森林的标准定义对2010年森林覆盖率进行统计，并对1990年和2000年森林覆盖率的估计值进行了调整。本章使用的数据不区分天然林与种植林，类似粮食及农业组织仅为发展中国家提供的分类。因此，数据可能低估了一些国家天然林消失的速率。

栖息地保护和生物多样性

滥伐森林是导致生物多样性丧失的重要原因，栖息地保护对阻止这一趋势至关重要。保护工作主要集中于保护生物多样性高的区域。世界保护监测中心（WCMC）和联合国环境规划署（UNEP）编制了保护区的数据。定义、报告实践以及报告期间的差异限制了各国间的可比性。使用国际自然及自然资源保护联合会（IUCN）对1,000公顷以上土地的六大分类——限制大众进入的科学保护区及自然保护区，对国家或世界意义重大且实质上未受到人类活动影响的国家公园，独特的自然遗迹和自然景观，人工管理的自然保护区和野生动物保护区，受保护的景观（可能包括人文景观），为保证长期保护及保持生态多样性而进行管理，以便生态系统可持续使用性地区——以及未经IUCN分类的陆地保护区来界定国家保护区。指定一个区域作为保护区并不意味着保护生效。对于保护区面积小于1000公顷的小国，定义中的大小限制常常会导致对保护区的低估。由于数据采集一致性和采集方法的不同，不同国家间的数据质量存在很大出入。有些国家较其他国家更频繁地对信息进行更新，有些国家对覆盖范围有更精确的数据，而许多国家则会低估保护区的数量或范围。

淡水资源

淡水资源的数据来源于对流入河流的径流和地下水补给的估计。这些估计值来自不同来源，涉及不同年份，所以不同国家间的比较应该谨慎。间歇性收集的数据，可能隐藏每年相当规模的可再生水资源总量的变化。数据并不区分各国自身水资源可利用量的季节性和地理性变化。小国及处于干旱和半干旱区域国家的数据不如大国和降雨量充沛国家的数据可靠。

水和卫生设施

安全饮用水的供给和排泄物的卫生处理，是改善人类健康和保护环境的两大最重要手段。改善卫生设施能防止人类、动物和昆虫接触排泄物。

改善的水资源的可获得性的数据衡量了能得到可供本国使用的水资源的人口比例，数据来源于由政府提供给世界卫生组织（WHO）和联合国儿童基金会（UNICEF）联合监测项目的用户调查和估计。覆盖率基于家庭用户提供的信息而非来自服务供应商的信息，因为服务供应商提供的可能包括非功能性系统的信息。从改善后的水源获得的饮用水并不能确保安全或足够，因为调查时并没有测试这些特征。虽然改善的水源的可获得性的信息被广泛使用，但这是非常主观的；尽管世界卫生组织做出了正式定义（见定义），但“安全”、“改善”、“足够的”和“合理的”在不同的国家可能有不同的含义。甚至在高收入的国家，处理过的水可能也并不能保证可供安全饮用。享受改善后水源仅代表与供应系统有所联系，而并未考虑质量和服务成本的变化。

城市化

没有一套一致和公认的标准来区分城市与农村地区，进而计算它们的人口。大多数国家按定居地的大小或特征分类。有些国家基于特定基础设施的数量和服务来定义城市与农村。其他则是基于行政安排指定城市与农村区域。因为数据与各国家的定义有关，不同国家间进行比较时应该谨慎。

空气污染

室内和室外空气污染是影响世界健康的主要元凶。世界上一半的人口靠牛粪、木材、农作物废弃物或煤来满足基本的能源需求。使用这些燃料在明火或未装烟囱的炉子上做饭和取暖，会导致室内空气污染，造成每年160万人死亡——相当于每20秒死亡一人。在许多城市地区，空气污染是环境对健康的主要威胁。长期暴露在高浓度烟尘和小颗粒之中，会对健康造成影响，导致呼吸系统疾病、肺癌和心脏疾病等。颗粒物污染，或颗粒物与二氧化硫混合，都将对健康造成巨大伤害。

颗粒物数据是指远离空气污染“热点”（如工业区和运输通道地区）的居民区年均颗粒物浓度的估计值。数据由世界银行农业及环境服务部对居民超过10万的城市中，环境中的颗粒物质浓度的年均值进行估计而得。

污染物浓度对周边环境情况比较敏感，即使在同一城市的各监测站都可能记录到不同值。因此，这些数据应仅作为总体空气质量指标，在进行比较时应该谨慎。该数据支持对不同国家城镇居民所面临的颗粒污染物相对危险性的比较。城市户外颗粒物污染主要源自交通及工业排放，但非人为来源如沙尘暴等也可能是某些城市的颗粒物污染的主要组成部分。国家的技术和污染控制是颗粒物情况的重要决定因素。目前世界卫生组织制定的空气质量标准是直径小于10微米的颗粒物年均浓度不超过每立方米20微克。

二氧化碳排放量

二氧化碳排放是温室气体的主要来源，会导致全球变暖，威胁人类和自然栖息地。化石燃料燃烧和水泥生产是人为二氧化碳排放的主要来源，由美国能源部二氧化碳信息分析中心（CDIAC）利用来自联合国统计局的世界能源数据集和美国矿业水泥制造局的数据集进行计算。二氧化碳排放量通常是按碳元素进行计算和报告，而后将其乘以3.667（碳转化为二氧化碳的质量比）转换为实际二氧化碳的质量。虽然全球二氧化碳排放量的估计误差可能限制在10%以内（以全球燃料化学和使用均值计算），但国家估计值可能有较大范围的误差。使用持续的时间序列估计的趋势往往要比单个数值更准确。CDIAC每年都会结合最近的调查结果及修正，对1949年以来的全部时间序列进行重新计算。因为在参与国之间分摊燃料存在难度，估计中不包括国际运输中船舶和飞机使用的燃料。

能源利用

发展中经济体的能源用量的增长与现代部门——工业、机动交通以及城市地区——的发展密切相关，但也反映了该国的气候、地理和经济因素。中、低收入经济体的能源使用量正在快速增长，而高收入经济体的人均能源使用量仍高于前者超过四倍。

能源利用总量是指转换为二次能源燃料（如电力和精制石油产品）之前的初级能源的使用量。它包括从可燃可再生能源和废弃物（包括固体生物质和动物产品，生物质气体和液体，以及工业和市政垃圾）中提取的能量。生物质是指一切可直接用作燃料或转化为燃料、热量或电力的植物物质。可燃可再生能源和废弃物的数据往往基于小型调查或其他不完全信息，从而只能描述大致的发展情况，在各国之间并不具有严格的可比性。国际能源署（IEA）的报告中包括对各国的注释，对其中的一些差异进行了解释（详见数据来源）。所有形式的能源——初级能源和初级电力——均被折算为石油当量。核电力转换为石油当量的名义热效率被认为是33%，水力发电的转换率为100%。

电力生产

能源的使用对于改善人民的生活水平非常重要的。但发电也会造成环境破坏。这种损害是否会发生在很大程度上取决于发电的方式。例如，燃烧煤炭发电比燃烧等量的天然气要释放两倍的二氧化碳，而二氧化碳是全球变暖的主要原因。核能不会产生二氧化碳排放，但会产生其他危险废物。

IEA对数据及用于发电的能源投入数据进行了整理汇编。非经济合作与发展组织成员国的数据则基于对其能源数据的调整，以使之与经合组织成员国政府填写的年度调查表相一致。此外，有时需对关键数据丢失的部分做出估计以得到加总数据，同时也需按照定义做出调整以弥补差异。IEA在对国家统计局、石油公司、电力公司和国家能源专家进行咨询后对这些项目做出估计。IEA偶尔会对时间序列进行修改，以反映政治上的变化。例如，IEA已经建立了前苏联国家的历史能源统计。此外，其他国家的能源统计近年来已在覆盖范围或方法上做出了系列改变，而更多详尽的能源账项也已可以使用。因此，时间序列存在着不可避免的中断。

定义

森林面积减少是指将自然林区永久转换为其他用途，包括农业、牧场、定居点和基础设施。毁林地区不包括记录在册但会进行再生，或由于薪材收集、酸性降水或森林火灾所造成损毁的区域。**国家保护区**是指受保护的陆地和海洋区域占总领土面积的百分比，包括所有已知位置和范围的国家级保护区。所有划定和类别上重叠的区域、缓冲区和多角形区域均被移除，所有未标明日期的保护区均算作过期。**可再生内陆淡水资源**是指一国河流的年均流量和源自降水的地下水。发源于一国境外的自然流入流量以及地表径流和地下水回灌之间重叠的水资源需排除在外。**获得改善的水资源**是指能从合适的改善水源获取足够水资源的人口比例，改善水源指宅内或院内自来水、公用水龙头或蓄水塔、管井或钻井、受保护的大口井或泉水以及收集的雨水。未改善水源包括无保护的大口井和泉水、车载小缸或桶、瓶装水以及油罐车。**获得改善的卫生设施**衡量获得改善的卫生防疫设施的人口百分比，要求人们至少能够使用足够的排泄物处置设施（私人或共用均可，但非公用），能够有效防止人类、动物、昆虫与粪便接触（不必包括污水净化设施）。改善设施的范围包含从简单但有保护的坑式厕所到连接排水的冲洗厕所。为保证有效，设施必须建设合理并进行适当维护。**城市人口**是指各国定义为城市并向联合国进行报告的地区的年中人口数与世界银行总人口估计值的比例。**颗粒物浓度**是指能够穿透进入呼吸道并严重损害健康的，直径小于10微米（PM10）的细微悬浮粒子浓度。该数值以城市人口数量对居民超过10万的城市住宅区的PM10数据进行加权平均。**二氧化碳排放量**是指由化石燃料燃烧和水泥制造产生的排放量，包括固体、液体、气体燃料和天然气燃烧时排放的二氧化碳。**能源使用量**是指转换为二次能源前初级能源的使用量，相当于本国产量加上进口量及库存变化，减去出口量和提供给国际运输的船舶和飞机的燃料。**发电量**需对同一发电站全部发电机组的终端进行测定。除水电外，煤炭、石油、天然气和核能发电，其中还包含地热、太阳能、风能、潮汐和波浪发电以及可燃可再生能源及废弃物。其生产包括为发电而专门设计的电厂以及热电联产电厂生产的电力。

数据资料来源

关于森林砍伐的数据来自于联合国粮农组织（2010）和联合国粮农组织的数据网站。关于保护区的数据，来自联合国环境规划署（UNEP）和世界保护监测中心（WC-MC）的在线数据库，这些数据库均基于国家主管部门、国家立法部门及国际协定中的数据。淡水资源的数据来自联合国粮农组织 AQUASTAT 数据库。水资源和卫生设施的供应数据来自世界卫生组织和联合国儿童基金会（WHO/UNICEF）对水资源和卫生设施供给的联合监测项目（www. wssinfo. org）。城市人口数据来自于联合国人口司（2011）。颗粒物浓度的数据为世界银行估计值。二氧化碳排放量数据来自二氧化碳信息分析中心（CDIAC）的在线数据库。能源利用和电力生产数据来自国际能源署（IEA）的在线数据库及年度出版刊物，包括《非经合组织国家能源统计》，《非经合组织国家能源平衡表》，《经济合作与发展组织成员国能源统计》和《经济合作与发展组织成员国能源平衡表》。

参考文献

Botswana Department of Water Affairs. n.d. Various reports. [www.water.gov.bw]. Gaborone.

CDIAC (Carbon Dioxide Information Analysis Center). n.d. Online database. [http://cdiac.ornl.gov/home.html]. Oak Ridge National Laboratory, Environmental Science Division, Oak Ridge, TN.

FAO (Food and Agriculture Organization of the United Nations). 2010. *Global Forest Resources Assessment 2010.* Rome.

———. n.d. AQUASTAT. Online database. [www.fao.org/nr/water/aquastat/data/query/index.html]. Rome.

IEA (International Energy Agency). Various years. *Energy Balances of Non-OECD Countries.* Paris.

———.Various years. *Energy Balances of OECD Countries.* Paris.

———. Various years. *Energy Statistics of Non-OECD Countries.* Paris.

———.Various years. *Energy Statistics of OECD Countries.* Paris.

UNEP (United Nations Environment Programme) and WCMC (World Conservation Monitoring Centre). 2013. Online databases [www.unep-wcmc.org/datasets-tools-reports_15.html?&types=Data,Website,Tool&ctops=]. Cambridge, UK.

United Nations Population Division. 2012. *World Urbanization Prospects: The 2011 Revision.* New York: United Nations, Department of Economic and Social Affairs. [http://esa.un.org/unpd/wup/CD-ROM/Urban-Agglomerations.htm].

WAVES (Wealth Accounting and the Valuation of Ecosystem Services). n.d. Online reports. [www.wavespartnership.org]. Washington, D.C.

3 环 境

在线表格和指标

若要获取《世界发展指标》在线表格，请使用网址 http：// wdi. worldbank. org/table/和数据表编号（例如，http：//wdi. worldbank. org/table/3. 1）。若要查看特定的在线指标，请使用网址 http：//data. worldbank. org/indicator/和指标编码（例如，http：//data. worldbank. org/Indicator/SP. RUR. TOTL. ZS）。

3.1 农村环境和土地使用

农村人口	SP. RUR. TOTL. ZS
农村人口增长	SP. RUR. TOTL. ZG
土地面积	AG. LND. TOTL. K2
森林面积	AG. LND. FRST. ZS
永久性作物用地	AG. LND. CROP. ZS
耕地，占土地面积的百分比	AG. LND. ARBL. ZS
人均耕地，公顷	AG. LND. ARBL. HA. PC

3.2 农业投入

农业用地，占土地面积的百分比	AG. LND. AGRI. ZS
农业用地，占灌溉用地的百分比	AG. LND. IRIG. AG. ZS
年均降雨量	AG. LND. PRCP. MM
谷物生产用地	AG. LND. CREL. HA
化肥消费量，占化肥产量的百分比	AG. CON. FERT. PT. ZS
化肥消费量，千克/公顷耕地	AG. CON. FERT. ZS
农业就业率	SL. AGR. EMPL. ZS
拖拉机数量	AG. LND. TRAC. ZS

3.3 农业产出和生产率

作物生产指数	AG. PRD. CROP. XD
粮食生产指数	AG. PRD. FOOD. XD
牲畜生产指数	AG. PRD. LVSK. XD
谷物产量	AG. YLD. CREL. KG
单位工人的农业增加值	EA. PRD. AGRI. KD

3.4 森林面积减少和生物多样性

森林面积	AG. LND. FRST. K2
年均森林面积减少量	. . a，b
濒危物种，哺乳动物	EN. MAM. THRD. NO
濒危物种，鸟类	EN. BIR. THRD. NO
濒危物种，鱼类	EN. FSH. THRD. NO
濒危物种，高等植物	EN. HPT. THRD. NO
陆地保护区	ER. LND. PTLD. ZS
海洋保护区	ER. MRN. PTMR. ZS

3.5 淡水

可再生内陆淡水资源	ER. H2O. INTR. K3
人均可再生内陆淡水资源	ER. H2O. INTR. PC
年度淡水使用量，立方米	ER. H2O. FWTL. K3
年度淡水使用量，占内陆资源的百分比	ER. H2O. FWTL. ZS
年度淡水使用量，农业用水所占百分比	ER. H2O. FWAG. ZS
年度淡水使用量，工业用水所占百分比	ER. H2O. FWIN. ZS
年度淡水使用量，生活用水所占百分比	ER. H2O. FWDM. ZS
水生产率，GDP/水使用量	ER. GDP. FWTL. M3. KD
获得改善的水资源，占农村人口的百分比	SH. H2O. SAFE. RU. ZS
获得改善的水资源，占城市人口的百分比	SH. H2O. SAFE. UR. ZS

3.6 能源生产与使用

能源生产量	EG. EGY. PROD. KT. OE
能源使用量	EG. USE. COMM. KT. OE
能源使用量，年均增长	. . a，b
人均能源使用量	EG. USE. PCAP. KG. OE
化石燃料	EG. USE. COMM. FO. ZS
易燃可再生生物资和废弃物	EG. USE. CRNW. ZS
替代能源和核能生产量	EG. USE. COMM. CL. ZS

3.7 电力生产、资源与使用

发电量	EG. ELC. PROD. KH
煤炭资源	EG. ELC. COAL. ZS
天然气资源	EG. ELC. NGAS. ZS
石油资源	EG. ELC. PETR. ZS
水能资源	EG. ELC. HYRO. ZS
可再生资源	EG. ELC. RNWX. ZS
核能资源	EG. ELC. NUCL. ZS
电力供应	EG. ELC. ACCS. ZS

3.8 能源依存度、效率与二氧化碳的排放

净能源进口量	EG. IMP. CONS. ZS
单位能源使用量产生的 GDP	EG. GDP. PUSE. KO. PP. KD
二氧化碳排放量，总数	EN. ATM. CO2E. KT
二氧化碳排放量，碳密度	EN. ATM. CO2E. EG. ZS
二氧化碳排放量，人均	EN. ATM. CO2E. PC

二氧化碳排放量，千克/GDP（经购买力平价换算的2005年美元）	EN. ATM. CO2E. PP. GD. KD

3.9 温室气体排放的趋势

二氧化碳排放量，年均增长	EN. ATM. CO2E. KT
二氧化碳排放量，变动百分比	..[a,b]
沼气排放量，总数	EN. ATM. METH. KT. CE
沼气排放量，变动百分比	..[a,b]
沼气排放量，来自能源生产	EN. ATM. METH. EG. ZS
沼气排放量，农业	EN. ATM. METH. AG. ZS
一氧化碳排放量，总数	EN. ATM. NOXE. KT. CE
一氧化碳排放量，变动百分比	..[a,b]
一氧化碳排放量，能源和工业	EN. ATM. NOXE. EI. ZS
一氧化碳排放量，农业	EN. ATM. NOXE. AG. ZS
其他温室气体排放量，总数	EN. ATM. GHGO. KT. CE
其他温室气体排放量，变动百分比	..[a,b]

3.10 各部门排放的二氧化碳

发电和供暖	EN. CO2. ETOT. ZS
制造业和建筑业	EN. CO2. MANF. ZS
住宅建筑、商业和公共服务	EN. CO2. BLDG. ZS
交通运输业	EN. CO2. TRAN. ZS
其他部门	EN. CO2. OTHX. ZS

3.11 气候变化、外部影响和适应力

平均日最低/最高气温	..[b]
预计年度气温	..[b]
预计年度凉爽日和寒冷夜变化	..[b]
预计年度炎热日和温暖夜变化	..[b]
预计年度降雨量	..[b]
海拔5米及其以下的陆地面积	AG. LND. EL5M. ZS
海拔5米及其以下陆地居住人口	EN. POP. EL5M. ZS
受干旱、洪水和极端气温影响的人口	EN. CLC. MDAT. ZS
减灾进步分值	EN. CLC. DRSK. XQ

3.12 城市化

城市人口	SP. URB. TOTL
城市人口，占总人口的百分比	SP. URB. TOTL. IN. ZS
城市人口，年均增长	SP. URB. GROW
人口在百万以上的城市的居住人口	EN. URB. MCTY. TL. ZS
最大城市居住人口	EN. URB. LCTY. UR. ZS
获得改善的卫生防疫设施的人口，占城市人口的百分比	SH. STA. ACSN. UR
获得改善的卫生防疫设施的人口，占农村人口的百分比	SH. STA. ACSN. RU

3.13 交通与拥挤

机动车，每千人拥有量	IS. VEH. NVEH. P3
机动车，每公里道路的数量	IS. VEH. ROAD. K1
客车	IS. VEH. PCAR. P3
道路密度	IS. ROD. DNST. K2
道路部门的能源消耗量，占总消费的百分比	IS. ROD. ENGY. ZS
人均道路部门的能源消耗量	IS. ROD. ENGY. PC
柴油消耗量	IS. ROD. DESL. PC
汽油消耗量	IS. ROD. SGAS. PC
超级汽油的零售价格	EP. PMP. SGAS. CD
柴油的零售价格	EP. PMP. DESL. CD
加权颗粒物浓度（以城市人口为权重）	EN. ATM. PM10. MC. M3

3.14 空气污染

本表提供了主要城市的空气污染数据。	..[b]

3.15 自然资源对国内生产总值的贡献

自然资源总租金	NY. GDP. TOTL. RT. ZS
石油租金	NY. GDP. PETR. RT. ZS
天然气租金	NY. GDP. NGAS. RT. ZS
煤炭租金	NY. GDP. COAL. RT. ZS
矿产租金	NY. GDP. MINR. RT. ZS
森林租金	NY. GDP. FRST. RT. ZS

a. 取自《世界发展指标》数据库外的数据。

b. 可以在线获得数据表的一部分，但不能获得单个指标。

经济

4

本章展现了全球经济情况以及200多个国家和地区的经济活动，包括世界产出的生产、贸易及消费。包含了对宏观经济的表现和稳定性，以及经污染、减值和资源耗减调整后的广义收入和储蓄的测度。

2013年，全球经济增长了2.4%，达73万亿美元（现价）。而且据估计2014年经济增长会上升到3.2%。其中，中、低收入经济体的比重从2012年的31%上升至32.2%。2013年中、低收入经济体经济增速约为4.9%，2014年这一数字有望达到5.3%。高收入经济体经济增速高于此前预期水平，2013年及2014年分别为1.3%和2.2%。

2014年许多国家应该开始采用2008年的国民账户体系（SNA 2008），这是联合国统计委员会推出的经国际认可的关于怎样对经济活动的衡量标准进行编制的一套最新版本的标准建议。SNA 2008是对1993年的国民账户体系的更新，保留了前一体系的基本理论框架。

与委员会的命令相一致，SNA 2008为新脱颖而出的经济领域提供处理方法，主要对逐渐成为分析焦点的那些领域进行阐述并详细指导较广泛的一系列问题。SNA 2008的变化包括对资产、资本形成及固定资本消耗的进一步规范，统计单位和机构部门的概念，包括生产边界的交易范围，政府和公共部门的交易范围以及金融工具和资产的定义和处理方法。SNA 2008与国际货币基金组织的国际收支手册第六版在概念和分类上进行了协调统一。

这些变化使账户与经济环境的发展、方法性研究的进步和用户的需求相一致。到2013年，澳大利亚、加拿大、中国香港特别行政区、墨西哥、东帝汶和美国都已经采用了SNA 2008体系。

关于与SNA 1993之间的区别的详细解释在SNA 2008手册附录3中（http：//unstats.un.org/unsd/nationalaccount/docs/SNA 2008.pdf）。完整的SNA 2008统计方法可通过联合国统计司网站进行查询（http：// unstats.un.org/unsd/nationalaccount/sna2008.asp）。

东亚和太平洋地区：经济账户平衡恶化

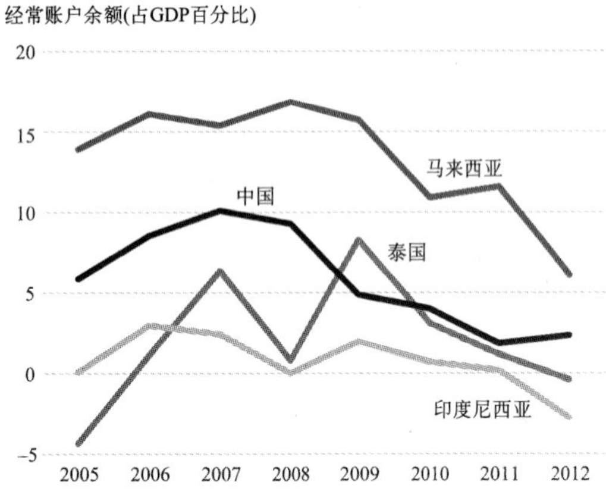

资料来源：在线表格 4. 17。

2012 年，印度尼西亚公布了其自亚洲金融危机以来的首次经常账户赤字。私人储蓄受到商品价格走低的压力，而公共储蓄则受到收入增长减缓和尽管近期进行了削减却仍然高昂的补贴支出的影响。泰国经济账户在 2012 年也为负，而且由于家庭部门杠杆率上升和财政支持政策导致储蓄率下降，使得私人消费更高。马来西亚的经济账户盈余从 2003 年以来的两位数下降到 2012 年占 GDP 6%。随着全球金融危机后经济刺激措施的实施，公共储蓄下降。中国经济账户余额从 2007 年占 GDP 10. 1% 的高点降低到 2012 年的 2. 3%（世界银行，2013a）。

南亚：经济增长缓慢但稳定

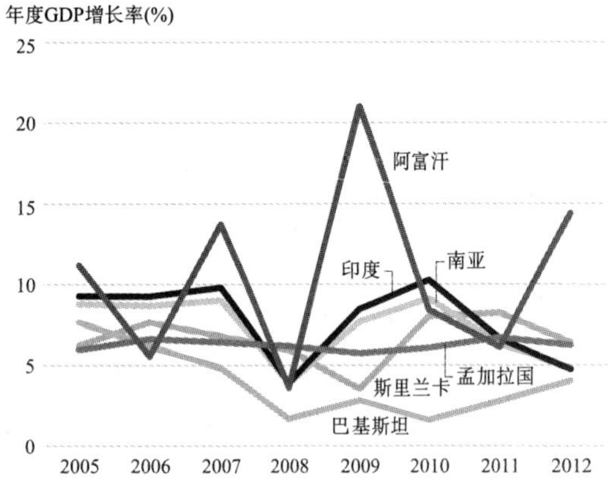

资料来源：在线表格 4. 1。

南亚经济体对金融和经济危机应对得当。但实际 GDP 增长放缓，远低于危机前水平。区域经济增长率从 2011 年的 6. 3% 下降到 2012 年的 4. 9%，这主要是由占该地区 GDP 约 80% 的印度造成的。2012 年印度的实际 GDP 增长率为 4. 7%，比 2011 年的 6. 6% 有所下降。在孟加拉国，由于出口和投资增长减缓，GDP 增长率由 2011 年的 6. 7% 下降到 2012 年的 6. 2%。斯里兰卡采取了宏观经济审慎措施而且在其主要出口市场面临需求不足，由 8. 2% 下降到 6. 4%。阿富汗是该区域的例外，2012 年实际 GDP 增长率预计为 14. 4%，高于 2011 年的 6. 1%。不丹、尼泊尔和巴基斯坦 2012 年经济增长率均高于 2011 年，但马尔代夫 2012 年数字仅为 2011 年的一半（世界银行，2013b）。

中东和北非：调整后的净储蓄呈现不同的趋势

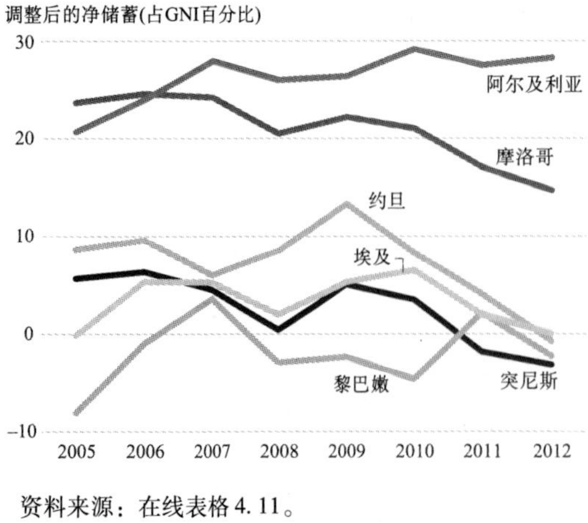

资料来源：在线表格 4. 11。

调整后的净储蓄衡量国民收入和消费之间的实际差距，即一个国家实际财富的变化。它将人力资本、固定资本折旧、自然资源枯竭和污染造成的破坏纳入考量。储蓄率小于 0 代表财富减少，结果就是发展的不可持续。更高的储蓄是财富积累和未来经济增长的基础。中东和北非地区的近期趋势显示出不同的发展路径。阿尔及利亚和摩洛哥的调整后净储蓄为很高的正值，约旦、黎巴嫩和突尼斯则为负。影响储蓄率的主要不利因素是能源资源枯竭，在中东和北非地区，2008 年能源资源占国民总收入的 25%，而 2012 年则下降到 13%。

撒哈拉以南非洲地区：超过 10 年的稳定增长

撒哈拉以南非洲地区在 1999 年至 2010 年的年均 GDP 增长率为 5.5%（不包括南非为 6.5%），比余下的发展中世界（不包括中国）高出 1 个百分点。在 2012 年，10 个快速增长经济体中的 5 个在撒哈拉以南非洲地区：塞拉利昂、尼日尔、利比里亚、布基纳法索和科特迪瓦。但不同国家间经济增长情况区别较大，南苏丹和苏丹的经济严重紧缩，而利比里亚、尼日尔和塞拉利昂则很大程度上由于新矿产的开采而经济增长超过 10%。许多国家几年来持续高速增长，约三分之一的国家年度经济增速超过达到或 6%（世界银行，2013c）。

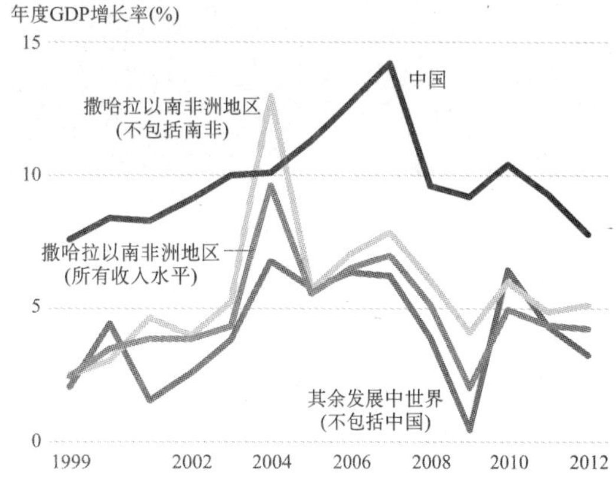

资料来源：在线表格 4.1。

拉丁美洲和加勒比地区：经济有所增长但缓慢

拉丁美洲和加勒比地区是 2012 年经济增长第三缓慢的地区，排在欧洲和中亚以及东亚和北非之前。经济增长减缓，所有发展中国家均从 2010 年的峰值下降了 3 个百分点。加勒比地区的大部分国家经济增长受到高额债务和旅游业低迷的拖累。外部环境不佳及内部需求疲软是导致地区经济增长率从 2010 年水平下降 6 个百分点，预计 2012 年仅为 3% 的主要原因。这种跌落在区域内最大的经济体，巴西和阿根廷体现得最为明显，其他国家仍在持续增长，很多情况下国内需求的强健部分抵消了出口不足的影响（De la Torre，Yeyati 和 Pienknagura，2013）。

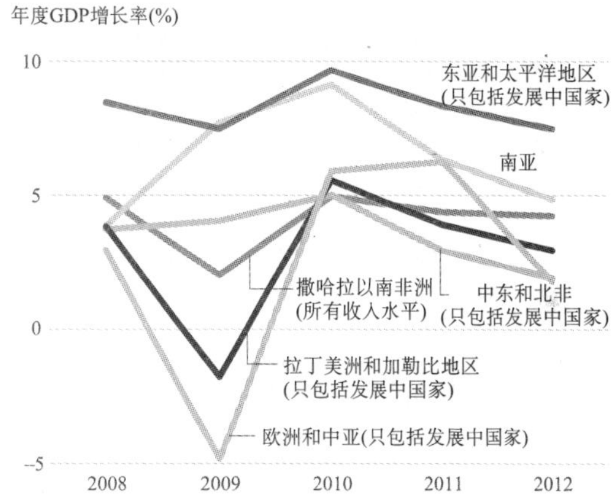

资料来源：在线表格 4.1。

欧洲和中亚：复苏速度不同

由于农业歉收、通胀高企、外部需求不足以及欧洲银行资产负债表削减，欧洲和中亚的经济增长率大幅下降，从 2011 年的 6.3% 下降到 2012 年的 1.8%。东欧的下降十分严重，GDP 增长率不足 1%（塞尔维亚出现下降）。独联体国家的经济调整相对并不严重，但 2012 年的增长也比 2011 年减缓。很多发展中国家还没有从 2008 年的危机中恢复。2004 年后加入欧盟的 11 个国家的经济恢复在 2012 年停滞不前，主要是由于国内需求下降而外部环境不佳，使得净出口成为经济增长的唯一动力。这一国家组 2012 年的 GDP 增长率为 0.6%，是前一年度的五分之一。波斯尼亚和黑塞哥维那、捷克共和国、匈牙利、吉尔吉斯共和国、摩尔多瓦、克罗地亚和斯洛文尼亚处于衰退之中。

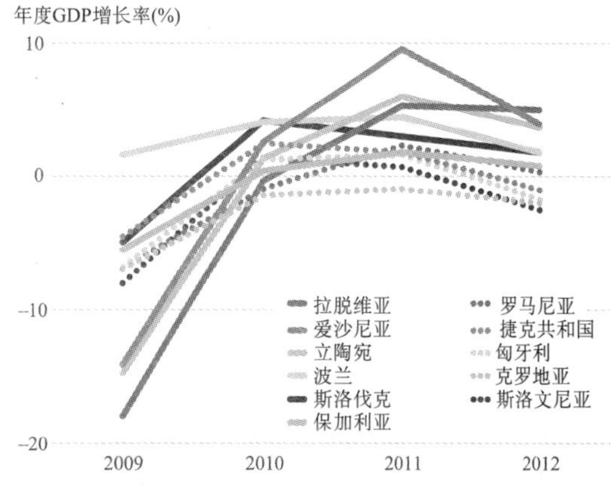

资料来源：在线表格 4.1。

4 经济

	国内生产总值			总储蓄	调整后的净储蓄	经常账户余额	中央政府现金盈余或赤字	中央政府债务	消费者价格指数	广义货币
	年均增长率	估计值	预测值	占GDP的百分比	占GDP的百分比	占GDP的百分比	占GDP的百分比	占GDP的百分比	上涨百分比	占GDP的百分比
	2000–2012	2012–2013	2013–2014	2012	2012	2012	2012	2012	2012	2012
阿富汗	9.4	3.1	3.5	–14.9	..	–35.5	–0.6	..	7.2	31.9
阿尔巴尼亚	5.0	1.3	2.1	14.5	–1.3	–10.4	–3.4	56.6	2.0	82.1
阿尔及利亚	3.7	2.8	3.3	47.5	28.3	6.0	–0.3	..	8.9	61.0
美属萨摩亚	..	..	..	..	..	..	..	..	..	..
安道尔	5.9	..	..	..	..	..	..	..	..	..
安哥拉	11.8	5.1	8.0	18.0	–25.2	12.1	..	..	10.3	34.9
安提瓜和巴布达	2.2	..	..	24.9	..	–6.9	–1.4	..	3.4	102.6
阿根廷	5.8[a]	5.0	2.8	21.9	10.1	0.0	..	..	10.0[a]	33.0
亚美尼亚	7.6	3.2	5.0	11.7	–3.7	–11.1	–1.4	..	2.6	33.7
阿鲁巴	–0.1	..	..	..	..	–9.5	..	..	0.6	68.3
澳大利亚	3.1	..	..	25.5	12.0	–3.7	–3.7	30.6	1.8	102.8
奥地利	1.7	..	..	24.6	13.1	1.6	–2.2	75.3	2.5	..
阿塞拜疆	14.8	4.9	5.3	41.9	15.9	22.5	6.1	6.4	1.1	31.1
巴哈马	0.6	..	..	8.4	..	–18.4	–4.1	47.9	2.0	76.6
巴林	5.4	..	..	19.5	–0.8	9.7	–0.5	35.6	2.8	74.1
孟加拉国	6.0	6.0	5.7	39.8	21.3	2.3	–0.9	..	6.2	69.7
巴巴多斯	1.2	..	..	8.4	3.6	–4.9	–8.0	96.8	4.5	..
白俄罗斯	7.5	1.0	1.5	31.5	19.7	–2.7	1.7	40.8	59.2	30.5
比利时[b]	1.4	..	..	20.3	7.9	–2.0	–3.6	91.1	2.8	..
伯利兹	3.8	1.8	2.7	15.8	9.3	–1.3	–0.2	74.2	1.3	77.4
贝宁	3.8	4.2	4.1	7.1	–5.2	–7.1	–1.4	..	6.8	37.9
百慕大	0.9	..	..	..	..	14.1	..	..	..	..
不丹	8.7	7.6	8.1	44.5	23.7	–19.7	..	..	10.9	61.2
玻利维亚	4.2	5.3	4.7	25.7	5.5	7.9	..	..	4.6	73.8
波斯尼亚和黑塞哥维那	3.8	0.8	2.0	14.5	..	–9.3	–1.2	..	2.0	58.1
博茨瓦纳	4.2	4.6	4.9	40.7	33.2	–7.4	–1.9	..	7.5	44.2
巴西	3.7	2.2	2.4	14.8	4.3	–2.4	–2.6	52.8	5.4	80.8
文莱	1.2	..	..	..	..	..	..	..	0.5	65.9
保加利亚	4.0	0.6	1.7	21.7	10.9	–1.4	–2.0	15.4	3.0	79.6
布基纳法索	5.9	7.0	7.0	22.9	8.5	–2.0	–3.2	..	3.8	30.3
布隆迪	3.6	4.3	4.5	17.5	–13.7	–10.3	..	..	18.0	23.0
佛得角	6.7	2.6	2.9	35.0	..	–11.5	–9.0	..	2.5	78.7
柬埔寨	8.1	7.0	7.0	10.6	–7.5	–8.6	–4.4	..	2.9	50.1
喀麦隆	3.3	4.8	5.0	15.8	–1.6	–3.8	..	..	2.9	21.2
加拿大	1.9	..	..	23.6	13.0	–3.5	–1.3	53.8	1.5	..
开曼群岛	..	..	..	..	..	..	..	..	..	..
中非共和国	4.8	–18.0	–1.8	..	..	..	0.7	..	5.8	18.1
乍得	9.6	5.0	8.7	..	..	..	..	..	10.2	11.9
海峡群岛	0.5	..	..	..	..	..	..	..	..	..
智利	4.1	..	..	21.4	–0.2	–3.5	1.3	..	3.0	77.3
中国	10.6	7.7	7.7	51.2	35.0	2.3	..	..	2.7	187.6
中国香港	4.4	..	..	28.3	..	2.3	3.8	39.2	4.1	335.3
中国澳门	12.7	..	..	57.4	..	42.9	23.8	..	6.1	107.6
哥伦比亚	4.5	4.0	4.3	18.9	–3.2	–3.3	–1.1	62.6	3.2	42.9
科摩罗	1.9	3.3	3.5	..	..	..	..	..	1.8	38.3
刚果民主共和国	5.7	7.5	7.5	..	..	..	3.8	..	85.1	18.3
刚果共和国	4.6	5.6	5.4	..	..	..	..	..	3.9	31.5

	国内生产总值			总储蓄	调整后的净储蓄	经常账户余额	中央政府现金盈余或赤字	中央政府债务	消费者价格指数	广义货币
		年均增长率 估计值	预测值	占GDP的百分比	占GDP的百分比	占GDP的百分比	占GDP的百分比	占GDP的百分比	上涨百分比	占GDP的百分比
	2000–2012	2012–2013	2013–2014	2012	2012	2012	2012	2012	2012	2012
哥斯达黎加	4.7	3.4	4.3	15.9	15.1	−5.3	*−3.5*	..	4.5	49.4
科特迪瓦	1.2	8.7	8.2	..	..	*2.0*	−3.1	..	1.3	39.0
克罗地亚	2.1	..	..	18.9	9.3	−0.3	*−4.7*	..	3.4	80.7
古巴	*5.8*	..	..	..	..	..	..	..	..	..
库拉索	..	..	..	..	..	..	..	..	..	..
塞浦路斯[b]	2.6[c]	..	..	*8.8*[c]	*3.9*[c]	−6.9	*−6.3*	*113.3*	2.4	..
捷克共和国	3.3	..	..	21.0	5.1	−2.4	*−4.4*	*38.3*	3.3	77.3
丹麦	0.6	..	..	23.6	15.7	5.9	*−2.0*	*50.6*	2.4	74.6
吉布提	*3.5*	..	..	..	..	..	..	..	3.7	..
多米尼克	3.2	1.1	1.7	10.8	..	−11.5	−11.9	..	1.4	97.4
多米尼加共和国	5.6	2.5	3.9	9.2	..	−6.8	*−2.9*	..	3.7	34.3
厄瓜多尔	4.4	4.0	4.1	26.9	6.1	−0.2	..	..	5.1	31.6
埃及	4.9	1.8	2.3	13.0	0.0	−2.7	−10.6	..	7.1	74.1
萨尔瓦多	2.0	1.9	2.3	8.9	6.6	−5.3	*−2.2*	*47.8*	1.7	44.6
赤道几内亚	10.9	..	..	..	..	..	..	..	6.1	18.7
厄立特里亚	0.9	6.0	3.5	..	..	..	..	..	..	*114.7*
爱沙尼亚[b]	3.7	..	..	25.0	12.5	−1.8	*1.0*	*6.9*	3.9	*59.6*
埃塞俄比亚	8.9	7.0	7.2	28.8	6.1	−7.2	*−1.4*	..	22.8	..
法罗群岛	..	..	..	..	..	..	..	..	..	..
斐济	1.2	2.4	2.1	..	..	−1.4	..	..	3.4	68.8
芬兰[b]	1.7	..	..	18.1	7.6	−1.5	*−0.5*	*48.0*	2.8	..
法国[b]	1.1	..	..	17.5	9.9	−2.2	*−5.1*	*93.7*	2.0	..
法属波利尼西亚	..	..	..	..	..	..	..	..	..	..
加蓬	2.4	4.2	4.2	..	..	..	..	..	2.7	20.8
冈比亚	3.4	6.5	7.5	17.1	0.9	6.4	..	..	4.3	53.6
格鲁吉亚	6.5[d]	2.5[d]	6.3[d]	18.3[d]	7.0[d]	−11.7	−0.5	32.6	−0.9	30.2
德国[b]	1.1	..	..	24.2	15.8	7.0	*−0.4*	*55.3*	2.0	..
加纳	6.6	7.4	7.4	21.5	2.7	−11.7	*−3.9*	..	9.2	31.3
希腊[b]	1.1	..	..	9.8	−4.3	−2.5	*−9.8*	*106.5*	1.5	..
格陵兰	*1.7*	..	..	..	..	..	..	..	..	..
格林纳达	1.9	1.1	1.1	−10.2	..	−28.0	−5.8	..	2.4	95.4
关岛	..	..	..	..	..	..	..	..	..	..
危地马拉	3.5	3.3	3.4	12.0	−2.3	−2.6	−2.3	24.4	3.8	46.2
几内亚	2.6	4.0	4.7	*−6.2*	*−42.8*	−18.4	..	..	15.2	*36.4*
几内亚比绍	2.3	3.0	2.7	*1.5*	*−22.4*	*−8.5*	..	..	2.1	38.8
圭亚那	1.7	4.4	3.9	11.1	−11.8	−13.9	..	..	2.4	67.0
海地	0.8	3.4	4.2	25.6	12.7	−4.4	..	..	6.3	45.8
洪都拉斯	4.3	2.9	3.4	16.5	11.4	−8.6	−3.2	..	5.2	51.0
匈牙利	1.6	0.7	1.7	*23.4*	*12.4*	0.9	*3.7*	*82.4*	5.7	60.9
冰岛	2.4	..	..	9.3	..	−5.5	*−5.3*	*119.1*	5.2	89.8
印度	7.7	4.8	6.2	30.3	14.8	−4.9	−3.8	49.7	9.3	75.6
印度尼西亚	5.5	5.6	5.3	32.0	24.1	−2.7	*−1.1*	*26.2*	4.3	40.1
伊朗	4.8	−1.5	1.0	..	..	..	..	..	27.3	*19.7*
伊拉克	5.1	4.2	6.5	26.7	..	13.7	..	..	*5.8*	30.7
爱尔兰	2.2	..	..	16.0	10.9	4.4	*−13.0*	*102.0*	1.7	..
马恩岛	*6.2*	..	..	..	..	..	..	..	..	..
以色列	3.7	..	..	*14.8*	*6.0*	*1.3*	−5.4	..	1.7	..

4 经 济

	国内生产总值			总储蓄	调整后的净储蓄	经常账户余额	中央政府现金盈余或赤字	中央政府债务	消费者价格指数	广义货币
	年均增长率	估计值	预测值	占GDP的百分比	占GDP的百分比	占GDP的百分比	占GDP的百分比	占GDP的百分比	上涨百分比	占GDP的百分比
	2000–2012	2012–2013	2013–2014	2012	2012	2012	2012	2012	2012	2012
意大利[b]	0.2	..	..	17.4	3.3	–0.4	*–3.5*	*110.8*	3.0	..
牙买加	..	..	..	8.3	3.5	–12.9	–4.2	..	6.9	47.1
日本	0.7	..	..	21.5	1.5	1.0	*–8.3*	*189.8*	0.0	241.2
约旦	6.2	3.0	3.1	8.5	–0.7	–18.4	–8.3	66.8	4.8	118.4
哈萨克斯坦	7.7	6.0	5.8	26.2	–8.0	3.8	*7.7*	*9.9*	5.1	34.7
肯尼亚	4.4	5.0	5.1	9.4	4.7	–10.4	–4.8	..	9.4	50.6
基里巴斯	1.4	1.8	1.8	..	..	..	*–7.2*	..	..	..
朝鲜	..	..	..	..	..	..	..	..	..	..
韩国	4.0	..	..	30.9	18.1	3.8	*1.8*	..	2.2	144.3
科索沃	5.2	..	..	18.3	..	–7.5	..	..	2.5	40.6
科威特	5.1	..	..	*59.5*	*11.2*	43.2	27.9	..	2.8	57.6
吉尔吉斯共和国	4.2	7.8	6.5	29.6	12.1	–22.1	–6.6	..	2.7	..
老挝	7.4	8.0	7.7	15.7	–11.6	–4.4	–0.8	..	4.3	*35.9*
拉脱维亚	3.6	..	..	*25.7*	*11.0*	–2.5	*–2.8*	*42.1*	2.3	44.1
黎巴嫩	5.0	0.7	2.0	13.6	–2.2	–3.9	–8.8	..	*4.0*	241.7
莱索托	4.1	4.6	5.1	18.1	11.5	–24.0	..	..	6.1	35.6
利比里亚	6.6	7.9	7.5	*31.4*	*–6.0*	*–49.1*	–2.6	32.7	6.8	34.9
利比亚	*5.4*	–6.0	23.0	..	..	..	..	..	6.1	..
列支敦士登	*2.5*	..	..	..	..	..	..	..	..	..
立陶宛	4.3	..	..	*17.1*	*9.1*	–0.2	*–5.1*	*43.5*	3.1	47.4
卢森堡[b]	2.5	..	..	16.4	8.3	6.5	*–0.4*	*17.2*	2.7	..
前南斯拉夫马其顿共和国	3.2	2.5	3.0	25.5	6.0	–3.1	–4.0	..	3.3	58.3
马达加斯加	3.0	4.1	4.8	..	..	..	*–1.7*	..	6.4	24.4
马拉维	3.7	4.4	4.8	*12.5*	*–2.7*	–18.8	..	..	21.3	36.4
马来西亚	4.9	4.5	4.8	31.9	16.1	6.1	–4.5	53.3	1.7	141.2
马尔代夫	*7.2*	4.3	4.2	..	..	–27.0	*–8.8*	*73.8*	13.1	58.6
马里	5.2	4.0	5.2	*8.5*	*–10.8*	*–12.6*	*–2.5*	..	5.4	32.3
马耳他[b]	1.8	..	..	*11.7*	..	2.1	*–2.7*	*84.0*	2.4	..
马绍尔群岛	1.4	5.0	5.0	..	..	..	..	..	..	..
毛里塔尼亚	5.6	5.7	4.6	..	..	..	..	..	4.9	33.3
毛里求斯	3.9	3.7	4.1	15.1	4.5	–11.2	*–1.1*	*36.4*	3.9	100.5
墨西哥	2.2	1.4	3.4	21.5	5.8	–1.2	..	..	4.1	32.0
密克罗尼西亚联邦	0.0	1.4	1.4	..	..	..	..	..	..	41.3
摩尔多瓦	4.8[e]	4.2[e]	3.8[e]	12.8[e]	6.2[e]	–6.8	*–1.8*	*23.7*	4.7	56.4
摩纳哥	*4.2*	..	..	..	..	..	..	..	..	..
蒙古	7.7	12.5	10.3	33.3	13.8	–32.7	–8.5	..	15.0	54.6
黑山	4.0	1.8	2.5	–0.2	..	–17.6	..	..	*3.2*	50.5
摩洛哥	4.8[f]	4.5[f]	3.6[f]	25.8[f]	14.7[f]	–10.0	*–4.2*	*56.8*	1.3	113.9
莫桑比克	7.5	7.0	8.5	12.4	0.4	–44.2	–2.8	..	2.1	46.0
缅甸	..	..	..	..	..	..	..	..	1.5	..
纳米比亚	4.8	4.2	4.3	*18.2*	*12.0*	*–1.2*	..	..	6.5	57.1
尼泊尔	4.0	3.6	3.8	40.8	30.0	3.0	–0.6	*33.9*	9.5	77.5
荷兰[b]	1.3	..	..	24.8	16.9	9.4	*–3.9*	*66.4*	2.4	..
新喀里多尼亚	..	..	..	..	..	..	..	..	..	..
新西兰	2.3	..	..	*14.6*	*8.0*	–4.1	*–7.2*	*62.5*	0.9	*94.7*
尼加拉瓜	3.4	3.8	4.2	17.3	3.7	–13.0	0.5	..	7.2	33.6
尼日尔	4.5	5.6	6.2	*20.1*	*10.0*	*–19.9*	..	..	0.5	23.1

	国内生产总值			总储蓄	调整后的净储蓄	经常账户余额	中央政府现金盈余或赤字	中央政府债务	消费者价格指数	广义货币
	年均增长率	估计值	预测值	占GDP的百分比	占GDP的百分比	占GDP的百分比	占GDP的百分比	占GDP的百分比	上涨百分比	占GDP的百分比
	2000–2012	2012–2013	2013–2014	2012	2012	2012	2012	2012	2012	2012
尼日利亚	6.8	6.7	6.7	40.6	8.2	7.8	..	..	12.2	36.5
北马里亚纳群岛	..	..	..	..	..	..	..	..	..	..
挪威	1.5	..	..	39.1	21.7	14.5	14.6	20.9	0.7	..
阿曼	5.0	..	..	..	..	10.6	10.6	*5.0*	2.9	36.3
巴基斯坦	4.4	6.1	3.4	20.3	3.7	–0.9	–8.0	..	9.7	39.9
帕劳	–0.1	5.8	5.8	..	..	..	..	..	..	..
巴拿马	7.5	7.9	7.3	26.7	23.3	–9.0	..	..	5.7	80.6
巴布亚新几内亚	4.7	4.0	8.5	..	..	*–6.7*	..	..	2.2	52.0
巴拉圭	3.7	14.1	4.6	12.4	6.1	0.5	*1.6*	..	3.7	44.6
秘鲁	6.3	4.9	5.5	25.4	7.7	–3.4	*1.2*	*19.1*	3.7	36.8
菲律宾	4.9	6.9	6.5	23.9	9.4	2.8	–1.9	51.5	3.2	58.9
波兰	4.2	..	..	17.5	7.9	–3.7	*–4.3*	..	3.6	57.9
葡萄牙[b]	0.4	..	..	15.9	8.7	–2.1	*–4.0*	*92.5*	2.8	..
波多黎各	–0.4	..	..	..	..	..	..	..	..	..
卡塔尔	14.0	..	..	*66.2*	*46.1*	32.0	*2.9*	..	1.9	54.4
罗马尼亚	4.2	2.5	2.5	22.2	7.0	–4.4	*–5.1*	..	3.3	37.8
俄罗斯	4.8	..	..	29.6	15.3	3.6	*3.3*	*9.3*	5.1	51.5
卢旺达	7.9	7.0	7.5	11.5	–3.7	–11.6	*–0.9*	..	6.3	..
萨摩亚	2.4	2.1	2.1	..	..	–5.2	0.0	..	2.0	44.6
圣马力诺	*3.2*	..	..	..	..	..	..	..	2.8	..
圣多美和普林西比	*4.5*	5.5	4.9	..	..	–37.8	*–12.6*	..	10.4	36.9
沙特阿拉伯	6.1	..	..	*50.5*	*10.0*	23.2	..	..	2.9	54.1
塞内加尔	4.0	4.0	4.5	*21.8*	*15.9*	*–7.9*	*–6.2*	..	1.4	40.4
塞尔维亚	3.3	2.0	1.0	*18.0*	..	–10.7	*–4.5*	..	7.3	49.8
塞舌尔	3.1	3.5	3.9	..	..	–24.7	4.8	73.3	7.1	48.0
塞拉利昂	6.9	17.0	14.1	*10.2*	*–22.7*	–29.0	–5.2	..	12.9	20.5
新加坡	5.9	..	..	45.6	*31.9*	18.7	9.0	115.1	4.5	137.6
荷属圣马丁	..	..	..	..	..	..	..	..	..	..
斯洛伐克[b]	4.8	..	..	*22.0*	*6.1*	2.2	*–4.9*	*45.6*	3.6	..
斯洛文尼亚[b]	2.5	..	..	*21.4*	*9.5*	3.3	*–5.9*	..	2.6	..
所罗门群岛	5.1	4.0	3.5	..	..	0.2	..	..	*7.3*	41.3
索马里	..	..	..	..	..	..	..	..	..	..
南非	3.6	1.9	2.7	13.2	0.4	–5.2	*–4.4*	..	5.4	75.2
南苏丹	..	33.9	17.0	..	..	..	..	..	*47.3*	..
西班牙[b]	1.7	..	..	18.9	5.9	–1.1	*–3.6*	*56.1*	2.4	..
斯里兰卡	5.9	7.0	7.4	24.1	19.7	–6.7	–6.1	79.1	7.5	38.6
圣基茨和尼维斯	2.4	..	..	18.3	..	–9.2	10.7	..	1.4	140.7
圣卢西亚	2.7	0.7	1.5	13.0	4.5	–14.9	–6.8	..	4.2	95.8
法属圣马丁	..	..	..	..	..	..	..	..	..	..
圣文森特和格林纳丁斯	2.8	2.1	2.7	–6.7	..	–30.3	–2.0	..	2.6	68.6
苏丹	5.2[g]	2.9[h]	2.9[h]	9.9[h]	–6.7[h]	–10.8	..	..	37.4	27.9[h]
苏里南	4.9	3.9	4.1	..	..	4.7	*–0.7*	..	5.0	49.1
斯威士兰	2.2	0.0	0.0	*7.7*	*1.4*	4.1	..	..	8.9	31.4
瑞典	2.2	..	..	25.4	17.8	6.1	–0.4	36.6	0.9	85.2
瑞士	1.9	..	..	32.8	18.9	8.5	*0.6*	*26.7*	–0.7	188.0
叙利亚	*5.0*	–22.5	–8.6	*16.8*	..	..	..	..	36.7	*73.9*
塔吉克斯坦	7.8	7.0	6.0	17.9	9.0	–3.2	..	..	5.8	15.5

4 经 济

	国内生产总值			总储蓄	调整后的净储蓄	经常账户余额	中央政府现金盈余或赤字	中央政府债务	消费者价格指数	广义货币
	年均增长率	估计值	预测值	占GDP的百分比	占GDP的百分比	占GDP的百分比	占GDP的百分比	占GDP的百分比	上涨百分比	占GDP的百分比
	2000–2012	2012–2013	2013–2014	2012	2012	2012	2012	2012	2012	2012
坦桑尼亚	7.0	7.1	7.4	23.5	8.7	–12.9	–7.2	..	16.0	32.8
泰国	4.1	3.2	4.5	30.2	16.7	–0.4	*–1.2*	*30.2*	3.0	131.1
东帝汶	5.8	..	..	*326.7*	..	211.9	..	..	11.8	31.5
多哥	2.8	5.0	4.5	*0.0*	*–21.3*	*–6.3*	–6.3	..	2.6	46.4
汤加	1.1	1.2	1.2	5.9	..	–20.2	..	..	1.2	40.5
特立尼达和多巴哥	5.1	..	..	..	..	*12.3*	*–1.6*	..	9.3	62.0
突尼斯	4.2	2.6	2.5	14.5	–3.1	–8.3	–5.0	44.1	5.5	66.7
土耳其	4.6	4.3	3.5	14.5	3.4	–6.1	*–1.1*	*47.2*	8.9	55.4
土库曼斯坦	9.0	10.1	10.7	..	..	..	..	..	..	..
特克斯和凯科斯群岛	..	..	..	..	..	..	..	..	..	..
图瓦卢	1.3	1.0	1.0	..	..	..	..	..	..	..
乌干达	7.5	6.2	6.7	12.8	–11.2	–11.1	*–3.9*	*42.7*	14.0	24.2
乌克兰	3.8	–1.1	2.0	9.3	–3.7	–8.4	*–2.3*	*27.4*	0.6	54.9
阿拉伯联合酋长国	4.2	..	..	..	..	..	*0.1*	..	*0.9*	61.2
英国	1.5	..	..	10.9	3.0	–3.7	*–7.6*	*99.8*	2.8	161.6
美国	1.7	..	..	16.5	7.3	–2.7	–7.5	93.8	2.1	87.4
乌拉圭	4.2	..	..	15.0	1.6	–5.3	–2.1	44.6	8.1	43.6
乌兹别克斯坦	7.4	7.4	7.0	..	..	..	..	..	..	..
瓦努阿图	3.8	1.7	2.2	*19.3*	..	–6.4	*–2.3*	..	1.4	78.1
委内瑞拉	4.3	0.7	0.5	25.6	6.8	2.9	..	..	21.1	47.5
越南	6.6	5.3	5.4	31.6	12.7	5.8	..	..	9.1	106.5
美属维尔京群岛	..	..	..	..	..	..	..	..	..	..
西岸和加沙	..	..	..	..	..	..	..	..	..	..
也门	3.1	3.0	3.4	*8.1*	*–10.8*	*–3.2*	..	..	17.3	34.6
赞比亚	5.9	6.0	6.5	24.7	1.8	0.0	*5.0*	..	6.6	24.2
津巴布韦	–4.1	2.2	3.3	..	..	..	..	..	..	..
世界整体	**2.7 w**	**2.4 w**	**3.2 w**	**21.6 w**	**11.3 w**					
低收入国家	5.6	6.2	6.3	*23.8*	7.1					
中等收入国家	6.3	4.9	5.6	30.9	18.6					
中低收入国家	6.2	4.5	5.9	26.9	12.5					
中高收入国家	6.3	5.0	5.5	32.2	20.2					
中、低收入国家	6.3	4.8	5.3	30.9	18.4					
东亚和太平洋地区	9.2	7.2	7.2	46.0	31.8					
欧洲和中亚	4.7	3.4	3.5	16.9	2.8					
拉丁美洲和加勒比地区	3.6	2.5	2.9	19.2	5.1					
中东和北非	4.6	–0.1	2.8	..	5.3					
南亚	7.2	4.6	5.7	29.5	13.9					
撒哈拉以南非洲地区	5.0	4.7	5.3	19.8	–0.4					
高收入国家	1.8	1.3	2.2	19.6	8.2					
欧元区	1.1	–0.4	1.1	20.1	10.2					

a. 阿根廷的数据来自阿根廷的国家统计和普查机构的官方报告。但国际货币基金组织已经发布了谴责声明要求阿根廷采取补救措施，解决官方 GDP 和消费者价格指数数据的质量问题。其他数据来源显示 2008 年以来，实际 GDP 比官方公布数据显著更低，实际通胀要更高。为此，世界银行也采用了其他数据来源对阿根廷宏观经济情况进行估计。b. 作为欧洲货币联盟的成员，这些国家共同使用单一货币——欧元。c. 指塞浦路斯共和国政府控制的地区。d. 不包括阿布哈兹和南奥塞梯。e. 不包括德涅斯特河沿岸地区。f. 包括前西属撒哈拉地区。g. 2011 年 7 月 9 日之后，不再包括南苏丹。h. 不包括南苏丹。i. 仅为坦桑尼亚大陆的数据。

关于数据

经济数据根据会计惯例的不同分别整理：国民账户体系、国际收支平衡表、政府财政统计以及国际金融统计。在国民账户体系、国际收支平衡表以及政府财政统计之中概念确立的工作已经取得了一定进展，但不同国家之间的落实情况仍有不同。比如，尽管联合国推荐使用2008年版国民经济核算体系（SNA 2008）编制国民核算账户，但仍有许多国家使用早期的版本，甚至还在使用1968年版。国际货币基金组织（IMF）最近出版了最新的国际收支手册（BPM 6），但许多国家仍在使用之前的版本。同样，政府财政统计的规范和定义也于2001年进行了更新，但有些国家仍在报告中使用1986年的版本。有关不同国家采用的统计方法，参阅原始数据文档。

经济增长

经济体的经济增长是以其总产出的变化或居民实际收入的变化来度量的。2008年版SNA提供了三种计算经济增长的合理指标：国内生产总值（GDP）、国内实际总收入以及国民实际总收入。下面对经济增长的介绍将仅采用GDP法。

GDP增长率及GDP组成的计算使用最小二乘法，对国家采用以本币计价的不变价格数据，对地区及不同收入组别采用以美元计价的不变价格数据。以本币计价的数据换算成美元时采用共同基年的汇率。GDP增长率为年度平均值并且为复合增长。增长率的计算方法将在统计方法中做出介绍。增长率的预测来自世界银行（2014）。

国民账户基础的重新确定

重新确定国民账户的基础将改变已测定的经济增长率并破坏数据序列，影响数据的一致性。当一国重新确定其国民账户的基础时，通常会重新分配不同组成部分的权重，从而更准确地反映当前产出的生产或消耗模式。新的基年应能代表经济的正常运转情况——基年中不应该有重大的冲击或改变。一些发展中国家已有很多年没有对其国民经济核算的基础进行重新确定。沿用旧的基年可能会得到错误的结论，因为其隐含价格及产量权重的相关性和适用性在逐渐下降。

为得到更具可比性的不变价格数据序列用以计算总量，世界银行根据产业起源重新调整了GDP和附加值的共同基年。今年的《世界发展指标》将继续使用2000年作为基年。由于重新调整将改变地区及不同收入组别在加总时的隐含权重，今年本书中的总增长率与过去使用不同基年时的数据不具有可比性。

国民经济核算基础的重新确定可能会造成重新调整后的GDP与重新调整后各组成部分的加总值不一致。为避免增长率出现扭曲，这一差值将不做调整。因此，按不同组成部分加权得到的增长率通常与GDP增长率不相等。

调整后的净储蓄额

调整后的净储蓄额用来衡量经济体中全部资产进行减值和耗减后一国的真实财富值。如果一国调整后的净储蓄额为正数，并且调整的计算中涵盖了足够广泛的资产范围，则经济学理论表明，该国的社会福利现值正在增加。相反地，调整后净储蓄额持续为负数，表明社会福利的现值正在减小，也就是说经济处于不可持续的发展路径之上。

调整后的净储蓄额是在标准的国民经济核算的总储蓄额基础之上，经过四步调整得到的。第一步，扣除生产性资产的固定资本消耗的估计值，得到净储蓄额。第二步，在净储蓄额之上加上当期用于教育的公共开支（在标准国民经济核算中这些开支被算入消费中）。第三步，扣除对各种自然资源耗损的估计值，用以反映资产的生产过程中其减值情况。第四步，为二氧化碳的排放与当地环境污染造成的损失做出扣减。对自然资源的耗损及环境的恶化做出计算后，调整后的净储蓄额超出了SNA中对储蓄及净储蓄额的定义。

国际收支平衡表

国际收支平衡表记录了经济体与世界其他经济体的交易情况。国际收支平衡表账户分为两类：经常账户用于记录产品、服务、营业收入和非营业收入的交易情况；资本和金融账户用于记录资本转移、非生产性非金融资产的买卖以及金融资产和负债的交易情况。经常账户余额是最具分析价值的国际收支失衡指标之一。

建立国际收支平衡表账户最主要的目的之一是为了表明是否需要对国际收支失衡做出调整。为了分析的目的需要明确标准，判断出最能表明需要进行调整的账户失衡。对此以及相关的分析存在许多常用的定义。贸易余额是指商品进出口之间的差额。从分析角度来看，将商品和服务区分开来并没有意义。比如，一家送货公司挣得一单位外币与商品出口企业挣得的一单位外币对国际收支平衡表的作用没有区别。尽管如此，贸易余额仍具有实用性，因为通常它是最能及时反映经常账户余额趋势的指标。通常情况下，海关对商品贸易数据的提供要远早于服务贸易数据。

自2012年8月起，国际货币基金组织将在其主要统计类出版物中正式开始使用国际收支手册第六版（BPM 6）体系。2013年4月起，世界银行也将在其在线数据库及出版物中使用BPM 6。2005年以前的国际收支数据将与BPM 6保持一致。2008年以前的BPM5数据可在世界发展指标档案库中进行查阅。

完整的国际收支平衡表统计方法可通过国际货币基金

组织官方网站进行查询（www. imf. org/external/np/sta/bop/bop. htm）。

政府财政

中央政府现金盈余或赤字是政府运作可持续性的简要度量方法，与国民账户中的储蓄加净资本转移应收额，及2001年国际货币基金组织更新的《政府财政统计手册》中的净营业余额均具有可比性。

2001年版的手册与1993年版的SNA保持一致，推荐使用权责发生制原则，对所有对资产、负债、收入以及费用产生影响的经济活动进行关注，而不仅仅是那些出现现金收付的活动上。权责发生制将股票的全部变化入账，因此会计期末的股票数据等于期初数据加上期间的变动。1986年版的手册仅将债务入账。

对于大多数国家来说，中央政府的财政数据均合并入一个账户，但另外有些国家的中央政府只有预算账户。仅统计预算数据的国家参见原始数据文档。由于预算账户可能并不包含全部中央政府单位（比如社会保障基金），因而其反映的信息可能并不完善。联邦国家的中央政府账户所反映的财政信息就不完善。

政府收入及费用的数据由国际货币基金组织向成员国发放问卷和经济合作与发展组织（OECD）共同收集。虽然国际货币基金组织努力推行数据收集的标准化，但统计数据仍然不够完整和及时，在国家间不具有可比性。

政府财政统计数据以本币计量。各指标均以GDP占比的形式体现。许多国家的政府财政均以财政年度为单位出具报告；有关国家财政年度的信息，请参阅原始数据文件。

金融账户

记录货币供给的货币与金融账户处于一国金融系统的核心位置。普遍使用的货币供给的定义有以下几种。M1是最狭义的货币供给，包含了大众持有的货币及在银行的活期存款。M2包含了M1及银行的定期存款和储蓄存款额，这两种存款提款需要提前告知。M3包含了M2及各种货币市场工具，比如银行发行的大额存单、外币计价的银行存款以及在非银行金融机构的存款。不管如何定义，货币是银行体系的负债，由于具有交换媒介、价值尺度以及价值贮藏的特殊职能，而有别于其他任何类型的银行负债。

经济中价格水平的普遍地持续性上涨称为通货膨胀。经济中商品和服务的平均价格的上涨与个别商品和服务价格的相对变化有所不同。一般来说，随着价格水平的整体上涨，相对价格的结构将发生变化，但只有价格的普遍性上涨而不仅是相对价格的变化，才会构成通货膨胀。消费者价格指数是一种常用的通货膨胀计量方法，它衡量了代表性家庭购买一篮子代表性商品和服务的价格。消费者价格指数通常以消费价格的定期调查结果为基准进行计算。其他价格指数均或多或少地源自当前及不变价格序列指数。

消费者价格指数的统计更频繁，因而更具时效性。其计算很明确，使用既定的一篮子消费性商品和服务价格的调查结果。不过，应该注意对消费者价格指数的解释。不同国家之间的消费价格调查，对家庭、一篮子商品以及地理（城镇或乡村）和收入群体范围的定义千差万别。另外，权重是通过家庭消费调查结果确定的，而由于发展中国家经费不足，调查的频率较低，进而削弱了不同时期间数据的可比性。消费者价格指数对于衡量国内通货膨胀水平十分有效，但在国家间进行比较的价值较低。

定义

国内生产总值（GDP）以购买价格计算，是经济体内全体常驻生产者生产的总附加值与产出计价时未包含的产品税（抵减补贴）的总和。计算GDP时无须扣除资本资产成品的减值和自然资源的耗减。附加值是指加总产业中全部产出并扣减中期投入后的净产出额。**总储蓄**是国民总收入与公共及私人消费之间的差值，再加上经常项目转移净额的结果。**调整后的净储蓄**衡量了扣除资本收益后，某套特定资产的价值变化。调整后的净储蓄额是净储蓄额加上教育开支，减去能源耗损、矿产耗损、净森林耗损以及二氧化碳和颗粒物排放造成的污染后，得到的结果。**经常项目余额**是在商品及服务净出口额的总和中，扣减营业收入及非营业收入的结果。**中央政府现金盈余或赤字**是在收入（包含拨款）中减掉费用，再减掉非金融资产的净收购额后的结果。在2005年之前的版本中，非金融资产包含在收入和支出项下，以总额计价。这种现金盈余或赤字与之前的总预算余额类似（仍然遗漏了贷款减掉偿还额，作为金融项目，这部分包含在金融资产净收购额项下）。**中央政府债务**是指某一特定日期时，政府在固定期限内负担的全部直接合同义务存量。其中包括国内及国外债务，比如货币存款，证券和贷款。中央政府债务是在政府负债总额上扣减政府持有的股票及金融衍生品后的结果。由于负债是存量而非流量，中央政府债务代表了特定日期，通常是财政年度最后一天的债务额。**消费者价格指数**反映了代表性消费者购买一篮子固定或定期（比如每年）调整的商品及服务的价格变化。通常使用拉斯佩雷斯公式进行计算。**广义货币**（IFS line 35L . ZK）包含了银行外的货币；持有者非中央政府的活期存款；除中央政府外居民部门的定期存款、储蓄存款以及外币存款；银行支票和旅行支票；其他证券，如大额存单及商业票据。

数据资料来源

大多数国家的GDP数据来自于各国国家统计局、中央银行以及常驻世界银行的代表团；某些特定高收入经济体的数据来自于OECD统计结果。2012—2013年GDP增长率估计值与2013—2014年的预测值来自世界银行的全球经济前景数据库。总储蓄额数据来自于世界银行的国民账户数据文件。调整后的净储蓄额数据基于Hamilton和Clemens（1999）的理论，使用联合国统计司发布的《国民账户统计数据：主要加总及明细表》中，预测至2010年的固定资本消耗数据进行计算；教育支出数据来自于联合国教科文组织统计司的在线数据库，其中遗漏的数据由世界银行进行估算；森林、能源及矿产资源的耗减数据基于世界银行（2011）的资料和统计方法；二氧化碳所造成的破坏的估计方法来自Fankhauser（1994），排放数据则来自国际能源署（2013）；地区空气污染浓度的预测采用Pandey等人（2006）的方法，而空气质量的监测数据来自世界卫生组织的全球健康观察数据库、亚洲清洁空气中心的城市—行动数据库、欧洲环境署的数据库以及美国国家环境保护局的数据库。经常项目余额数据来自国际货币基金组织出版的《国际收支统计年鉴》和《国际金融统计》。中央政府财政数据来自国际货币基金组织的政府财政统计数据库。消费者价格指数数据来自国际货币基金组织出版的《国际金融统计》。广义货币数据来自国际货币基金组织出版的《国际金融统计》及每年的《国际金融统计年鉴》。

参考文献

Asian Development Bank. 2012. *Asian Development Outlook 2012 Update: Services and Asia's Future Growth.* Manila.

De la Torre, Augusto, Eduardo Levy Yeyati, Samuel Pienknagura. 2013. *Latin America's Deceleration and the Exchange Rate Buffer.* Semiannual Report, Office of the Chief Economist. Washington, DC: World Bank.

Fankhauser, Samuel. 1994. "The Social Costs of Greenhouse Gas Emissions: An Expected Value Approach." *Energy Journal* 15 (2): 157–84.

Hamilton, Kirk, and Michael Clemens. 1999. "Genuine Savings Rates in Developing Countries." *World Bank Economic Review* 13(2): 333–356.

IMF (International Monetary Fund). 2001. *Government Finance Statistics Manual.* Washington, DC.

International Energy Agency. 2013. IEA CO2 Emissions from Fuel Combustion Statistics database. [http://dx.doi.org/10.1787/data-00430-en]. Paris.

Pandey, Kiran D., Katharine Bolt, Uwe Deichmann, Kirk Hamilton, Bart Ostro, and David Wheeler. 2006. "The Human Cost of Air Pollution: New Estimates for Developing Countries." World Bank, Development Research Group and Environment Department, Washington, DC.

United Nations Statistics Division. Various years. *National Accounts Statistics: Main Aggregates and Detailed Tables. Parts 1 and 2.* New York: United Nations.

World Bank. 2011. *The Changing Wealth of Nations: Measuring Sustainable Development for the New Millennium.* Washington, DC.

———. 2013a. *East Asia and Pacific Economic Update 2013: Rebuilding Policy Buffers, Reinvigorating Growth.* Washington, DC.

———. 2013b. *South Asia Economic Focus—Regaining Momentum.* Washington, DC.

———. 2013c. *Africa's Pulse: An Analysis of Issues Shaping Africa's Economic Future.* Volume 8, October. Washington, DC.

———. 2013d. EU11 *Regular Economic Report.* Issue 26, January. Washington, DC.

———. 2013e. EU11 *Regular Economic Report.* Issue 27, June. Washington, DC.

———. 2013f. *Global Economic Prospects, Volume 7, June 13: Assuring Growth over the Medium Term.* Washington, DC.

———. 2014. *Global Economic Prospects: Coping with Policy Normalization in High-income Countries.* Volume 8, January 14. Washington, DC.

———. Various years. *World Development Indicators.* Washington, DC.

4 经 济

在线表格和指标

若要获取《世界发展指标》在线表格，请使用网址 http：// wdi. worldbank. org/table/和表格编号（例如，http：//wdi. worldbank. org/table/4. 1）。若要查看特定的在线指标，请使用网址 http：//data. worldbank. org/indicator/和指标编码（例如，http：//data. worldbank. org/Indicator/NY. GDP. MKTP. KD. ZG）。

4.1 产出增长

国内生产总值	NY. GDP. MKTP. KD. ZG
农业	NV. AGR. TOTL. KD. ZG
工业	NV. IND. TOTL. KD. ZG
制造业	NV. IND. MANF. KD. ZG
服务业	NV. SRV. TETC. KD. ZG

4.2 产出结构

国内生产总值	NY. GDP. MKTP. CD
农业	NV. AGR. TOTL. ZS
工业	NV. IND. TOTL. ZS
制造业	NV. IND. MANF. ZS
服务业	NV. SRV. TETC. ZS

4.3 制造业结构

制造业增加值	NV. IND. MANF. CD
食品、饮料和烟草	NV. MNF. FBTO. ZS. UN
纺织品和服装	NV. MNF. TXTL. ZS. UN
机械和交通设备	NV. MNF. MTRN. ZS. UN
化工	NV. MNF. CHEM. ZS. UN
其他制造业	NV. MNF. OTHR. ZS. UN

4.4 商品出口结构

商品出口	TX. VAL. MRCH. CD. WT
粮食	TX. VAL. FOOD. ZS. UN
农业原材料	TX. VAL. AGRI. ZS. UN
燃料	TX. VAL. FUEL. ZS. UN
矿砂与金属	TX. VAL. MMTL. ZS. UN
制成品	TX. VAL. MANF. ZS. UN

4.5 商品进口结构

商品进口	TM. VAL. MRCH. CD. WT
粮食	TM. VAL. FOOD. ZS. UN
农业原材料	TM. VAL. AGRI. ZS. UN
燃料	TM. VAL. FUEL. ZS. UN
矿砂与金属	TM. VAL. MMTL. ZS. UN
制成品	TM. VAL. MANF. ZS. UN

4.6 服务业出口结构

商业服务出口	TX. VAL. SERV. CD. WT
运输	TX. VAL. TRAN. ZS. WT
旅游	TX. VAL. TRVL. ZS. WT
保险和金融服务	TX. VAL. INSF. ZS. WT
计算机、信息、通讯和其他商业服务	TX. VAL. OTHR. ZS. WT

4.7 服务业进口结构

商业服务进口	TM. VAL. SERV. CD. WT
运输	TM. VAL. TRAN. ZS. WT
旅游	TM. VAL. TRVL. ZS. WT
保险和金融服务	TM. VAL. INSF. ZS. WT
计算机、信息、通讯和其他商业服务	TM. VAL. OTHR. ZS. WT

4.8 需求结构

家庭最终消费支出	NE. CON. PETC. ZS
一般政府最终消费支出	NE. CON. GOVT. ZS
资本形成总值	NE. GDI. TOTL. ZS
货物和服务出口	NE. EXP. GNFS. ZS
货物和服务进口	NE. IMP. GNFS. ZS
储蓄总额	NY. GNS. ICTR. ZS

4.9 消费和投资的增长

家庭最终消费支出	NE. CON. PRVT. KD. ZG
人均家庭最终消费支出	NE. CON. PRVT. PC. KD. ZG
一般政府最终消费支出	NE. CON. GOVT. KD. ZG
资本形成总额	NE. GDI. TOTL. KD. ZG
货物和服务出口	NE. EXP. GNFS. KD. ZG
货物和服务进口	NE. IMP. GNFS. KD. ZG

4.10 对国民收入更全面的衡量

国内生产总值，美元	NY. GDP. MKTP. CD
国民总收入，美元	NY. GNP. MKTP. CD
固定资产消耗	NY. ADJ. DKAP. GN. ZS
自然资源消耗	NY. ADJ. DRES. GN. ZS
调整后的净国民收入	NY. ADJ. NNTY. CD
国内生产总值，增长百分比	NY. GDP. MKTP. KD. ZG
国民总收入，增长百分比	NY. GNP. MKTP. KD. ZG
调整后的净国民收入，增长百分比	NY. ADJ. NNTY. KD. ZG

4.11 对储蓄更全面的衡量

总储蓄	NY. ADJ. ICTR. GN. ZS
固定资产消耗	NY. ADJ. DKAP. GN. ZS
教育支出	NY. ADJ. AEDU. GN. ZS
净森林消耗	NY. ADJ. DFOR. GN. ZS
能源消耗	NY. ADJ. DNGY. GN. ZS
矿产消耗	NY. ADJ. DMIN. GN. ZS
二氧化碳损害	NY. ADJ. DCO2. GN. ZS
当地污染损害	NY. ADJ. DPEM. GN. ZS
调整后的净储蓄	NY. ADJ. SVNG. GN. ZS

4.12 中央政府的财政

收入	GC. REV. XGRT. GD. ZS
支出	GC. XPN. TOTL. GD. ZS
现金盈余或赤字	GC. BAL. CASH. GD. ZS
净债务，国内债务	GC. FIN. DOMS. GD. ZS
净债务，外债	GC. FIN. FRGN. GD. ZS
债务和利息支付，总债务	GC. DOD. TOTL. GD. ZS
债务和利息支付，利息	GC. XPN. INTP. RV. ZS

4.13 中央政府的支出

货物和服务	GC. XPN. GSRV. ZS
员工报酬	GC. XPN. COMP. ZS
利息支付	GC. XPN. INTP. ZS
补贴和其他转移支付	GC. XPN. TRFT. ZS
其他支出	GC. XPN. OTHR. ZS

4.14 中央政府的收入

所得税、利得税和资本收益税	GC. TAX. YPKG. RV. ZS
货物和服务税	GC. TAX. GSRV. RV. ZS
国际贸易税	GC. TAX. INTT. RV. ZS
其他税款	GC. TAX. OTHR. RV. ZS
社会缴款	GC. REV. SOCL. ZS
赠款和其他收入	GC. REV. GOTR. ZS

4.15 货币指标

广义货币	FM. LBL. BMNY. ZG
对国内经济的债权	FM. AST. DOMO. ZG. M3
对中央政府的债权	FM. AST. CGOV. ZG. M3
存款利率	FR. INR. DPST
贷款利率	FR. INR. LEND
实际利率	FR. INR. RINR

4.16 汇率和价格

官方汇率	PA. NUS. FCRF
购买力平价转换因子	PA. NUS. PPP
购买力平价转换因子与市场汇率的比率	PA. NUS. PPPC. RF
实际有效汇率	PX. REX. REER
GDP 隐含平减指数	NY. GDP. DEFL. KD. ZG
消费价格指数	FP. CPI. TOTL. ZG
批发价格指数	FP. WPI. TOTL

4.17 经常账户收支

货物和服务出口	BX. GSR. GNFS. CD
货物和服务进口	BM. GSR. GNFS. CD
初次收入余额	BN. GSR. FCTY. CD
二次收入余额	BN. TRF. CURR. CD
经常账户余额	BN. CAB. XOKA. CD
储蓄总额	FI. RES. TOTL. CD

政府与市场

5

本章涵盖的指标包括：私人部门投资和发展状况、公共部门在促进投资和增长中发挥的作用以及增长和发展所必需的基础设施质量和配备情况。这些指标对商业环境、政府职能、金融系统发展、基础设施建设、信息和通讯技术、科技、政府表现及其政策落实情况以及机构低效的脆弱国家的情况等方面进行了刻画。

融资渠道、信贷配备和服务费用的数据帮助我们更好地了解金融业的发展状况。信贷是资金转移过程中的重要一环，它为生产、消费和资本形成提供资金，影响着经济活动。家庭部门、私人公司和公共企业对信贷的获取显示出经济体中银行和金融部门的发展深度。2012 年，较之其他发展中地区，东亚和太平洋地区为私人部门提供了更多信贷，达到 GDP 的 122%。

前几年我们展示了国内信贷总量以及私人部门信贷占 GDP 的比重。数据来自国际货币基金组织（IMF）国际金融统计数据库。2009 年 IMF 开始发布国家的一系列新的货币统计，与 IMF 的《货币和金融统计手册 2000》和《金融统计编制指南 2008》相一致。新版本中的货币与金融统计与 1993 年国民账户体系中的金融账户相一致。在本书中我们修订了指标名称使定义更明确。更重要的是我们加入了一个新的指标：银行对私人部门的国内信贷，代表国内银行为私人公司提供的资源。

金融部门提供的国内信贷（之前银行部门提供的国内信贷）的相关数据来自金融公司调查，或在可能的情况下来自存款公司的调查。与此相似，私人部门的国内信贷的数据显示出金融公司或可能的情况下存款公司对私人部门的债权。金融公司或准公司原则上进行金融中介或相关的辅助金融活动。它包含了存款公司（中央银行和其他存款公司）和其他金融公司，如金融租赁公司、贷款机构、保险公司、养老基金和外汇公司的数据。新公布的数据通常起始于 2001 年 12 月，而且比世界发展指标数据库中先前公布的数字略高。

IMF 计划很快推出与 2008 年国民账户体系和《国际收支和国际投资头寸手册（第六版）》相配合的《货币和金融统计手册》以及《货币和金融统计编制指南》。最新的信息、手册和指南可以在 IMF 网站中找到（http：//www. imf. org/external/data. htm#guide）。

主要经济体对银行要求更高的资本对资产比率

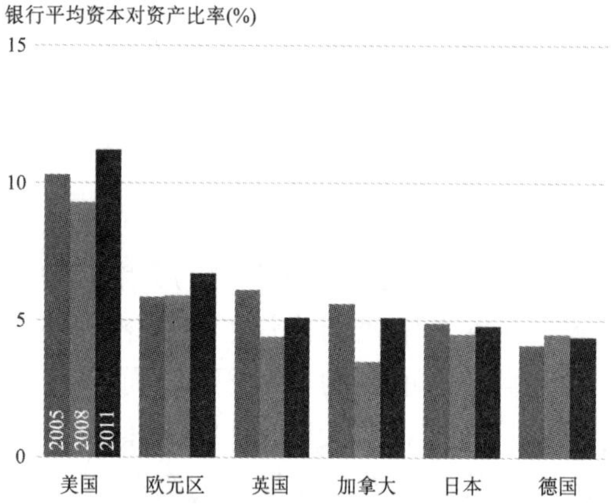

资料来源：在线表格 5.5。

资本对资产比率衡量银行的偿付能力和弹性，即银行能在多大程度上应对意外损失。在全球金融危机中银行面临很大压力，银行破产的可能性和成本促使国家重新考虑对银行的监管措施。许多主要经济体对银行要求更高的最低资本比率，以确保银行有足够能力偿还负债以及保护储户和其他贷款人。美国的平均资本对资产比率从 2008 年的 9.3% 上升到 2011 年的 11.2%。维持更高比率的还有欧元区国家（6.7%）和英国（5.1%）。日本和德国则相反，由于银行业的情况而保持这个比率低于 5%。

发展中国家高科技出口比例上升

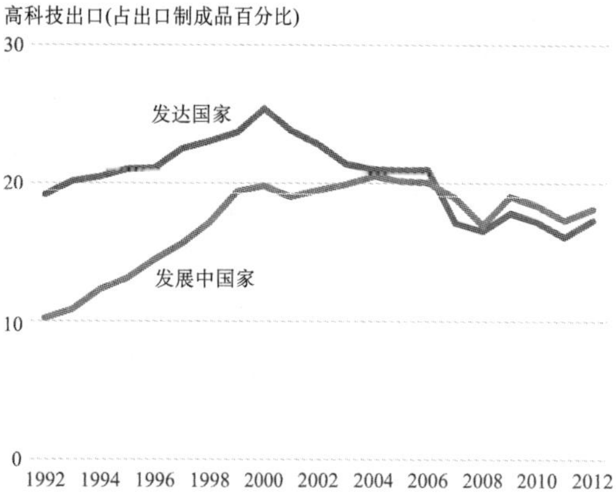

资料来源：在线表格 5.13。

出口是工业竞争力和经济发展的动力。制造业出口商品中高科技产品的比例是一个经济体创新能力的普遍指标。在 20 世纪 90 年代初，发达国家的高科技商品出口比例是发展中国家的两倍。从那以后，发展中国家的出口增长迅速，形式多样，从传统的资源和劳动力密集型产品向高科技制造业转变。2004 年发达国家和发展中国家之间的这一差距已经消失，均为 21%。此后这一比例有所下降，2012 年发展中国家为 18% 而发达国家为 17%。

不同地区的固定宽带互联网普及率大为不同

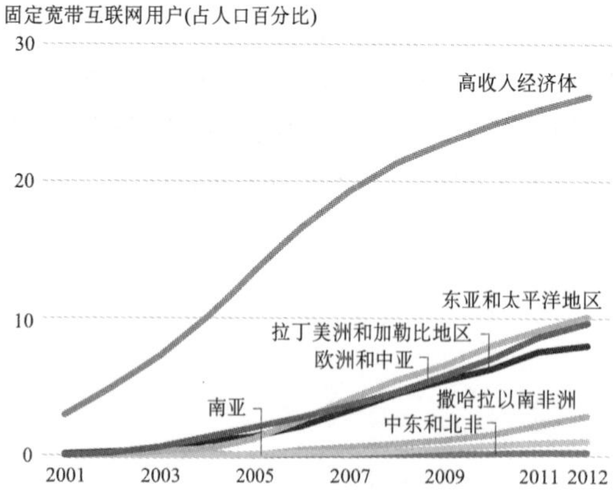

资料来源：国际电信联盟的世界电信/ICT 指标数据库；在线表格 5.12。

经过超过 10 年的增长，2012 年年末世界上共有 6.4 亿固定宽带用户，全球普及率为 9%。超过 3.4 亿的用户来自高收入国家，普及率达到 36%。中、低收入经济体中不到 3 亿的用户说明普及率极低，只有 5%。地区间的差距很大。普及率最低的区域在南亚（1.1%）和撒哈拉以南非洲（0.2%），最高的为欧洲和中亚（超过 10%），紧随其后的是东亚和太平洋地区（9.7%）与拉丁美洲和加勒比地区（8%）。中东和北非仍然十分落后，仅为 3%。

中等收入国家电力消耗激增

在1991—2011年间，全球电力消费增加了82%，其中低收入国家增加了69%。尽管低收入国家人口增加了60%，它们在全球电力消耗中所占比重相对稳定。高收入国家消耗比重从76%下降到56%。中等收入国家消耗的占比则从24%上升到43%，其中中国的因素占了一半。中等收入国家人均电力消耗增加了152%，从1991年的721千瓦时升高到2011年的1816千瓦时。

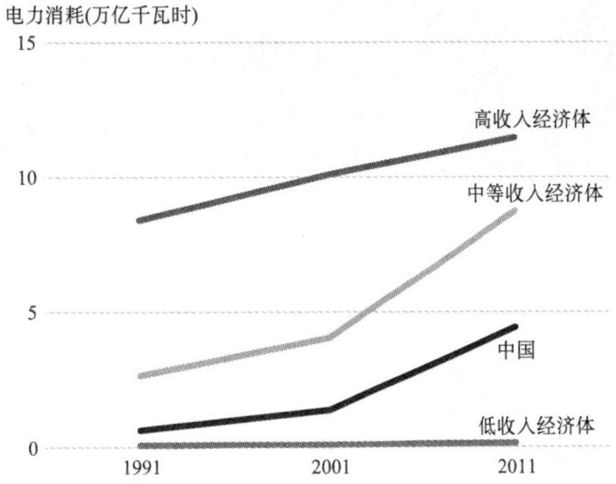

资料来源：在线表格5.11。

发展中国家营业税税率下降

税收为很多社会和经济活动提供资金，如公共物品和服务的提供以及向年老和失业人员的收入再分配。根据《营商环境报告》，高额公司税与公司的投资和企业活动负相关。2004—2012年间东亚和太平洋地区的国家将总税率下调了5个百分点，成为平均税率最低的地区，2012年为36%。下调幅度最大的是欧洲和中亚（18个百分点）以及撒哈拉以南非洲地区（19个百分点）。中东和北非的平均税率从2004年的56%下降到2005年的43%，但在那之后仅下调了3个百分点。东亚税率在2009年和2010年上升，但平均税率在2012年下降至41%。拉丁美洲和加勒比地区的平均税率变化较小。

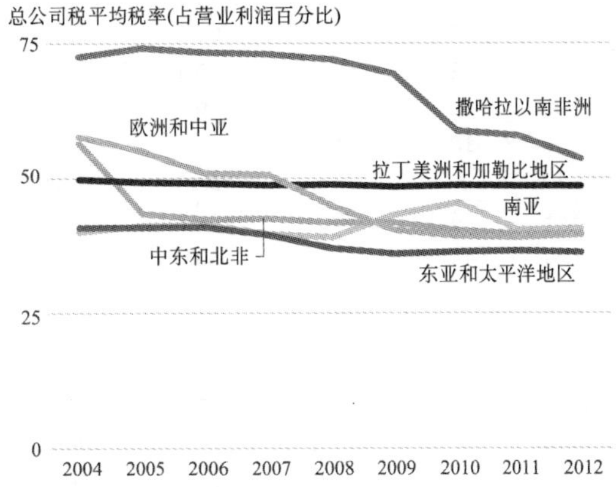

资料来源：在线表格5.3。

东亚和太平洋地区的航空公司业务增多

2002年到2012年全球航空旅客运输增加了76%，达到28亿人。所有地区的运载旅客人数均在增加，东亚和太平洋地区登记的飞机数量增加得最多。2002年北美登记飞机的运载人数占全球的38%，其次是东亚和太平洋地区为28%。欧洲和中亚保持在26%。东亚和太平洋地区登记飞机运载旅客人数的增加最快，从2002年的4.25亿人上升到2012年的8.1亿人。

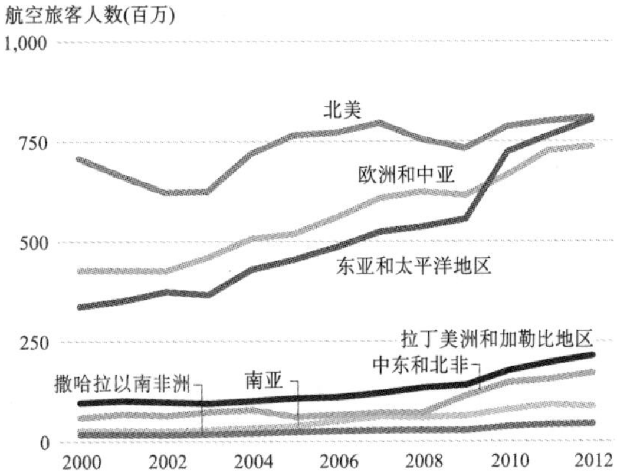

资料来源：在线表格5.10。

5 政府与市场

	商业准入密度	创办企业所需要的时间	股票市场资本总额	金融部门提供的国内信贷	中央政府税收收入	军事支出	人均耗电量	移动电话用量[a]	互联网用户[a]	高科技出口
	每千名15—64岁人员	天	占GDP的百分比	占GDP的百分比	占GDP的百分比	占GDP的百分比	千瓦时	每百人	占人口的百分比	占制成品出口的百分比
	2012	2013年6月	2012	2012	2012	2012	2011	2012	2012	2012
阿富汗	0.15	5	..	−4.0	7.5[b]	3.6	..	60	5	..
阿尔巴尼亚	0.88	5	..	66.5	..	1.5	2,022	111	55	0.4
阿尔及利亚	0.53	25	..	−2.1	*37.4*	4.6	1,091	98	15	0.1
美属萨摩亚	..	..	..	..	..	..	..	..	..	..
安道尔	..	..	..	..	..	..	..	82	86	..
安哥拉	..	66	..	15.9	19.0[b]	3.6	248	47	17	..
安提瓜和巴布达	..	21	..	98.0	19.7[b]	..	..	143	59	0.0
阿根廷	0.47	25	7.2	37.3	..	0.9	2,967	152	56	7.7
亚美尼亚	1.55	4	1.3	44.2	18.7[b]	3.9	1,755	112	39	2.6
阿鲁巴	..	..	..	*56.0*	..	..	..	132	74	10.2
澳大利亚	12.16	3	83.9	154.2	21.6	1.7	10,712	106	82	12.7
奥地利	0.50	25	26.9	135.0	18.9	0.8	8,374	161	81	12.8
阿塞拜疆	0.70	7	..	24.7	13.0[b]	4.6	1,705	109	54	7.3
巴哈马	..	24	..	105.0	15.7[b]	..	..	81	72	0.0
巴林	..	9	52.9	73.1	*1.1*	3.1	10,018	161	88	*0.2*
孟加拉国	0.09	11	15.0	69.0	*10.0*[b]	1.3	259	63	6	..
巴巴多斯	..	18	106.4	..	*25.2*	..	..	123	73	12.0
白俄罗斯	1.14	9	..	32.2	15.2[b]	1.2	3,628	114	47	2.9
比利时	2.48	4	62.1	116.7	25.7	1.1	8,021	111	82	11.4
伯利兹	4.31	44	..	63.0	22.6[b]	0.9	..	53	25	*4.8*
贝宁	..	15	..	19.7	15.5	1.0	..	84	4	*0.5*
百慕大	..	..	27.2	..	..	..	..	140	91	7.3
不丹	0.20	32	..	50.4	..	..	..	76	25	*0.0*
玻利维亚	0.56	49	16.4	48.7	..	1.5	623	90	34	9.2
波斯尼亚和黑塞哥维那	0.70	37	..	67.9	20.9	1.4	3,189	88	65	2.5
博茨瓦纳	12.30	60	31.6	14.9	27.2[b]	2.3	1,603	154	12	1.2
巴西	2.17	108	54.6	110.5	15.4[b]	1.5	2,438	125	50	10.5
文莱	..	101	..	13.5	..	2.4	8,507	114	60	12.8
保加利亚	9.03	18	13.1	71.0	19.6[b]	1.5	4,864	148	55	7.7
布基纳法索	0.15	13	..	19.3	16.3	1.4	..	61	4	*5.9*
布隆迪	..	5	..	26.1	..	2.4	..	23	1	2.7
佛得角	..	10	..	79.7	17.1[b]	*0.5*	..	86	35	*0.6*
柬埔寨	..	104	..	33.9	11.6	1.5	164	129	5	0.1
喀麦隆	..	15	..	15.0	..	1.4	256	60	6	3.7
加拿大	1.07	5	113.3	..	11.9	1.3	16,473	80	87	12.4
开曼群岛	..	..	..	..	..	..	..	172	74	..
中非共和国	..	22	..	26.3	9.4	*2.6*	..	25	3	*0.0*
乍得	..	62	..	5.3	..	*2.0*	..	35	2	..
海峡群岛	..	..	..	..	..	..	..	..	..	..
智利	5.69	6	116.1	108.0	18.9	2.0	3,568	138	61	4.6
中国	..	33	44.9	155.1	*10.6*[b]	2.0[c]	3,298	81	42	26.3
中国香港	28.12	3	420.9	200.6	*14.2*	..	5,949	229	73	16.2
中国澳门	..	..	..	−13.0	36.5[b]	..	..	290	64	0.0
哥伦比亚	2.00	15	70.9	72.9	13.3	3.3	1,123	103	49	5.2
科摩罗	..	15	..	21.6	..	..	..	40	6	..
刚果民主共和国	0.02	31	..	11.1	*13.7*[b]	1.8	105	31	2	..
刚果共和国	..	101	..	−8.9	..	*1.1*	172	99	6	*3.7*

	商业准入密度	创办企业所需要的时间	股票市场资本总额	金融部门提供的国内信贷	中央政府税收收入	军事支出	人均耗电量	移动电话用量[a]	互联网用户[a]	高科技出口
	每千名15–64岁人员	天	占GDP的百分比	占GDP的百分比	占GDP的百分比	占GDP的百分比	千瓦时	每百人	占人口的百分比	占制成品出口的百分比
	2012	2013年6月	2012	2012	2012	2012	2011	2012	2012	2012
哥斯达黎加	3.55	24	4.5	53.4	13.7	..	1,844	112	48	39.6
科特迪瓦	..	8	31.7	27.3	15.6	1.7	212	91	2	*15.1*
克罗地亚	2.82	8	36.4	96.3	19.6[b]	1.7	3,901	115	63	9.9
古巴	..	..	..	..	..	*3.3*	1,327	15	26	..
库拉索	..	..	..	..	..	..	..	..	..	..
塞浦路斯	22.51	8	8.8	347.3	25.5	2.1	4,271	98	61	13.0
捷克共和国	2.96	20	18.9	68.4	14.2[b]	1.1	6,289	127	75	16.1
丹麦	4.36	6	71.3	206.0	34.1	1.4	6,122	118	93	14.2
吉布提	..	17	..	..	..	..	..	25	8	..
多米尼克	*3.30*	12	..	62.4	23.4[b]	..	..	152	55	8.8
多米尼加共和国	1.05	19	..	46.5	*12.8*	0.6	893	87	45	2.7
厄瓜多尔	..	56	7.0	29.2	..	2.8	1,192	106	35	2.5
埃及	..	8	22.1	77.7	13.2[b]	1.7	1,743	120	44	0.6
萨尔瓦多	0.48	17	45.0	66.1	14.5	1.0	830	137	26	4.7
赤道几内亚	..	135	..	−3.5	..	..	..	68	14	..
厄立特里亚	..	84	..	*104.0*	..	..	49	5	1	..
爱沙尼亚	*7.92*	7	10.4	77.2	16.5	1.9	6,279	160	79	10.7
埃塞俄比亚	*0.03*	15	..	..	*9.4*[b]	0.9	52	22	1	2.4
法罗群岛	..	..	..	..	..	..	..	119	85	..
斐济	..	59	11.6	116.3	..	1.5	..	98	34	2.1
芬兰	2.32	14	64.1	105.2	20.7	1.5	15,738	172	91	8.5
法国	2.88	7	69.8	136.4	22.0	2.3	7,289	97	83	25.4
法属波利尼西亚	..	..	..	..	..	..	..	83	53	2.5
加蓬	*4.11*	50	..	13.2	..	1.4	907	179	9	..
冈比亚	..	27	..	44.4	..	..	..	85	12	*3.3*
格鲁吉亚	4.86	2	6.0	35.0	24.1[b]	2.9	1,918	108	46	2.4
德国	1.29	15	43.4	122.5	11.9	1.3	7,081	112	84	15.8
加纳	0.90	14	8.5	32.3	*14.9*[b]	0.3	344	101	17	7.3
希腊	*0.77*	14	17.9	135.5	22.5	2.6	5,380	120	56	9.2
格陵兰	..	..	..	..	..	..	..	105	65	*2.4*
格林纳达	..	15	..	95.2	19.5[b]	..	..	121	42	..
关岛	..	..	..	..	..	..	..	..	62	..
危地马拉	0.52	20	..	39.2	10.9[b]	0.4	539	138	16	4.7
几内亚	0.23	16	..	*32.2*	..	..	..	42	1	..
几内亚比绍	..	9	..	20.3	..	2.0	..	63	3	..
圭亚那	..	20	21.4	50.6	..	1.1	..	69	33	0.1
海地	0.06	97	..	19.6	..	..	32	60	10	..
洪都拉斯	..	14	..	55.9	14.7	1.1	708	93	18	..
匈牙利	4.75	5	16.9	68.7	23.3	0.8	3,895	116	72	18.1
冰岛	8.17	5	20.8	143.9	23.2	0.1	52,374	108	96	14.3
印度	0.12	27	68.0	75.9	10.7[b]	2.4	684	70	13	6.6
印度尼西亚	0.29	48	45.2	42.6	..	0.8	680	114	15	7.3
伊朗	..	16	25.5	*18.0*	..	..	2,649	76	26	*4.1*
伊拉克	0.13	29	..	−1.8	..	2.8	1,343	82	7	..
爱尔兰	4.50	10	51.7	201.7	23.2	0.6	5,701	107	79	22.6
马恩岛	45.27	..	..	..	..	..	..	..	..	..
以色列	2.96	14	*56.1*	..	22.1	5.7	6,926	121	73	15.8

	商业准入密度	创办企业所需要的时间	股票市场资本总额	金融部门提供的国内信贷	中央政府税收收入	军事支出	人均耗电量	移动电话用量[a]	互联网用户[a]	高科技出口
	每千名15—64岁人员	天	占GDP的百分比	占GDP的百分比	占GDP的百分比	占GDP的百分比	千瓦时	每百人	占人口的百分比	占制成品出口的百分比
	2012	2013年6月	2012	2012	2012	2012	2011	2012	2012	2012
意大利	1.91	6	23.8	167.5	23.2	1.7	5,393	160	58	7.1
牙买加	1.11	6	43.3	51.8	27.1	0.9	1,553	96	47	0.6
日本	1.15	22	61.8	346.1	10.1	1.0	7,848	111	79	17.4
约旦	0.98	12	87.0	114.2	15.3	4.7	2,289	128	41	*2.5*
哈萨克斯坦	1.71	12	11.5	41.1	..	1.2	4,893	186	53	30.0
肯尼亚	*0.84*	32	36.3	52.3	19.7[b]	2.0	155	71	32	*5.7*
基里巴斯	*0.11*	31	..	..	16.1[b]	..	..	16	11	38.5
朝鲜	..	..	..	..	..	..	739	7	0	..
韩国	2.03	6	104.5	168.7	*15.6*[b]	2.8	10,162	109	84	26.2
科索沃	1.22	30	..	21.0	..	..	2,947	..	..	..
科威特	..	32	53.0	47.9	0.7[b]	3.3	16,122	157	79	..
吉尔吉斯共和国	0.92	8	2.5	..	18.5[b]	*3.7*	1,642	124	22	4.6
老挝	*0.10*	92	..	*26.5*	14.8[b]	*0.2*	..	65	11	..
拉脱维亚	11.63	13	3.9	62.9	13.8[b]	0.9	3,264	112	74	9.8
黎巴嫩	..	9	24.0	176.4	15.6	4.0	3,499	81	61	2.0
莱索托	1.49	29	..	3.2	..	1.9	..	75	5	..
利比里亚	..	5	..	33.9	20.9[b]	0.8	..	57	4	..
利比亚	..	35	..	..	..	..	3,926	156	*14*	..
列支敦士登	*25.11*	..	..	..	..	..	..	97	89	..
立陶宛	4.71	7	9.4	52.0	13.4	1.0	3,530	165	68	10.4
卢森堡	20.98	19	127.5	173.6	26.1	0.6	15,530	145	92	8.1
前南斯拉夫马其顿共和国	3.60	2	5.8	48.9	16.6[b]	1.4	3,881	106	63	3.9
马达加斯加	0.05	8	..	12.9	*10.1*	0.7	..	39	2	0.4
马拉维	*0.08*	40	17.7	35.6	..	0.9	..	29	4	*3.2*
马来西亚	2.28	6	156.2	134.0	16.1[b]	1.5	4,246	141	66	43.7
马尔代夫	*4.39*	9	..	83.9	*15.6*[b]	..	..	166	39	..
马里	..	11	..	19.7	*14.6*	1.4	..	98	2	1.2
马耳他	13.61	40	41.6	154.2	27.5	0.6	4,689	127	70	45.7
马绍尔群岛	..	17	..	..	..	..	..	..	10	..
毛里塔尼亚	..	19	..	36.8	..	..	..	106	5	..
毛里求斯	7.40	6	67.6	113.7	19.0	0.2	..	120	41	0.9
墨西哥	0.88	6	44.6	47.0	..	0.6	2,092	83	38	16.3
密克罗尼西亚联邦	..	16	..	–19.1	..	..	..	30	26	..
摩尔多瓦	*1.63*	7	..	42.2	18.7[b]	0.3	1,470	102	43	4.8
摩纳哥	..	..	..	..	..	..	..	88	87	..
蒙古	..	11	12.6	30.8	18.3[b]	1.1	1,577	121	16	..
黑山	*10.66*	10	87.5	58.7	..	1.9	5,747	181	57	..
摩洛哥	*1.26*	11	54.8	115.4	24.5	3.5	826	120	55	6.4
莫桑比克	..	13	..	29.1	21.8[b]	*0.9*	447	36	5	24.7
缅甸	..	72	..	..	..	..	110	10	1	*0.0*
纳米比亚	0.85	66	10.0	49.5	*14.9*[b]	3.1	1,549	95	13	5.3
尼泊尔	0.66	17	21.9	67.9	13.8[b]	*1.4*	106	60	11	*0.3*
荷兰	4.44	4	84.5	216.2	21.1	1.3	7,036	118	93	20.1
新喀里多尼亚	..	..	..	..	..	..	..	91	58	10.6
新西兰	15.07	1	46.6	*154.0*	29.3	1.1	9,399	110	90	9.7
尼加拉瓜	..	36	..	44.0	15.0[b]	0.6	522	86	14	4.8
尼日尔	..	17	..	13.2	..	1.0	..	31	1	6.0

	商业准入密度	创办企业所需要的时间	股票市场资本总额	金融部门提供的国内信贷	中央政府税收收入	军事支出	人均耗电量	移动电话用量[a]	互联网用户[a]	高科技出口
	每千名15—64岁人员	天	占GDP的百分比	占GDP的百分比	占GDP的百分比	占GDP的百分比	千瓦时	每百人	占人口的百分比	占制成品出口的百分比
	2012	2013年6月	2012	2012	2012	2012	2011	2012	2012	2012
尼日利亚	0.91	28	21.5	35.6	2.7[b]	0.9	149	67	33	1.9
北马里亚纳群岛	..	..	..	..	..	..	..	..	..	..
挪威	7.83	7	50.6	..	27.3	1.4	23,174	117	95	18.8
阿曼	..	8	25.7	35.4	2.6[b]	8.6	6,292	159	60	3.4
巴基斯坦	0.04	21	19.4	45.8	10.1[b]	3.1	449	67	10	1.7
帕劳	..	28	..	..	..	..	..	83	..	..
巴拿马	14.10	6	34.6	89.0	..	..	1,829	178	45	*35.4*
巴布亚新几内亚	..	53	68.4	38.3	..	0.5	..	38	2	3.5
巴拉圭	..	35	3.8	37.2	12.4[b]	1.7	1,228	102	27	6.9
秘鲁	3.83	25	47.5	17.4	15.6[b]	1.3	1,248	98	38	3.5
菲律宾	0.27	35	105.6	50.9	12.9[b]	1.2	647	107	36	48.9
波兰	*0.53*	30	36.3	63.8	16.2	1.9	3,832	140	65	7.0
葡萄牙	*3.62*	3	30.9	198.9	20.9	1.8	4,848	116	64	4.1
波多黎各	..	6	..	..	..	..	..	83	51	..
卡塔尔	1.74	9	65.7	77.5	*14.7*[b]	*1.5*	15,755	127	88	*0.0*
罗马尼亚	4.12	9	9.4	54.3	18.8	1.3	2,639	105	50	6.4
俄罗斯	4.30	15	43.4	41.5	15.0	4.5	6,486	183	53	8.4
卢旺达	1.07	2	..	..	*13.3*[b]	1.1	..	50	8	2.5
萨摩亚	1.04	9	..	45.3	0.0[b]	..	..	..	13	0.1
圣马力诺	..	40	..	..	..	..	..	115	51	..
圣多美和普林西比	3.75	5	..	35.1	14.0	..	..	65	22	14.3
沙特阿拉伯	..	21	52.5	–10.5	..	8.0	8,161	187	54	*0.6*
塞内加尔	0.27	6	..	31.3	19.2	*1.5*	187	84	19	0.7
塞尔维亚	1.68	12	19.9	62.3	21.5[b]	2.2	4,474	118	48	..
塞舌尔	..	39	..	35.5	28.5[b]	0.8	..	148	47	..
塞拉利昂	0.32	12	..	14.0	10.9[b]	0.7	..	37	1	..
新加坡	8.04	3	150.8	99.5	14.5[b]	3.5	8,404	152	74	45.3
荷属圣马丁	..	..	..	..	..	..	..	..	..	..
斯洛伐克	5.11	19	5.1	..	12.4	1.1	5,348	112	80	9.3
斯洛文尼亚	4.36	6	14.3	93.8	17.9[b]	1.2	6,806	109	70	6.2
所罗门群岛	..	9	..	12.0	..	..	..	55	7	*87.4*
索马里	..	..	..	..	..	..	..	23	1	..
南非	6.54	19	159.3	187.2	26.4	1.2	4,604	131	41	5.5
南苏丹	0.73	17	..	..	..	9.4	..	21	..	..
西班牙	2.71	23	75.2	225.9	7.3	0.9	5,530	108	72	7.0
斯里兰卡	0.51	8	28.7	48.4	12.0[b]	2.4	490	92	18	0.9
圣基茨和尼维斯	*5.69*	19	*85.6*	105.6	19.3[b]	..	..	157	79	*0.1*
圣卢西亚	*3.00*	15	..	129.0	24.2[b]	..	..	126	49	..
法属圣马丁	..	..	..	..	..	..	..	..	..	..
圣文森特和格林纳丁斯	1.37	10	..	56.8	22.4[b]	..	..	124	48	0.1
苏丹	..	36	..	24.6	..	..	143	74[d]	21[d]	*0.7*
苏里南	1.63	208	..	25.4	19.4[b]	..	..	106	35	*6.5*
斯威士兰	..	38	..	21.1	..	3.2	..	65	21	..
瑞典	6.41	16	107.0	145.3	21.5	1.2	14,030	125	94	13.4
瑞士	2.53	18	171.0	192.9	*10.3*	0.8	7,928	130	85	25.8
叙利亚	*0.04*	13	..	*47.7*	..	*3.9*	1,715	59	24	*1.3*
塔吉克斯坦	0.26	33	..	13.1	..	..	1,714	82	15	..

	商业准入密度 每千名15—64岁人员 2012	创办企业所需要的时间 天 2013年6月	股票市场资本总额 占GDP的百分比 2012	金融部门提供的国内信贷 占GDP的百分比 2012	中央政府税收收入 占GDP的百分比 2012	军事支出 占GDP的百分比 2012	人均耗电量 千瓦时 2011	移动电话用量[a] 每百人 2012	互联网用户[a] 占人口的百分比 2012	高科技出口 占制成品出口的百分比 2012
坦桑尼亚	..	26	6.4	24.7	16.1[b]	1.1	92	57	4	10.2
泰国	0.86	28	104.7	169.6	16.5	1.5	2,316	127	27	20.5
东帝汶	2.76	94	..	–52.7	..	2.9	..	56	1	..
多哥	0.12	19	..	37.6	16.8	*1.6*	..	50	4	0.2
汤加	1.91	16	..	27.3	..	..	..	53	35	6.5
特立尼达和多巴哥	..	38	65.0	37.5	*28.3*[b]	..	6,332	141	60	*0.1*
突尼斯	*1.52*	11	19.5	82.3	20.8[b]	1.6	1,297	118	41	*5.6*
土耳其	0.79	6	39.1	71.9	20.4	2.3	2,709	91	45	1.8
土库曼斯坦	..	..	..	..	..	..	2,444	76	7	..
特克斯和凯科斯群岛	..	..	..	..	..	..	..	..	..	1.9
图瓦卢	..	..	..	..	..	..	..	28	35	..
乌干达	1.17	32	36.7	16.3	13.0[b]	1.4	..	45	15	20.7
乌克兰	0.92	21	11.7	80.2	18.3[b]	2.8	3,662	130	34	6.3
阿拉伯联合酋长国	1.38	8	17.7	76.5	0.4	*5.5*	9,389	150	85	..
英国	11.04	12	122.0	206.7	26.7	2.4	5,472	135	87	21.7
美国	..	5	114.9	229.9	10.2	4.2	13,246	95	81	17.8
乌拉圭	2.98	7	0.4	32.0	19.3[b]	1.9	2,810	147	55	9.3
乌兹别克斯坦	0.64	9	..	..	..	..	1,626	71	37	..
瓦努阿图	*2.34*	35	..	69.5	*16.1*[b]	..	..	59	11	*54.0*
委内瑞拉	..	144	6.6	42.0	..	1.1	3,313	102	44	*2.5*
越南	..	34	21.1	104.9	..	2.2	1,073	148	39	*14.5*
美属维尔京群岛	..	..	..	..	..	..	..	..	41	..
西岸和加沙	..	45	..	..	..	..	..	76	*41*	..
也门	..	40	..	26.9	..	4.0	193	58	17	0.2
赞比亚	1.36	7	14.6	18.6	*19.7*[b]	1.6	599	75	13	*24.8*
津巴布韦	..	90	120.5	..	..	3.2	757	92	17	5.9
世界整体	**3.83 u**	**25 u**	**75.3 w**	**169.0 w**	**14.5 w**	**2.9 w**	**3,044 w**	**89 w**	**36 w**	**17.6 w**
低收入国家	0.40	29	..	39.4	*12.8*	1.7	233	47	6	..
中等收入国家	2.25	28	48.9	104.7	*13.3*	3.3	1,816	88	30	18.2
中低收入国家	1.12	26	50.6	62.0	11.5	8.9	734	83	19	8.4
中高收入国家	3.01	30	48.4	116.8	*14.0*	1.8	2,932	92	42	20.8
中、低收入国家	1.86	28	48.6	103.6	*13.3*	3.3	1,646	82	26	18.1
东亚和太平洋地区	1.34	40[e]	51.5	141.5	*11.2*	1.9	2,582	89	36	26.5
欧洲和中亚	2.19	12[e]	25.6	62.6	19.7	2.0	2,951	108	43	8.2
拉丁美洲和加勒比地区	2.38	41[e]	43.3	73.6	..	1.3	1,985	108	43	11.7
中东和北非	0.55	21[e]	28.9	*37.4*	..	..	1,696	95	31	*2.2*
南亚	0.25	16[e]	59.1	71.1	10.6	2.4	605	69	12	6.2
撒哈拉以南非洲地区	2.09	27[e]	83.8	77.8	17.3	1.5	535	59	15	4.0
高收入国家	7.47	17	86.8	197.8	14.4	2.7	8,896	123	75	17.3
欧元区	6.75	13	51.6	153.3	17.7	1.5	6,599	120	76	15.2

a. 数据来自国际电信联盟（ITU）的世界电信/信息通信技术指标数据库。第三方引用这些数据时，请注明引自国际电信联盟。b. 数据基于现金收付制公布，并根据国际货币基金组织《2001 年政府财政统计手册》中的权责发生制进行了调整。c. 不同于中国政府的官方数字（1.3%；见中国国家统计局，www. stats. gov. cn）。d. 不包括南苏丹。e. 不同于营商环境网站（www. doingbusiness. org）上公布的数据，营商环境网站上公布的地区加总包括发达经济体。

关于数据

创业活动

经济体中新企业增加的速度能够衡量其活力及创业状况。企业进入密度的数据来自于世界银行2013年发布的创业数据库，其中涵盖了超过150个国家在2004—2012年之间的各种指标。我们将使用该调查数据对公司的成立、其与经济增长和消除贫困之间的关系以及管理与制度改革的成效等问题进行分析。注册公司总数的数据由各国注册登记机构提供。在对国家间数据进行比较时，仅考虑正式部门中有限责任公司的情况。更多有关数据来源、分析方法，创业率计算以及数据局限性的信息，可参阅 http://www.doingbusiness.org/data/exploretipics/entrepreneurship。

企业成立所需时间的数据来自营商环境数据库，数据库中囊括了对商业规程、监督效果、产权保护的有效性、就业管理的灵活性和企业税负程度等方面的度量指标。基本前提是经济活动需要切实可行且行之有效的规章制度。其中有些指标偏好完善的制度规范，比如要求对关联方交易执行更严格的披露制度；而其他指标则更倾向于简明的制度规范，例如，为企业审批程序提供一站式服务。数据库中的11套指标涵盖了关于新建企业、财产登记、施工许可、通电给水、合同执行、信贷审批、投资者保护、税费缴纳、跨境交易、破产保护以及雇佣员工等各方面问题。相关指标信息可参阅 www.doingbusiness.org。

营商环境的数据来自对某简单商业案例的标准化调查，从而保证了不同经济体之间、不同时点数据的可比性，案例对企业的法定形式、企业规模、地理位置以及经营性质做出了假设。我们对189个国家的超过10,200名专家、律师、经营顾问、会计师、运输代理、政府官员以及参与日常管理和提供法律法规意见的人士进行了调查。

营商环境项目采用的方法具有一定的局限性，应该在对数据进行解释时引起注意。第一，数据仅能代表各经济体最大的城市中的商业状况，而没有考虑其他地区的管理情况。为减弱这种局限性，我们收集了选定经济体的大量指标，结果表明一国不同城市之间，在改革的进程及经商的便利度上存在显著差异。第二，数据仅集中于某种特定的商业形式——一般来说是特定规模的有限责任公司——无法代表其他形式企业（比如个体企业）的管理情况。第三，标准商业案例中刻画的交易仅对一系列特定的问题进行了讨论，无法代表企业所要面临的全部问题。第四，涉及的时间指标建立在答题者的主观判断之上。当数据表明个人预期有所不同时，营商环境中的时间指标则仅代表给定标准化案例假设下不同结果的中间值。第五，这种方法假设企业完全知晓全部规定事项，因而在完成程序时不会浪费时间。构建各项指标时，已假设企业家了解并将遵循全部规定。但现实中，企业家并不了解全部程序，或者可能试图完全脱离法定程序。

金融体系

证券市场和银行系统均能促进经济增长，这是减少贫困的主要因素。当经济发展水平较低时，商业银行在金融体系中占主导地位；而当经济发展水平较高时，国内证券市场则更加活跃而高效。

当开放经济体拥有合理的宏观经济政策、完善的法律制度以及到位的股东权益保护时，它就更容易吸引资本，从而形成更大规模的金融市场。表格中数据包含了市值占国内生产总值（GDP）的比重，反映出证券市场的规模。市场规模也可使用其他方法来度量，排序也会相应有所变化。近期有关证券市场发展的研究表明，现代通讯技术和不断提高的金融集成化水平使跨境资本流动更加频繁，提升了全球金融业企业的表现，并促进了由贸易交换向海外上市的转移。许多新兴市场国家的企业已在海外上市，以便获得更低成本的资本并提高股份的流动性。不过，这也意味着新兴市场国家没有足够的金融活动支撑其证券市场的运转。由于理论及统计上存在限制，比如报告不实或会计标准不同，国家间的可比性受到限制。

标准普尔（S&P）指数对21个新兴国家证券市场及36个前沿市场的数据提供实时更新。标准普尔全球股票指数是领先新兴市场国家的股票指数，是为满足向外国投资组合开放的新兴市场中，指数跟踪型投资组合的投资需求而设计的。标普前沿市场指数用以反映36个规模较小，流动性较弱的市场表现。这些指数被广泛用作国际投资组合管理的标尺。有关指数详情，请参阅 www.spindices.com。

由于标普新兴市场分类下各市场发展水平千差万别，因而要判断市场走势时，最好能对全部市场类别进行分析。并且须知证券市场走势可能会受到货币兑换的干扰，特别是在一国货币严重贬值的情况下（Demirgüç－Kunt 和 Levine，1996；Beck 和 Levine，2001；Claessens、Klingebiel 和 Schmukler，2002）。

金融部门为国内提供的信贷额度占GDP的比重反映了银行业的深化程度和金融部门的规模发展水平。数据取自国际货币基金组织（IMF）对银行业的调查，记录在《国际金融统计》中，其他数据则自金融调查中补齐。金融调查中包含了各国货币当局（中央银行）、商业银行及其他银行类金融机构，如财务公司、发展银行及储蓄和贷款机构。一些国家的政府将持有的国际储备存入银行系统，而不放在中央银行。中央政府的债务以净值计（中央政府债务减去其存款），因而可能为负值，进而使得银行部门提供的国内信贷额度净值为负。

税收收入

税收是大多数政府收入的主要来源。税收收入占GDP的比重反映了各国的财政负担以及其对私人部门的激励情况。表格中仅包含中央政府的数据，这可能会严重地低估总税收负担，尤其是在省市级政府规模较大或者征税权利较大的国家。

税收收入在GDP中比重偏低可能反映了薄弱的行政能力以及严重的偷税漏税问题。较低的比重也可能说明经济中存在大规模未登记及未披露的收入。税收收入比率一般会随收入增加而提高。较之低收入国家，高收入国家能使用税收收入提供更多的公共服务和社会保障。

军事支出

虽然国防是政府的重要职能之一，但过高的防御及内乱开支会加重经济的负担，进而阻碍经济增长。军事支出占GDP的比重能够粗略地衡量一国投入军事活动的资源比率。作为一项“投入”，军费开支并不与军事活动、实力或安全性等“产出”直接相关联。国家间的比较应该考虑到许多因素，包括历史与文化传统、需防范的国境线长度、与邻国关系以及国民对武装力量的看法。

数据是由斯德哥尔摩国际和平研究所（SIPRI）提供的，其中军费开支数据的原始资料来自各国政府提供的官方数据。这些数据源自财政预算文件；国防白皮书及其他官方政府机构的公开文件，包括政府对SIPRI的调查问卷所做的回复；联合国裁军事务办公室或欧洲安全与合作组织等。二手资料来源包括国际统计数据，包括北大西洋公约组织（NATO）及国际货币基金组织《政府财政统计年鉴》。其他二手资料来源包括经济学人智库关于各国的报告、IMF专家关于各国的报告以及专业刊物。

当SIPRI无法做出独立估计时，它会使用由各国提供的数据。由于各国在定义上存在着不同，且在核实数据准确性和完整性方面存在困难，各国数据间并不完全具有可比性。但SIPRI在最大程度上保证各国数据的时间序列的可比性。更多关于SIPRI对军费支出项目的信息请参阅www. sipri. org/research/armaments/milex。

基础设施

一国包括电力和通讯在内的基础设施的质量，是一项关乎投资决策和经济发展的重要因素。国际能源署（IEA）从各国能源机构处收集电力消耗数据，并对其进行调整使之满足国际定义。辅助发电站的消耗，其中主要零件——变压器上的损耗以及泵送装置发电均包含在其中。只要数据可获得，使用主要能源来源——煤、石油、天然气、核能、水力、地热、风能、潮汐以及其他可替代能源——发送的电力将被计入其中。消耗数据并不能反映供给的可靠性，包括衰竭、负载系数以及断电的频率等。

国际电信联盟（ITU）估计，到2012年，全球移动电话签约量达到63亿部。没有任何一种技术曾有过如此之广的普及范围。移动通讯对农村地区有着极为重要的影响。移动通讯具有移动性、使用方便、架设灵活，以及相对较低且在不断下降的无线技术部署成本等特点，这些使之能够为收入及文化水平均较低的农村人口所接受。农村地区的贫困人口将为移动通讯技术贡献十亿需求。

从历史来看，移动类公司是电信数据的主要来源，因此多数国家移动电话签约量的信息较易获得。这是大体上的思路，但更精确的方法则是使用普及率——使用电信技术的家庭所占比重。过去几年中，住户及商业调查收集到了更多有关信息和通讯技术普及的信息。其他重要数据还包括电信服务实际使用的数据。由于数据提供及获得方面的法规不同，各国数据的质量也有所不同。

高科技出口

测定高科技出口的方法由经济合作与发展组织及欧盟统计局联合开发得到。使用建立在研发密度（支出除以总销售额）之上的“产品法”（而非“部门法”），对德国、意大利、日本、荷兰、瑞典以及美国的不同组别产品进行统计。由于生产某几种高科技产品的工业部门也能制造出低科技产品，因而产品法更适合于统计国际贸易。该方法仅考虑研发密度，而高科技的其他特点也很重要，比如专业技术、科研人员以及专利中包含的技术。基于这些特点的统计将得到另一种结果（参见Hatzichronoglou，1997）。

定义

商业准入密度，表示15—64岁的人中，每1,000人新登记注册的有限责任公司的数量。**创办企业所需要的时间**衡量在不考虑成本的前提下，合法完成成立公司的全部程序所需的最短时间。**股票市场资本总额**（亦即股市市值）是每股价格乘以流通股数量。**银行部门提供的国内信贷量**是指提供给各部门的总信贷量，其中不包括提供给中央政府的额度，该数额为净值。银行系统包括货币当局，商业银行以及其他可获得数据的银行类金融机构。**中央政府税收收入**是出于公共事业目的而强制转移给中央政府的资金。某些强制转移，比如罚款以及大部分社会保障缴纳均不包含在内。由于征收不当而导致的偿还及处罚，记为负的税收收入。IMF的《政府金融统计手册2001》（GFSM 2001）中的分析框架是建立在权责发生制的资产负债表上的。对于仍然以现金流报告政府财政数据的国家，IMF将对报告进行调整，以适应GFSM 2001的框架。这些国家将在表格脚注中特别说明。**军事支出**来自遵循北约旧时定义（生效期截至2002年）的SIPRI数据，其中包括全部花费在军事力量上的商品及资本支出，包括维和部队、国防部和其他负责国防项目的政府机构、准军事部队（如果被判定为军事行动进行训练，拥有装备）以及军事航天活动。这类开支包括军事及民事人员的养老金及军事人员的社会保障、运营及维护、采购、军事研发以及军事援助（包含在捐助国的军事支出中）。不包括在其中的项目有民防系统及目前花费在过去军事活动上的支出，比如退伍军人福利、复原以及武器改装及损坏。然而，由于更多有关军事预算及预算外军事支出的细节信息（比如军事预算是否覆盖民防系统、储备及辅助部队、警察及准军事部队以及军人抚恤）难以获得，因此这种定义并不适用于所有国家。**人均耗电量**是发电站产量加上热电厂产量减去运输、分送、转换的损失，再减去热电厂自身的耗用后，除以年终人口数。**移动电话用量**是指公共移动电话服务的签约量，该服务为蜂窝技术下的公共电话网络交换提供支持。预付签约及活跃预付账户（指过去3个月曾使用过的账户）均包含其中。这一指标适用于所有支持语音通信的移动蜂窝签约，且排除了对数据卡或USB调制解调器、公共移动数据服务、个人集群移动无线电、公用无绳电话系统、无线电寻呼以及遥感勘测技术服务的购买。**互联网用户**是指过去12个月曾（在任何地点）使用过互联网的个人所占的百分比。互联网的使用可通过电脑、手机、个人数字助理、游戏机、数字电视或类似设备。**高科技出口**是指研发密度较高的产品，比如航天工业、计算机、医药品、科学仪器以及电动机械。

数据资料来源

行业进入密度数据来自世界银行创业数据库（www.doingbusiness.org/data/exploretopics/entrepreneurship）。创立企业所需时间数据来自世界银行营商环境项目（www.doingbusiness.org）。股票市值数据来自标准普尔公司（2012）。国内信贷量数据来自国际货币基金组织公布的《国际金融统计数字》。中央政府税收数据来自IMF《政府金融统计数字》。军事支出数据来自SIPRI公布的军事支出数据库（www.sipri.org/databases/milex）。电力消耗数据来自IEA公布的《非经合组织国家能源数据统计》、《非经合组织国家能源平衡》和《经合组织国家能源统计数据》，以及联合国统计部门公布的《能源数据统计年鉴》。蜂窝移动电话签约和互联网个人用户数据来自ITU的世界移动通讯/ICT指标数据库及移动地理。高科技出口数据来自联合国统计部门的商品贸易（Comtrade）数据库。

参考文献

Beck, Thorsten, and Ross Levine. 2001. “Stock Markets, Banks, and Growth: Correlation or Causality?” Policy Research Working Paper 2670, World Bank, Washington, DC.

Claessens, Stijn, Daniela Klingebiel, and Sergio L. Schmukler. 2002. “Explaining the Migration of Stocks from Exchanges in Emerging Economies to International Centers.” Policy Research Working Paper 2816, World Bank, Washington, DC.

Demirgüç-Kunt, Asli, and Ross Levine. 1996. “Stock Market Development and Financial Intermediaries: Stylized Facts.” *World Bank Economic Review* 10 (2): 291–321.

Hatzichronoglou, Thomas. 1997. “Revision of the High-Technology Sector and Product Classification.” STI Working Paper 1997/2. Organisation for Economic Co-operation and Development, Directorate for Science, Technology, and Industry, Paris.

Standard & Poors. 2012. *Global Stock Markets Factbook 2012*. New York.

5 政府与市场

在线数据表和指标

若要获取世界发展指标在线表格，请使用网址 http：//wdi . worldbank. org/table/和表格编号（例如，http：//wdi. worldbank. org/table/5. 1）。若要查看特定的在线指标，请使用网址 http：//data. worldbank. org/indicator/和指标编码（例如，http：//data. worldbank. org/Indicator/IE. PPI. TELE. CD）。

5.1 经济体中的私人部门

电信投资	IE. PPI. TELE. CD
能源投资	IE. PPI. ENGY. CD
运输投资	IE. PPI. TRAN. CD
供水和医疗卫生投资	IE. PPI. WATR. CD
对私人部门的国内信贷	FS. AST. PRVT. GD. ZS
注册的企业，新企业	IC. BUS. NREG
注册的企业，准入密度	IC. BUS. NDNS. ZS

5.2 工商业环境：企业调查

与官员打交道的时间	IC. GOV. DURS. ZS
拜见税收官员的平均次数	IC. TAX. METG
获得营业执照所需要的时间	IC. FRM. DURS
给予政府官员的非正常支出	IC. FRM. CORR. ZS
因偷盗、敲诈、破坏和纵火造成的损失	IC. FRM. CRIM. ZS
与未注册企业竞争的企业	IC. FRM. CMPU. ZS
有女性高管的企业	IC. FRM. FEMM. ZS
利用银行为投资融资的企业	IC. FRM. BNKS. ZS
停电造成的价值损失	IC. FRM. OUTG. ZS
拥有国际质量认证的企业	IC. FRM. ISOC. ZS
出口清关的平均时间	IC. CUS. DURS. EX
提供正规培训的企业	IC. FRM. TRNG. ZS

5.3 工商业环境：营商环境指标

创办企业的程序数量	IC. REG. PROC
创办企业所需要的时间	IC. REG. DURS
创办企业的成本	IC. REG. COST. PC. ZS
财产注册登记的程序数量	IC. PRP. PROC
财产注册登记所需要的时间	IC. PRP. DURS
修建仓库的程序数量	IC. WRH. PROC
修建仓库所需要的时间	IC. WRH. DURS
通电所需要的时间	IC. ELC. TIME
履行合同的程序数量	IC. LGL. PROC
履行合同所需要的时间	IC. LGL. DURS
商业披露指数	IC. BUS. DISC. XQ
破产清算所需要的时间	IC. ISV. DURS

5.4 股票市场

市场资本总额	CM. MKT. LCAP. CD
市场资本总额，占 GDP 的百分比	CM. MKT. LCAP. GD. ZS
股票交易额	CM. MKT. TRAD. GD. ZS
转手率	CM. MKT. TRNR
国内上市公司	CM. MKT. LDOM. NO
标准普尔全球股权指数	CM. MKT. INDX. ZG

5.5 资金的获取、稳定和效率

法定权利强度指数	IC. LGL. CRED. XQ
信贷信息深度指数	IC. CRD. INFO. XQ
商业银行的存款账户	FB. CBK. DPTR. P3
商业银行的贷款账户	FB. CBK. BRWR. P3
商业银行分支机构	FB. CBK. BRCH. P5
自动柜员机	FB. ATM. TOTL. P5
银行资本与资产的比率	FB. BNK. CAPA. ZS
银行不良贷款与贷款总额的比率	FB. AST. NPER. ZS
银行部门提供的国内信贷	FS. AST. DOMS. GD. ZS
利差	FR. INR. LNDP
贷款的风险溢价	FR. INR. LNDP

5.6 税收政策

中央政府征收的税收收入	GC. TAX. TOTL. GD. ZS
企业纳税次数	IC. TAX. PAYM
企业准备、归档和纳税的时间	IC. TAX. DURS
企业利润税	IC. TAX. PRFT. CP. ZS
企业劳务税和捐赠	IC. TAX. LABR. CP. ZS
其他营业税	IC. TAX. OTHR. CP. ZS
总营业税率	IC. TAX. TOTL. CP. ZS

5.7 军事支出和武器交易

军事支出，占 GDP 的百分比	MS. MIL. XPND. GD. ZS
军事支出，占中央政府支出的百分比	MS. MIL. XPND. GD. ZS
武装部队人员	MS. MIL. TOTL. P1
武装部队人员，占总劳动力的百分比	MS. MIL. TOTL. TF. ZS
武器交易，出口	MS. MIL. XPRT. KD
武器交易，进口	MS. MIL. MPRT. KD

5.8 脆弱的局势

国际开发协会资源分配指数	IQ. CPA. IRAI. XQ
维和部队、警察和军事观察员	VC. PKP. TOTL. UN
与战争相关的死亡	VC. BTL. DETH
故意杀人	VC. IHR. PSRC. P5
军事支出	MS. MIL. XPND. GD. ZS
偷盗、破坏和纵火造成的损失	IC. FRM. CRIM. ZS
开始经营业务时就正式注册的企业	IC. FRM. FREG. ZS
童工♀♂	SL. TLF. 0714. ZS
难民，按来源国计	SM. POP. REFG. OR
难民，按庇护国计	SM. POP. REFG

国内流民	VC. IDP. TOTL. HE
获得改善的水源	SH. H2O. SAFE. ZS
获得改善的医疗卫生设施	SH. STA. ACSN
孕产妇死亡率，国家估计	SH. STA. MMRT. NE
孕产妇死亡率，模型估计	SH. STA. MMRT
5 岁以下儿童死亡率♀♂	SH. DYN. MORT
食物匮乏程度	SN. ITK. DFCT
小学总入学率♀♂	SE. PRM. ENRR

5.9 公共政策和制度

国际开发协会资源分配指数	IQ. CPA. IRAI. XQ
宏观经济管理	IQ. CPA. MACR. XQ
财政政策	IQ. CPA. FISP. XQ
债务政策	IQ. CPA. DEBT. XQ
经济管理，平均值	IQ. CPA. ECON. XQ
贸易	IQ. CPA. TRAD. XQ
金融部门	IQ. CPA. FINS. XQ
商业监管环境	IQ. CPA. BREG. XQ
结构性政策，平均值	IQ. CPA. STRC. XQ
性别平等	IQ. CPA. GNDR. XQ
公共资源使用的公平	IQ. CPA. PRES. XQ
人力资源积累	IQ. CPA. HRES. XQ
社会保护和劳动力	IQ. CPA. PROT. XQ
促使环境具有可持续性的政策和制度	IQ. CPA. ENVR. XQ
促使社会包容和平等的政策，平均值	IQ. CPA. SOCI. XQ
财产权和基于制度的治理	IQ. CPA. PROP. XQ
预算和金融管理的质量	IQ. CPA. FINQ. XQ
税收征收的效率	IQ. CPA. REVN. XQ
公共管理的质量	IQ. CPA. PADM. XQ
政府部门的透明度、责任感和腐败程度	IQ. CPA. TRAN. XQ
公共部门的管理和制度，平均值	IQ. CPA. PUBS. XQ

5.10 交通运输服务

公路网络总量	IS. ROD. TOTL. KM
铺面道路	IS. ROD. PAVE. ZS
公路客运量	IS. ROD. PSGR. K6
公路货运量	IS. ROD. GOOD. MT. K6
铁路线	IS. RRS. TOTL. KM
铁路客运量	IS. RRS. PASG. KM
铁路货运量	IS. RRS. GOOD. MT. K6
港口集装箱运输	IS. SHP. GOOD. TU
世界范围内注册的离港飞机	IS. AIR. DPRT
航空客运量	IS. AIR. PSGR
航空货运量	IS. AIR. GOOD. MT. K1

5.11 电力和通讯

人均耗电量	EG. USE. ELEC. KH. PC
输配损耗的电力	EG. ELC. LOSS. ZS
固定电话用量	IT. MLT. MAIN. P2
移动电话用量	IT. CEL. SETS. P2
固定电话国际通话量	..[a]
移动蜂窝网络国际通话量	..[a]
移动蜂窝网络覆盖的人口	..[a]
固定电话价格指数	..[a]
移动电话价格指数	..[a]
电信收入	..[a]
每个雇员的移动电话和固定电话用量	..[a]

5.12 信息时代

拥有电视的家庭	..[a]
拥有计算机的家庭	..[a]
互联网用户	..[a]
固定宽带网用户	IT. NET. BBND. P2
国际互联网带宽	..[a]
固定宽带网价格指数	..[a]
互联网安全服务器	IT. NET. SECR. P6
信息通讯技术物品，出口	TX. VAL. ICTG. ZS. UN
信息通讯技术物品，进口	TM. VAL. ICTG. ZS. UN
信息通讯技术服务，出口	BX. GSR. CCIS. ZS

5.13 科学和技术

研究与开发，研究人员	SP. POP. SCIE. RD. P6
研究与开发，技术人员	SP. POP. TECH. RD. P6
发表于科技刊物上的论文	IP. JRN. ARTC. SC
研究与开发支出	GB. XPD. RSDV. GD. ZS
高科技出口，美元	GB. XPD. RSDV. GD. ZS
高科技出口，占制成品出口的百分比	TX. VAL. TECH. MF. ZS
版税和许可费，收入额	BX. GSR. ROYL. CD
版税和许可费，支出额	BM. GSR. ROYL. CD
提交的专利申请，居民	IP. PAT. RESD
提交的专利申请，非居民	IP. PAT. NRES
提交的商标申请，总数	IP. TMK. TOTL

♀♂在《世界发展指标》数据库中，可以获取按性别分类的数据。

a. 可以在线获得数据表的一部分，但不能获得单个指标。

全球联系

6

世界经济随商品和服务贸易、资本流动以及人口迁移而紧密联系。随着各国经济的发展，这种联系变得更加紧密和复杂。本章中所包含的指标将对这些流动的规模及方向进行衡量，并对政策干预，如关税、贸易便利及援助资金对世界经济的影响进行梳理。

国际金融市场的波动性在2012年依然普遍。由欧元区金融危机引发的对公共财政可持续性的担忧对直接投资造成了影响。全球外商直接投资（FDI）比2011年减少了16%。流入高收入经济体的FDI下降了22%，其中有一半是欧元区造成的。但流入中、低收入经济体的FDI下降较少，仅为6%。2012年流入中、低收入经济体的FDI为6,170亿美元，比前五年占全球FDI的份额上升了17%。尽管FDI在流入更多的国家，但仍高度集中于10个最大的国家，其中巴西、中国和印度占比超过一半。

2012年发展中国家的债务净流入下降了9%，仅为4,120亿美元，而且借贷模式和资源来源均发生了重要改变。借款人方面，公共和公共担保债务造成了2012年长期债务流量的整体增长，上升了67%，达到1,550亿美元。相比之下私人无担保借款的债务净流量下降了17%，短期债务流动更是减少了41%。

与债务和直接投资不同，2012年全球股权投资组合比预期增长更快，导致股本流入比2012年超过3倍。2012年流入高收入经济体的数量远高于2011年水平，主要是由于投资者由债券投资转向股票。流入中、低收入经济体的股权投资组合也取得极快增长，因为投资前景看好，预期回报率较高。

欧元区的主权债务危机仍对国际贸易产生消极影响。高收入经济体尤其是欧元国家商品需求的减少导致商品进口增长率从2011年的19.4%下降到2012年的0.4%。商品出口增长也下降了20个百分点。但对中、低收入经济体的商品出口较之前年度上升了4.4%，而对高收入经济体的出口则下降了0.8%。巴西、中国、印度和俄罗斯联邦是最主要的交易者，中国占远东和太平洋地区商品交易的70%。

政府开发援助为发展提供稳定的资金来源，并对几次金融危机带来的冲击均起到了缓冲作用。2012年，政府开发援助规模达到1330亿美元，占发展中国家国民总收入之和的0.59%，较2011年的0.66%有所下降。

债券发行量上升

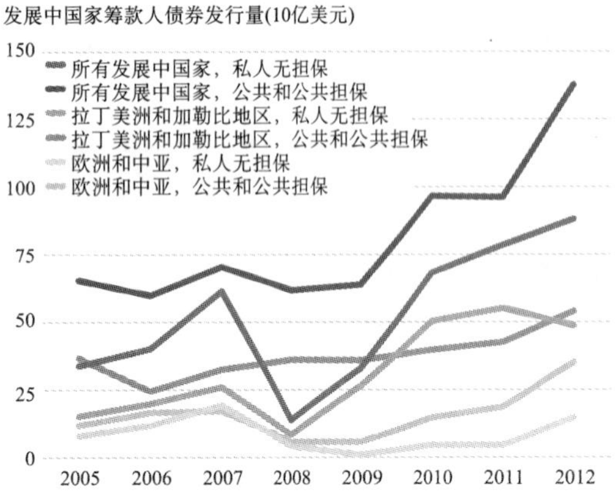

资料来源：在线表格6.9。

2012年发展中经济体公共和私人部门筹款人的债券发行量达到了2,260亿美元，2011年仅为1,750亿美元。增加主要来自公共部门的新发行人，在2012年达到了30%，因为自2008年金融危机之后新兴经济体持续将银行风险分散出去并寻求新的融资来源。受到购买墨西哥非居民在本地发行的主权债券的影响，拉丁美洲和加勒比地区持有最大份额，为39%；欧洲和中亚次之，为25%。私人筹款人的债券发行也在增加，但速度较慢，2012年为11%，达到881亿美元。拉丁美洲和加勒比地区的私人筹款人所占份额最大，其中墨西哥和巴西是主要的债券发行人。

欧洲和中亚：汇款比外商直接投资更具弹性

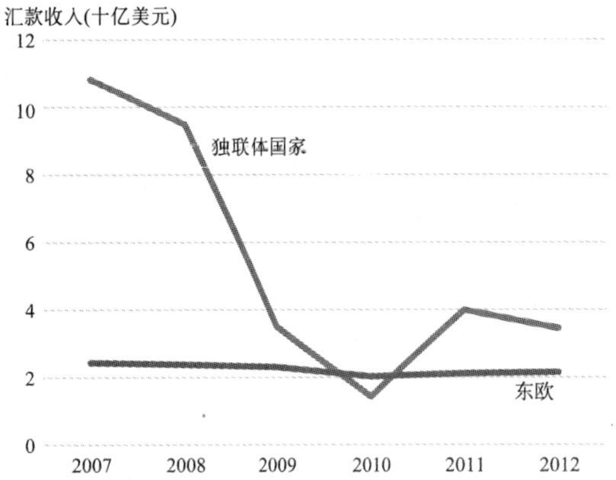

资料来源：在线表格6.14。

在欧洲和中亚，个人汇款流入再一次被证明对经济下滑具有弹性，特别是和外商直接投资（FDI）相比。接收的个人汇款占GDP比重遵循稳定缓慢的增长路径，在2012年上升了1.5%。尽管2011年出现复苏迹象，但FDI流入占GDP比重在2012年下降了15%，说明该地区还没有完全从金融危机中恢复。FDI表现出的高度波动性在汇款人那里体现得并不明显，说明其对经济冲击更具弹性。对于高度依赖汇款流入稳定经济的国家来说汇款的持久性十分有利，如吉尔吉斯共和国、摩尔多瓦和塔吉克斯坦。

2012年印度资本股权投资势头扭转

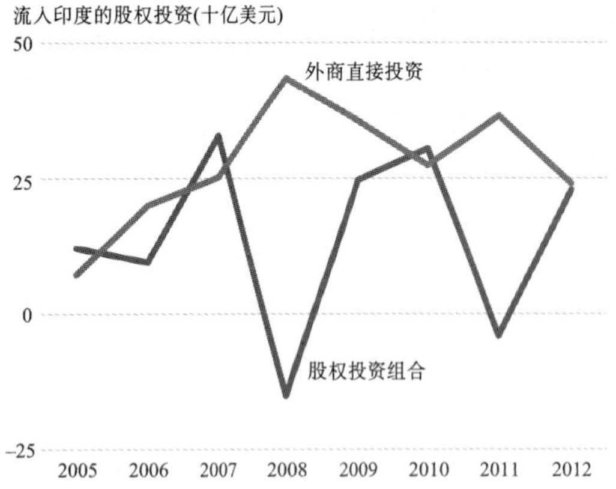

资料来源：在线表格6.9。

印度的净资本股权流入在2012年上升了44%，GDP占比上升了2.7%（2011年为1.7%）。2012年直接投资流入反映出该国缓慢的经济增长和较高的通货膨胀率动摇了投资者的信心。尽管2012年外商直接投资下降三分之一，仅为240亿美元，为2005年以来最低水平，印度仍然是投资流向中第三重要的发展中国家，仅次于中国和巴西。这种下降部分被股权投资组合的增加所抵消。2012年1月起印度允许合格境外投资者直接投资印度股票市场。股权投资组合的流入在2011年的400亿美元被用光后增加到230亿美元，主要是由于合格境外投资者在印度股票市场上购买股票。

欧洲和中亚的债务指标改善

欧洲和中亚是负债率最高的地区，外部未偿债务占国民总收入（GNI）比率在2012年达到68.3%，是其他所有发展中国家相应比率的三倍。与此相似，2012年年末外部债务总量占出口比率为144.7%，是发展中国家平均水平的二倍。尽管2012年情况有所恶化，但外部债务总量占GNI比率相比2009年已下降了12%，外部债务占出口比率则下降了23%。经济增长和出口盈余的主要拉动力量为石油出口国，特别是哈萨克斯坦和土耳其以及匈牙利和乌克兰。2012年对哈萨克斯坦油气业的投资极大促进了产出和出口。

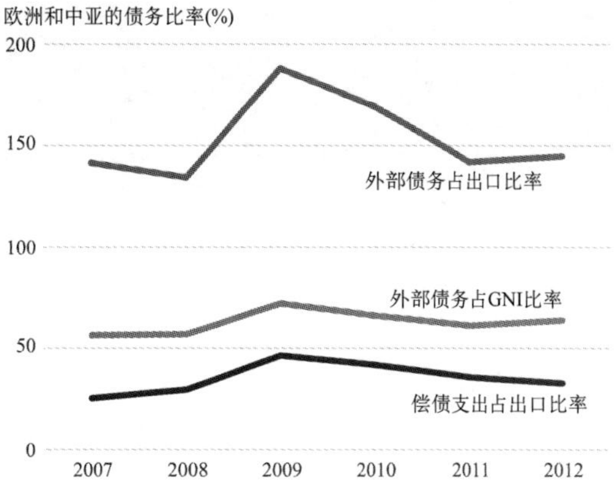

资料来源：在线表格6.8。

叙利亚难民数量持续上升

自2004年以来，发展中国家按来源国家划分的难民数量已经趋于稳定。过去超过十年间发展中国家的难民有超过50%来自于5个国家：阿富汗、索马里、伊拉克、苏丹和刚果民主共和国。但中东和北非地区的冲突改变了这一状况。2011年叙利亚排在32位，仅有不到20,000名难民。但到2012年逃离该国的难民人数激增35倍达到730,000人，在发展中国家间排名第4。而且增长趋势还会持续。根据联合国难民事务高级专员办事处（2013）的数据，2013年上半年约有130万叙利亚难民在周边国家寻求庇护。

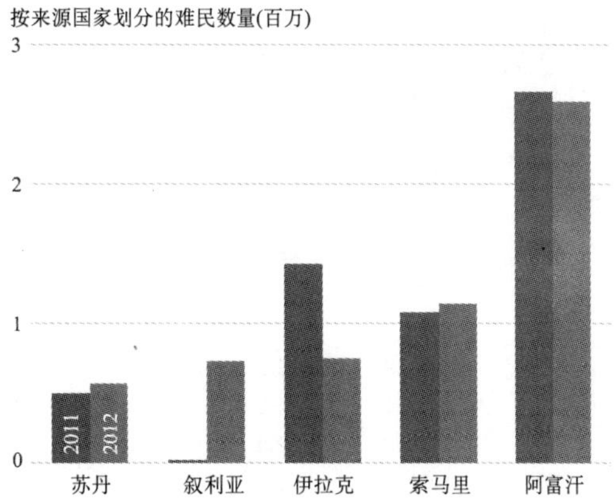

资料来源：在线表格6.13。

2013年商品价格下降

除能源价格之外的商品价格在2013年持续下降。按实值计算（2005）下降最大的是肥料（16%）和贵金属（16%），其次是农产品（6%）以及金属和矿产（4%）。尽管肥料价格在十年前上升了不止一倍，价格指数仍从2008年巅峰水平下降了46%（从197到107）。能源和肥料价格通常同向变化，因为天然气是生产肥料的主要原料。但这种关联趋势被逆转，美国的天然气交易价格低于原油价格80%。2013年是贵金属价格11年以来的首次下跌，出现了主要由中国和印度推动的黄金市场低迷，因为印度收紧了黄金进口。尽管中国取代印度成为黄金最大消费国，仍无法抵消印度需求低迷的影响（世界银行，2014）。

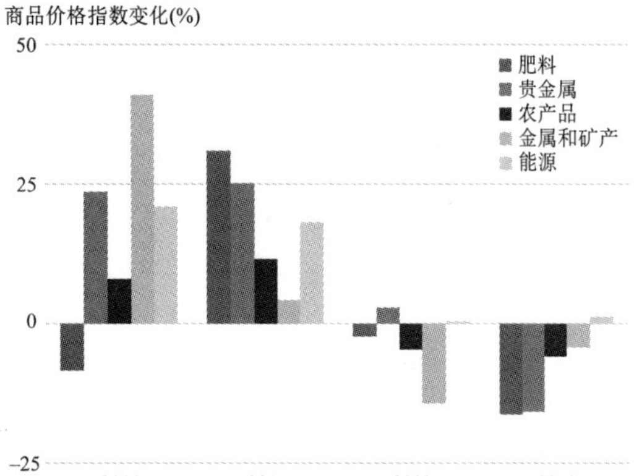

资料来源：在线表格6.5。

	商品贸易 占GDP的百分比	净易货贸易条件指数 2000年=10	入境旅游支出 占出口的百分比	净官方发展援助 占GNI的百分比	净移民 千人	收到的个人汇款 百万美元	外国直接投资 净流入，百万美元	股权投资组合 净流入，百万美元	外债总额 百万美元	偿债总额 占货物、服务出口和营业收入的百分比
	2012	2012	2012	2012	2010–2015	2012	2012	2012	2012	2012
阿富汗	32.0	139.1	3.2	32.8	–400	385	94	2	2,709	0.3
阿尔巴尼亚	54.2	96.2	45.9	2.7	–50	1,027	1,265	13	6,934	7.1
阿尔及利亚	58.7	217.3	0.4	0.1	–50	213	1,602	..	5,643	1.1
美属萨摩亚	..	129.0	..	..	..	..	..	..	..	..
安道尔	..	..	..	..	..	..	..	..	..	..
安哥拉	85.0	257.6	1.0	0.2	66	0	–6,898	..	22,171	5.9
安提瓜和巴布达	51.6	64.2	..	0.2	0	21	71	..	..	..
阿根廷	31.5	130.3	5.9	0.0	–100	573	12,128	876	121,013	13.2
亚美尼亚	57.2	117.6	20.1	2.6	–50	2,123	489	2	7,608	30.9
阿鲁巴	..	122.0	44.9	..	1	5	–140	0	..	..
澳大利亚	33.8	184.8	11.0	..	750	1,827	56,595	15,174	..	..
奥地利	87.3	86.9	9.9	..	150	2,754	4,144	936	..	..
阿塞拜疆	63.5	199.9	7.2	0.6	0	1,990	5,293	0	9,712	5.1
巴哈马	54.6	88.5	65.7	..	10	..	360	..	..	..
巴林	116.6	129.0	7.6	..	22	..	891	1,383	..	..
孟加拉国	50.9	59.2	0.4	1.7	–2,041	14,085	1,178	91	26,130	5.4
巴巴多斯	55.4	107.6	..	..	2	..	356	..	..	..
白俄罗斯	146.0	100.7	1.9	0.2	–10	1,053	1,464	–4	34,173	9.5
比利时	182.3	94.2	3.1	..	150	10,123	–1,917	4,570	..	..
伯利兹	..	93.8	28.7	..	8	76	194	..	1,241	11.3
贝宁	47.6	117.9	..	6.8	–10	..	159	..	2,055	..
百慕大	16.8	62.1	32.6	..	..	1,191	133	–10	..	..
不丹	90.5	134.3	13.5	9.6	10	18	10	..	1,459	17.8
玻利维亚	70.3	179.1	4.8	2.6	–125	1,111	1,060	..	6,909	5.3
波斯尼亚和黑塞哥维那	86.9	98.8	12.8	3.2	–5	1,849	350	..	10,577	18.4
博茨瓦纳	96.5	85.0	0.5	0.5	20	18	293	–9	2,488	0.8
巴西	21.1	128.9	2.4	0.1	–190	2,583	76,111	5,600	440,478	15.5
文莱	100.0	226.5	..	..	2	..	850	..	..	..
保加利亚	116.6	107.4	12.4	..	–50	1,449	2,095	5	50,750	13.0
布基纳法索	51.3	126.9	..	10.8	–125	..	40	..	2,506	..
布隆迪	36.8	149.1	1.2	21.2	–20	46	1	..	663	8.5
佛得角	44.8	108.9	60.6	13.3	–17	167	74	..	1,261	4.6
柬埔寨	136.8	75.2	23.4	6.1	–175	256	1,557	..	5,716	1.5
喀麦隆	45.8	156.6	5.1	2.4	–50	210	526	0	3,672	3.1
加拿大	52.2	118.5	3.8	..	1,100	1,206	43,085	949	..	..
开曼群岛	..	82.9	..	..	..	..	4,234	..	..	..
中非共和国	24.3	68.8	..	10.4	10	..	71	..	552	..
乍得	50.4	220.6	..	4.9	–120	..	323	..	1,831	..
海峡群岛	..	..	..	..	4	..	..	..	..	..
智利	58.6	182.4	3.5	0.0	30	..	30,323	5,222	..	..
中国	47.0	71.8	2.5	0.0	–1,500	39,221	253,475	29,903	754,009	3.3
中国香港	397.9	96.0	6.7	..	150	368	74,584	25,006	..	..
中国澳门	23.2	92.9	94.2	..	35	46	4,261	..	..	..
哥伦比亚	32.3	151.1	4.9	0.2	–120	4,019	15,649	3,778	79,051	22.0
科摩罗	54.5	80.3	..	11.5	–10	..	17	..	251	..
刚果民主共和国	72.1	143.1	..	17.8	–75	12	2,892	..	5,651	3.2
刚果共和国	118.4	221.0	..	1.3	–45	..	2,758	..	2,829	..

	商品贸易 占GDP的百分比 2012	净易货贸易条件指数 2000年=10 2012	入境旅游支出 占出口的百分比 2012	净官方发展援助 占GNI的百分比 2012	净移民 千人 2010–2015	收到的个人汇款 百万美元 2012	外国直接投资 净流入，百万美元 2012	股权投资组合 净流入，百万美元 2012	外债总额 百万美元 2012	偿债总额 占货物、服务出口和营业收入的百分比 2012
哥斯达黎加	64.2	77.7	20.0	0.1	64	562	2,636	..	14,458	17.6
科特迪瓦	89.7	144.3	..	11.1	50	..	478	..	9,871	..
克罗地亚	55.9	98.1	36.2	..	–20	1,437	1,395	–174	..	..
古巴	..	144.6	..	..	–140	..	..	..	..	..
库拉索	..	..	..	..	14	30	57	..	..	..
塞浦路斯	39.8	94.2	27.8	..	35	112	1,247	742	..	..
捷克共和国	151.3	101.0	5.2	..	200	2,026	10,581	–148	..	..
丹麦	63.2	99.8	3.6	..	75	1,257	1,269	4,784	..	..
吉布提	..	82.0	4.6	..	–16	33	110	..	808	8.8
多米尼克	49.0	103.1	57.2	5.5	..	23	20	..	284	10.0
多米尼加共和国	45.0	91.5	39.3	0.5	–140	3,615	3,857	..	16,851	14.0
厄瓜多尔	58.5	134.7	3.9	0.2	–30	2,456	591	5	16,931	9.8
埃及	37.7	156.2	22.3	0.7	–216	19,236	2,798	–983	40,000	6.6
萨尔瓦多	65.4	90.2	14.7	1.0	–225	3,927	467	..	13,279	18.7
赤道几内亚	121.5	244.8	..	0.1	20	..	2,115	..	..	..
厄立特里亚	45.9	98.5	..	4.4	55	..	74	..	994	..
爱沙尼亚	150.9	93.9	7.9	..	0	401	1,648	–151	..	..
埃塞俄比亚	36.1	130.6	33.0	7.9	–60	624	279	..	10,462	7.2
法罗群岛	..	104.0	..	..	..	..	..	..	..	..
斐济	86.8	108.1	40.5	2.9	–29	191	267	..	732	..
芬兰	60.1	87.1	5.3	..	50	866	4,332	3,097	..	..
法国	47.6	88.8	8.3	..	650	21,676	28,122	36,077	..	..
法属波利尼西亚	..	78.7	..	..	–1	..	87	..	..	..
加蓬	86.5	226.0	..	0.4	5	..	702	..	2,870	..
冈比亚	52.9	92.1	29.6	15.9	–13	141	34	..	513	7.1
格鲁吉亚	64.9	134.2	26.0	4.2	–125	1,770	831	74	13,426	23.3
德国	75.1	95.3	3.0	..	550	13,964	27,221	–3,746	..	..
加纳	73.7	172.2	6.9	4.7	–100	138	3,295	..	12,436	4.2
希腊	37.9	87.2	21.0	..	50	681	1,663	–66	..	..
格陵兰	..	79.0	..	..	..	..	..	..	..	..
格林纳达	48.3	91.1	56.8	1.1	–4	29	30	..	591	7.7
关岛	..	81.1	..	..	0	..	..	..	..	..
危地马拉	54.0	87.7	11.3	0.6	–75	5,035	1,150	..	14,975	10.9
几内亚	65.7	103.7	0.1	6.5	–10	66	605	..	1,097	7.0
几内亚比绍	46.2	81.6	..	9.6	–10	..	16	..	279	..
圭亚那	112.3	128.3	3.8	4.0	–33	469	276	..	1,974	8.7
海地	46.2	67.9	16.3	16.1	–175	1,612	179	..	1,154	0.3
洪都拉斯	103.6	84.3	10.0	3.3	–50	2,909	1,068	..	4,987	13.8
匈牙利	159.8	92.6	5.3	..	75	2,144	9,356	1,137	203,757	84.6
冰岛	72.4	87.3	10.7	..	5	19	1,086	–3	..	..
印度	42.1	127.4	4.1	0.1	–2,294	68,821	23,996	22,809	379,099	6.8
印度尼西亚	43.1	129.2	4.5	0.0	–700	7,212	19,618	1,698	254,899	17.1
伊朗	27.5	194.5	..	..	–300	..	4,870	..	11,477	..
伊拉克	70.1	227.1	1.7	0.6	450	271	3,400	7	..	..
爱尔兰	85.1	92.7	4.0	..	50	700	40,962	105,422	..	..
马恩岛	..	..	..	..	..	..	..	..	..	..
以色列	..	97.6	6.7	..	–76	685	9,481	290	..	..

	商品贸易	净易货贸易条件指数	入境旅游支出	净官方发展援助	净移民	收到的个人汇款	外国直接投资	股权投资组合	外债总额	偿债总额
	占GDP的百分比	2000年=10	占出口的百分比	占GNI的百分比	千人	百万美元	净流入，百万美元	净流入，百万美元	百万美元	占货物、服务出口和营业收入的百分比
	2012	2012	2012	2012	2010–2015	2012	2012	2012	2012	2012
意大利	48.9	94.8	7.4	..	900	7,326	6,686	20,835	..	..
牙买加	56.3	87.1	46.8	0.1	–80	2,145	229	–1	14,333	38.2
日本	28.3	60.5	1.8	..	350	2,540	2,525	34,941	..	..
约旦	92.1	83.7	33.0	4.6	400	3,574	1,497	53	18,632	6.9
哈萨克斯坦	67.2	231.3	1.6	0.1	0	171	15,117	–418	137,014	23.5
肯尼亚	55.1	89.9	18.2	6.5	–50	1,214	259	26	11,569	5.1
基里巴斯	62.9	96.6	..	25.0	–1	..	–2	..	..	..
朝鲜	..	85.9	..	..	0	..	79	..	..	..
韩国	94.5	61.8	3.0	..	300	8,474	4,999	16,925	..	..
科索沃	..	..	..	8.9	..	1,059	293	1	2,002	8.8
科威特	80.2	227.8	0.6	..	300	8	1,851	–41	..	..
吉尔吉斯共和国	112.2	108.2	23.8	7.8	–175	2,031	372	0	6,026	10.9
老挝	54.2	109.4	16.2	4.6	–75	59	294	6	6,372	8.2
拉脱维亚	109.2	102.9	6.3	..	–10	730	1,076	4	..	..
黎巴嫩	64.2	97.9	22.6	1.7	500	6,918	3,678	–239	28,950	14.2
莱索托	151.2	77.7	4.4	10.3	–20	554	198	..	860	2.3
利比里亚	88.0	138.6	..	36.1	–20	..	1,354	..	487	..
利比亚	..	201.4	..	..	–239	..	..	..	..	..
列支敦士登	..	..	..	..	..	..	..	..	..	..
立陶宛	145.6	93.2	4.0	..	–28	1,508	574	–51	..	..
卢森堡	84.7	75.8	5.2	..	26	1,681	27,878	161,691	..	..
前南斯拉夫马其顿共和国	109.4	88.7	5.5	1.6	–5	394	283	–6	6,678	15.1
马达加斯加	45.6	80.2	..	3.9	–5	..	895	..	2,896	..
马拉维	85.6	95.9	2.7	28.4	0	28	129	1	1,314	2.0
马来西亚	139.0	101.3	7.6	0.0	450	1,320	9,734	..	103,950	3.5
马尔代夫	84.1	102.0	79.9	3.1	0	3	284	0	1,027	3.8
马里	49.1	172.1	..	10.2	–302	..	310	..	3,073	..
马耳他	115.9	125.9	15.9	..	5	33	599	3	..	..
马绍尔群岛	95.9	106.4	..	34.7	..	..	38	..	..	..
毛里塔尼亚	126.2	153.1	..	10.0	–20	..	1,204	..	3,348	4.9
毛里求斯	74.9	70.9	29.2	1.7	0	1	361	6,840	4,459	2.4
墨西哥	63.8	109.1	3.4	0.0	–1,200	23,366	15,453	10,038	354,897	17.7
密克罗尼西亚联邦	75.1	98.3	..	33.5	–8	..	1	..	..	..
摩尔多瓦	101.7	101.5	10.6	6.1	–103	1,786	185	14	6,135	15.1
摩纳哥	..	..	..	..	..	..	..	..	..	..
蒙古	108.3	206.0	9.0	4.7	–15	320	4,452	15	5,080	4.5
黑山	64.2	..	50.3	2.3	–3	333	618	0	2,833	13.6
摩洛哥	68.3	145.4	26.3	1.6	–450	6,508	2,842	–108	33,816	11.2
莫桑比克	76.5	100.2	5.8	14.8	–25	220	5,238	..	4,788	1.6
缅甸	..	112.8	..	..	–100	..	2,243	..	2,563	..
纳米比亚	83.0	122.9	..	2.1	–3	..	357	..	..	..
尼泊尔	39.3	77.7	19.6	4.0	–401	4,793	92	..	3,818	10.3
荷兰	161.8	93.1	3.2	..	50	1,617	6,684	3,674	..	..
新喀里多尼亚	..	195.9	..	..	6	..	1,588	..	..	..
新西兰	44.1	129.4	10.7	..	75	..	2,209	442	..	..
尼加拉瓜	81.2	82.4	8.5	5.2	–120	1,016	805	0	8,858	12.3
尼日尔	65.0	169.0	..	13.5	–28	..	793	..	2,340	..

	商品贸易 占GDP的百分比 2012	净易货贸易条件指数 2000年=10 2012	入境旅游支出 占出口的百分比 2012	净官方发展援助 占GNI的百分比 2012	净移民 千人 2010–2015	收到的个人汇款 百万美元 2012	外国直接投资 净流入，百万美元 2012	股权投资组合 净流入，百万美元 2012	外债总额 百万美元 2012	偿债总额 占货物、服务出口和营业收入的百分比 2012
尼日利亚	62.8	221.8	0.7	0.8	–300	20,633	7,101	10,003	10,077	0.3
北马里亚纳群岛	..	84.8	..	..	..	..	5	..	..	..
挪威	49.4	161.6	2.6	..	150	767	22,951	965	..	..
阿曼	103.7	244.2	3.2	..	1,030	39	1,514	1,373	..	..
巴基斯坦	30.5	53.9	3.2	0.9	–1,634	14,007	854	178	61,867	14.9
帕劳	64.4	105.3	..	7.3	..	..	5	..	..	..
巴拿马	108.7	86.2	13.6	0.2	29	402	3,383	..	12,294	8.7
巴布亚新几内亚	76.7	193.1	..	4.4	0	..	29	..	23,128	..
巴拉圭	73.5	110.5	2.1	0.4	–40	634	363	..	6,331	6.3
秘鲁	43.3	163.7	6.5	0.2	–300	2,788	12,244	–32	54,148	12.5
菲律宾	46.9	65.6	7.6	0.0	–700	24,641	2,797	1,728	61,390	8.0
波兰	77.5	97.1	5.2	..	–38	6,935	6,701	3,888	..	..
葡萄牙	61.4	91.3	17.6	..	100	3,904	13,377	–8,518	..	..
波多黎各	..	..	..	..	–104	..	..	..	..	..
卡塔尔	85.5	217.8	5.1	..	500	803	327	–925	..	..
罗马尼亚	75.5	110.7	3.0	..	–45	3,674	2,024	403	131,889	34.2
俄罗斯	42.9	248.9	3.0	..	1,100	5,788	50,661	1,162	..	..
卢旺达	34.8	214.9	33.2	12.5	–45	182	160	7	1,269	2.2
萨摩亚	61.7	81.1	61.1	18.6	–13	159	24	..	423	5.3
圣马力诺	..	..	..	..	..	..	..	..	..	..
圣多美和普林西比	57.3	106.8	50.4	18.7	–2	6	22	..	202	6.9
沙特阿拉伯	74.6	215.5	2.1	..	300	246	12,182	..	..	..
塞内加尔	63.7	109.1	..	7.8	–100	..	338	..	4,900	..
塞尔维亚	81.0	104.2	7.0	3.0	–100	2,763	355	–24	34,438	36.7
塞舌尔	114.9	78.1	2.8	3.3	–2	1	12	..	2,024	64.3
塞拉利昂	63.2	58.1	3.1	11.7	–21	61	548	7	1,121	1.5
新加坡	286.9	80.6	3.5	..	400	..	56,651	2,851	..	..
荷属圣马丁	..	..	..	..	..	13	14	..	..	..
斯洛伐克	174.7	92.3	2.7	..	15	1,928	1,527	0	..	..
斯洛文尼亚	141.3	94.2	8.3	..	22	644	–227	149	..	..
所罗门群岛	96.2	89.7	10.5	43.6	–12	17	68	..	228	4.5
索马里	..	107.8	..	..	–150	..	107	..	3,055	..
南非	54.6	145.5	9.8	0.3	–100	1,085	4,644	–679	137,501	7.9
南苏丹	..	..	..	17.0	865	..	..	..	..	..
西班牙	47.2	88.5	14.8	..	600	9,633	36,161	9,819	..	..
斯里兰卡	48.1	75.0	12.9	0.8	–317	6,000	898	305	25,382	13.3
圣基茨和尼维斯	35.9	71.4	37.5	3.0	..	45	100	..	..	..
圣卢西亚	71.9	91.4	56.9	2.2	0	30	109	..	473	6.9
法属圣马丁	..	..	..	..	..	..	..	..	..	..
圣文森特和格林纳丁斯	55.3	107.4	48.5	1.2	–5	30	125	..	267	16.6
苏丹	20.8	..	19.4	1.7[a]	–800[a]	401	2,488	2	21,840	8.9
苏里南	83.8	134.8	2.9	0.8	–5	8	66	..	..	..
斯威士兰	102.8	110.2	..	2.6	–6	31	90	..	460	2.2
瑞典	63.9	92.3	5.0	..	200	812	4,039	3,968	..	..
瑞士	67.1	80.3	4.8	..	320	3,039	2,748	14,554	..	..
叙利亚	..	146.8	..	..	–1,500	..	..	..	4,736	..
塔吉克斯坦	67.3	99.3	3.7	5.2	–100	3,626	198	..	3,648	25.5

	商品贸易 占GDP的百分比 2012	净易货贸易条件指数 2000年=10 2012	入境旅游支出 占出口的百分比 2012	净官方发展援助 占GNI的百分比 2012	净移民 千人 2010–2015	收到的个人汇款 百万美元 2012	外国直接投资 净流入，百万美元 2012	股权投资组合 净流入，百万美元 2012	外债总额 百万美元 2012	偿债总额 占货物、服务出口和营业收入的百分比 2012
坦桑尼亚	58.8	145.2	18.8	10.1	–150	67	1,707	4	11,581	1.9
泰国	130.4	93.2	13.7	0.0	100	4,713	10,689	2,663	134,223	4.1
东帝汶	29.5	..	20.5	5.8	–75	114	19	..	..	..
多哥	73.4	28.7	..	7.2	–10	..	166	..	754	..
汤加	47.9	81.9	..	16.1	–8	60	8	..	197	7.8
特立尼达和多巴哥	96.5	156.9	..	..	–15	..	2,527	..	..	..
突尼斯	90.8	97.1	13.2	2.3	–33	2,266	1,554	–15	25,475	11.5
土耳其	49.3	87.2	15.6	0.4	350	1,015	12,519	6,274	337,492	26.1
土库曼斯坦	73.1	238.5	..	0.1	–25	..	3,159	..	492	..
特克斯和凯科斯群岛	..	68.4	..	..	..	..	..	..	..	..
图瓦卢	63.4	..	..	42.3	..	..	..	..	..	..
乌干达	41.6	110.0	23.4	8.5	–150	733	1,721	5	3,769	1.4
乌克兰	86.9	118.1	6.9	0.4	–40	8,449	7,833	516	135,067	31.5
阿拉伯联合酋长国	135.5	186.1	..	..	514	..	9,602	..	..	..
英国	46.4	99.4	6.0	..	900	1,776	56,136	–27,555	..	..
美国	23.9	94.7	9.0	..	5,000	6,285	203,790	232,063	..	..
乌拉圭	40.8	104.2	16.7	0.0	–30	97	2,907	..	..	..
乌兹别克斯坦	43.2	172.1	..	0.5	–200	..	1,094	..	8,853	..
瓦努阿图	44.5	88.0	76.5	13.6	0	22	38	..	369	2.1
委内瑞拉	41.3	262.1	0.9	0.0	40	118	2,199	–50	72,097	5.6
越南	146.6	100.5	5.5	2.8	–200	..	8,368	1,887	59,133	4.4
美属维尔京群岛	..	..	..	..	–4	..	..	..	..	..
西岸和加沙	..	..	..	..	–44	..	..	..	..	..
也门	57.5	167.7	..	2.1	–135	..	349	..	7,555	..
赞比亚	80.4	183.6	1.6	4.9	–40	73	1,066	26	5,385	2.2
津巴布韦	83.7	105.0	..	10.6	400	..	400	..	7,713	..
世界整体	**50.8**	**..**	**5.8**[b]	**0.2**[c]	**0**	**478,461**	**1,509,565**	**776,000**	**..**	**..**
低收入国家	55.1	..	12.4	8.0	–3,647	30,184	24,291	142	134,345	4.8
中等收入国家	50.5	..	5.3	0.2	–13,345	320,209	592,608	104,290	4,695,263	9.9
中低收入国家	51.1	..	6.3	0.8	–11,030	199,670	103,112	38,172	1,273,289	9.7
中高收入国家	50.4	..	5.1	0.1	–2,314	120,539	489,495	66,118	3,421,974	10.0
中、低收入国家	50.6	..	5.4	0.6	–16,991	350,393	616,899	104,432	4,829,608	9.8
东亚和太平洋地区	54.2	..	4.4	0.1	–3,061	78,304	313,801	37,899	1,412,411	4.5
欧洲和中亚	72.6	..	8.6	0.6	–661	38,706	65,194	7,988	1,149,505	32.9
拉丁美洲和加勒比地区	38.2	..	4.7	0.2	–3,017	59,537	150,393	20,214	1,257,876	15.0
中东和北非	47.5	..	11.0	..	–1,632	39,019	22,699	–1,286	177,092	3.9
南亚	41.5	..	4.5	0.6	–7,076	108,112	27,405	23,386	501,491	7.3
撒哈拉以南非洲地区	61.6	..	6.6	3.8	–1,545	26,715	37,406	16,232	331,234	4.5
高收入国家	50.9	..	5.9	0.0	16,941	128,067	892,666	671,568	..	..
欧元区	72.1	..	6.1	0.0	3,402	78,775	201,185	334,538	..	..

a. 不包括南苏丹。b. 使用世界银行的加权加总法计算（见统计方法），因此，不同于世界旅游组织公布的数据。c. 基于世界银行对各经济体的分类，因此，不同于经济合作与发展组织公布的数据。

关于数据

从《世界发展指标2013》开始，世界银行修改了它对收支平衡账户的发布，以同国际货币基金组织发布的《国际收支手册（第六版）》相一致。基于《国际收支手册（第五版）》的历史数据终止于2005年。2005年之后的国际收支数据已经采用《国际收支手册（第六版）》的计算方法来发布，方法详见 www.imf.org/external/np/stabop/bop.htm.

商品贸易

商品贸易的数据来自于某经济体进口或出口的海关报告，或者来自于金融交易报告，这些报告与产品贸易相关并记录于国际收支账户中。由于时间和定义的差异，从海关报告估计出的贸易流量和从国际收支账户估计出的可能不同。许多国际组织对贸易数据进行处理，他们修正未报告或者遗失的数据，这又导致其他的差异。最详细的关于国际商品贸易的数据来源是联合国统计署的商品贸易统计数据库。国际货币基金组织和世界贸易组织也收集基于海关报告的商品贸易数据。

"贸易条件"指数测度的是一国的出口与进口的相对价格。最常用的计算贸易条件的方法是净易货贸易条件，或者出口商品价格指数对进口商品价格指数的比率。如果一国的净易货贸易条件上升，则该国的出口变得更昂贵或者进口变得更便宜。

旅游业

旅游被定义为旅行到并且驻留于经常生活的环境之外，从事休闲、商务和其他不以从其访问地获得劳动报酬为目的的活动，并且停留的时间不超过一年。境内外的旅游数据是指抵达和离开某国的人次，而不是针对单个个人统计的。因此，如果一个人在一段时期内到某国做了多次旅行，其每一次都将被算作新的旅行计入统计。入境旅游的数据测度的是非居民旅客（过夜旅客）的接待量。如果国际旅行者的数据不可得或者不完整，那么图表展示的是国际访客的数目，这包括旅行者、当日访客、随意行游客和乘务人员。加总值通过世界银行的加权加总方法计算（见统计方法），并且加权方法不同于世界旅游组织。

对于旅游支出，世界旅游组织使用国际货币基金组织的国际收支账户数据，并且利用单独国家的数据做了补充。这些显示在表格中的数据，包括旅行和旅客项目，在BPM 6中有所定义。如果IMF没有报告旅客客运数据，将使用旅行支出数据。

官方发展援助

官方发展援助是指提供给有资质的国家的援助，这些援助由经济合作与发展组织（OECD）发展援助委员会（DAC）、多边组织和非发展援助委员会的捐助者提供。该数据不反映援助接收国对其他国家的援助，也不对援助分类（项目、工程或者食物援助；紧急援助；或者冲突后维和援助），虽然这些不同的援助可能有不同的效果。

援助占国民总收入、总资本形成额或者进口及政府支出的比率，衡量了一个国家对援助的依赖程度。由于某些外交政策的原因，一些国家有接受大量援助的历史。因此援助依赖程度可能同时反映捐赠者的利益取向以及接受者的需求。援助依赖度的增加可能同时反映了某事件对该比率分子和分母的影响。

在国际收支账户中，基于捐赠者的数据可能和基于接受者的数据不一致，其中通常排除了全部或者部分技术援助——尤其是直接给侨胞的捐赠。类似地，大量商品援助可能经常未被记录在贸易数据或者国际收支账户中。发展援助委员会排除了军事援助和用于反恐目的的援助。加总数据参考世界银行经济分类，因此这可能不同于经合组织的相关报告。

移民和个人汇款

人群的迁移是全球融合的重要组成部分。迁移者对迁入国和迁出国的经济均有贡献。但是很难收集到迁移的可靠数据，即使有也经常不完善，这使得国际比较很困难。

因为移民存量的数据很难获得，联合国人口署提供了净移民这一数据，该数据考虑了一国或者地区的移民史、一国的移民政策和难民的流入，从而得到最近一段时间里人口流动的估计量。计算该估计量的数据来源于各个方面，包括边境统计数据、行政管理报告、调查和普查。如果数据不足，净迁移人口通过计算该国一段时期里人口增长率与人口自然增长率（其为出生率和死亡率之差）之差来获得。

移民经常向母国汇款，这在国际收支账户中被记录为个人转移支付。因此个人转移支付包括居民和非居民之间所有的现金转移，这与转移者的收入来源无关（不管转移者的收入来源于劳动收入、管理收入或者资产收入、社会福利或者任何其他类型的转移或者财产处置获利）也与家庭关系无关（无论是否有私人联系）。

雇员报酬是指边境、季节性和其他短期佣工在外国被雇佣所得的收入和在本国由外国实体机构雇佣所获得的收入。劳务报酬包括三大部分：现金形式的工资、实物工资和雇主的社会贡献。个人汇款是个人转移支付和雇员报酬的总和。

股权投资流量

股权投资流量包括外国直接投资和股权投资组合。国际通行的对外国直接投资的定义（根据BPM6）包括以下部分：证券投资，包括能够产生控制权或者决策影响力的证券投资；能够间接影响或者控制某公司的投资；对同类公司的投资；债务（除特定债务外）；逆向投资。直接投资关系框架提供了一个判断国际直接投资是否产生跨境产权关系的标准，该标准基于控制和影响。

国际直接投资可能采取绿地投资的方式，该方式是指投资者在东道国投资新的设施来运营新的项目；合资是指投资者与外国公司签订合作合同，以建立新的公司；收购和兼并是指投资者收购或者兼并已经存在的外国公司。国际货币基金组织认为，获得至少百分之十的投票权的投资才能被认为是外国直接投资。在实践中，许多国家设立了更高的门槛。许多国家未能报告再投资的收益，并且不同国家对长期贷款的定义也不一样。

股权投资组合被定义为权益证券的跨境交易和头寸，而不包含直接投资或者储备资产。权益证券是可流通、可交易的证券工具，通常在证券交易所或者“交易柜台”进行交易。证券的可流通性促进了交易，允许证券能够被不同实体所持有。可流通性允许投资分散化和多样化，并且可以随时收回投资。投资组合包括投资基金份额或者单位（由投资基金发行），它们由证券担保，也不作为储存资产或者直接投资。交易所买卖的金融衍生品虽然可以转让流通，但并不包括在投资组合中，而有专门的类别。

外部债务

外部债务水平会影响一国的信用水平和投资者的认知。外债的数据通过世界银行的债务报告系统（DRS）收集得到。债务水平由持有长期公开借款和政府担保借款的国家提交的贷款报告以及由国际清算银行报告系统或世界银行的《外债统计季报》中获取的国家信息综合计算得到。这些数据由主要的多边银行和在债权国的官方借贷机构的信息得到补充。目前，124 个发展中国家向 DRS 提供报告。债务数据以偿还货币进行报告，并用美元汇总公布。期末汇率被用来汇总存量数据（债务余额）和预计偿债量；年度平均汇率则用于流量数据。汇率来自 IMF 的《国际金融统计》。以多种货币、商品或者劳务进行偿还的债务以账面价值计算；债务附有货币保值条款的，也以账面价值计算。

虽然公共债务数据和政府担保的债务数据会以贷款为基础报告给 DRS，但私人长期未担保债务，每年由各国进行加总报告或者由世界银行为各国估算。私人未担保债务由基于世界银行《外债统计季报》的国家数据进行估算。

偿债总额是商品出口、服务出口和原始收入之和的一部分，用来衡量一国使用出口收益偿还债务的能力。

定义

商品贸易包括所有货物贸易并且不包括服务贸易。**净易货贸易条件指数**是单位出口产品价值指数对单位进口产品价值指数的比率，该指数以 2000 年作为基年进行衡量。**入境旅游支出**是指国际入境旅行者的支出，包括支付航空公司的旅费及其他为在目的国消费的商品或服务而预付的款项。其中可能包括当日往返游客，除非他们十分重要而被归类为其他单独的类别。数据按照 BMP6 的标准分为旅行和和客运项目。如果客运项目没有报告，将采用旅行项目。出口涉及所有本国居民与其他国家的交易，包括居民与非居民间一般商品的产权的变更、进行加工或修补的货物、非货币黄金和服务。**净官方发展援助**是满足发展援助委员会援助定义，并流入发展援助委员会援助名单上的国家和地区的官方发展援助流量（不包含本金的偿付），除以世界银行估计的国民总收入。**净移民**是指一段时期内的净总移民（移入少于移出，包括公民和非公民）。该数据五年估算一次。**个人汇款，接收量**是个人转移支付（一国居民接受或者支付给非居民的现金形式或者实物形式的报酬）和雇员报酬（基于雇佣关系，在企业生产中，给投入到生产过程中劳动力的报酬）的总和。**外商直接投资**是指跨境投资，在这种投资中某经济体中的居民对另外一个经济体中的企业管理具有控制权或者很大的影响力。**股权投资组合**是指外国直接投资之外的债券净流量，包括股份、股票、存单凭证和由外国投资者直接在当地股票市场购买的股份。**外债总额**是一国公共机构或者私人机构，借外国居民并且以外国货币、商品或者服务进行偿还的债务，是长期外债、短期外债和使用 IMF 贷款的总和。**偿债总额**是需要偿还的本金和利息总额，一般是以外币、商品或者服务进行支付的长期债务、短期债务的利息支付和对 IMF 的偿付（重购和付费）。商品和服务的出口及营业收入是商品和服务出口、非居民接受的劳动报酬及外国投资收益的总和。

数据资料来源

商品贸易数据来自世界贸易组织。贸易指数的数据来自联合国贸易和发展会议（UNCTAD）年度《统计手册》。旅游支出的数据来自世界旅游组织的《旅游业统计年报》，世界旅游组织（2013）及其电子资料的更新。政府开发援助净值的数据由 OECD 收集（http：//stats. oecd. org）。人口迁移的数据来自于联合国人口司（2011）。个人汇款的数据来自 IMF 的《国际收支统计年报》和世界银行的估计。外商直接投资的数据由世界银行基于 IMF 的国际收支统计数据和 UNCTAD 数据（http：//unctadstat. unctad. org/ReportFolders/reportFolders. aspx）估算得到。债券投资组合的数据来自于 IMF 的《国际收支统计年报》。外部债务的数据主要来自世界银行的报告，这些报告来自其成员国向 DRS 的报告，这些成员国已经接受了国际银行用来重建和发展的贷款或者国际发展援助信贷。其他相关信息还来自于世界银行、国际货币基金组织、非洲开发银行和非洲发展基金、亚洲开发银行和亚洲发展基金以及泛美开发银行的资料。发展中国家外债的简表每年由世界银行的《国际债务统计数据》和国际债务统计数据库发布。

参考文献

IMF (International Monetary Fund). Various issues. *International Financial Statistics.* Washington, DC.

———. Various years. *Balance of Payments Statistics Yearbook. Parts 1 and 2.* Washington, DC.

UNCTAD (United Nations Conference on Trade and Development). Various years. *Handbook of Statistics.* New York and Geneva.

UNHCR (Office of the UN High Commissioner for Refugees). 2013. *UNHCR Mid-Year Trends 2013.* Geneva.

United Nations Population Division. 2013. *World Population Prospects: The 2012 Revision.* New York: United Nations, Department of Economic and Social Affairs.

World Bank. 2014. *Global Economic Prospects: Commodity Market Outlook.* January 2014. Washington, DC.

———. Various years. *International Debt Statistics.* Washington, DC.

World Tourism Organization. 2013. *Compendium of Tourism Statistics 2013.* Madrid.

———. Various years. *Yearbook of Tourism Statistics. Vols. 1 and 2.* Madrid.

6 全球联系

在线数据表和指标

若要获取《世界发展指标》在线表格，请使用网址 http://wdi.worldbank.org/table/和表格编号（例如，http：//wdi.worldbank.org/table/6.1）。若要查看特定的在线指标，请使用网址 http：//data.worldbank.org/indicator/和指标编码（例如，http：//data.worldbank.org/Indicator/TX.QTY.MRCH.XD.WD）。

6.1 商品贸易增长

出口量	TX.QTY.MRCH.XD.WD
进口量	TM.QTY.MRCH.XD.WD
出口额	TX.VAL.MRCH.XD.WD
进口额	TM.VAL.MRCH.XD.WD
净易货贸易条件指数	TT.PRI.MRCH.XD.WD

6.2 商品贸易流向和增长

本表提供了各类经济体之间商品贸易流量的估计值。	..[a]

6.3 高收入经济体与中、低收入经济体的贸易

本表说明了发展中经济体在全球贸易体系中的重要性。	..[a]

6.4 发展中经济体的贸易流向

向发展中经济体区域内的出口	TX.VAL.MRCH.WR.ZS
向发展中经济体区域外的出口	TX.VAL.MRCH.OR.ZS
向高收入经济的出口	TX.VAL.MRCH.HI.ZS
来自发展中经济体区域内的进口	TM.VAL.MRCH.WR.ZS
来自发展中经济体区域外的进口	TM.VAL.MRCH.OR.ZS
来自高收入经济体的进口	TM.VAL.MRCH.HI.ZS

6.5 初级商品价格

本表提供了商品价格的历史数据。	..[a]

6.6 关税壁垒

所有产品，约束范围	TM.TAX.MRCH.BC.ZS
简单平均约束税率	TM.TAX.MRCH.BR.ZS
简单平均关税	TM.TAX.MRCH.SM.AR.ZS
加权平均关税	TM.TAX.MRCH.WM.AR.ZS
适用国际最高关税的份额	TM.TAX.MRCH.IP.ZS
适用特定关税税率的份额	TM.TAX.MRCH.SR.ZS
初级产品，简单平均关税	TM.TAX.TCOM.SM.AR.ZS
初级产品，加权平均关税	TM.TAX.TCOM.WM.AR.ZS
制成品，简单平均关税	TM.TAX.MANF.SM.AR.ZS
制成品，加权平均关税	TM.TAX.MANF.WM.AR.ZS

6.7 贸易便利

后勤绩效指数	LP.LPI.OVRL.XQ
海关手续负担	IQ.WEF.CUST.XQ
出口交货周期	LP.EXP.DURS.MD
进口交货周期	LP.IMP.DURS.MD
出口单据	IC.EXP.DOCS
进口单据	IC.IMP.DOCS
班轮运输相关性指数	IS.SHP.GCNW.XQ
港口设施质量	IQ.WEF.PORT.XQ

6.8 外部债务

外债总额，美元	DT.DOD.DECT.CD
外债总额，占 GNI 的百分比	DT.DOD.DECT.GN.ZS
长期债务，政府债务和政府担保债务	DT.DOD.DPPG.CD
长期债务，私人无担保债务	DT.DOD.DPNG.CD
短期债务，美元	DT.DOD.DSTC.CD
短期债务，占债务总额的百分比	DT.DOD.DSTC.ZS
短期债务，占储备总额的百分比	DT.DOD.DSTC.IR.ZS
债务还本付息总额	DT.TDS.DECT.EX.ZS
债务现值，占 GNI 的百分比	DT.DOD.PVLX.GN.ZS
债务现值，占货物、服务出口和初次收入的百分比	DT.DOD.PVLX.EX.ZS

6.9 全球私人资金流量

外国直接投资净流入，美元	BX.KLT.DINV.CD.WD
外国直接投资净流入，占 GDP 的百分比	BX.KLT.DINV.WD.GD.ZS
证券投资	BX.PEF.TOTL.CD.WD
债券	DT.NFL.BOND.CD
商业银行贷款和其他贷款	DT.NFL.PCBO.CD

6.10 净官方资金流量

来自双边机构的净资金流量	DT.NFL.BLAT.CD
来自多边机构的净资金流量	DT.NFL.MLAT.CD
世界银行，国际开发协会	DT.NFL.MIDA.CD
世界银行，国际复兴开发银行	DT.NFL.MIBR.CD
国际货币基金组织，优惠性	DT.NFL.IMFC.CD
国际货币基金组织，非优惠性	DT.NFL.IMFN.CD
地区性开发银行，优惠性	DT.NFL.RDBC.CD
地区性开发银行，非优惠性	DT.NFL.RDBN.CD
地区性开发银行，其他制度	DT.NFL.MOTH.CD

6.11 援助依存度

净官方发展援助	DT.ODA.ODAT.CD
人均净官方发展援助	DT.ODA.ODAT.PC.ZS
赠款，不包括技术合作	BX.GRT.EXTA.CD.WD
技术合作赠款	BX.GRT.TECH.CD.WD
净官方发展援助，占 GNI 的百分比	DT.ODA.ODAT.GN.ZS
净官方发展援助，占资本形成总额的百分比	DT.ODA.ODAT.GI.ZS

净官方发展援助，占货物、服务进口和收入的百分比	DT. ODA. ODAT. MP. ZS
净官方发展援助，占中央政府支出的百分比	DT. ODA. ODAT. XP. ZS

6.12 发展援助委员会成员国提供的净援助分布

来自发展援助委员会援助国的净双边援助	DC. DAC. TOTL. CD
美国	DC. DAC. USAL. CD
欧盟	DC. DAC. CECL. CD
德国	DC. DAC. DEUL. CD
法国	DC. DAC. FRAL. CD
英国	DC. DAC. GBRL. CD
日本	DC. DAC. JPNL. CD
荷兰	DC. DAC. NLDL. CD
澳大利亚	DC. DAC. AUSL. CD
加拿大	DC. DAC. CANL. CD
挪威	DC. DAC. NORL. CD
其他发展援助委员会援助国	..[a,b]

6.13 人口流动

净移民	SM. POP. NETM
国际移民存量	SM. POP. TOTL
受过高等教育的人口向 OECD 国家的移民率	SM. EMI. TERT. ZS
按来源国划分的移民	SM. POP. REFG. OR
按庇护国划分的移民	SM. POP. REFG
收到的个人汇款	BX. TRF. PWKR. CD. DT
支付的个人汇款	BM. TRF. PWKR. CD. DT

6.14 旅游和旅游业

国际入境旅游	ST. INT. ARVL
国际出境旅游	ST. INT. DPRT
入境旅游支出，美元	ST. INT. RCPT. CD
入境旅游支出，占出口的百分比	ST. INT. RCPT. XP. ZS
出境旅游支出，美元	ST. INT. XPND. CD
出境旅游支出，占进口的百分比	ST. INT. XPND. MP. ZS

a. 可以在线获得数据表的一部分，但不能获得单个指标。

b. 取自《世界发展指标》数据库外的数据。

基本数据文献

作为发展数据的主要使用者，世界银行认识到了在数据文档中将原始数据收集者（通常是各国统计机构、中央银行和海关部门）和国际组织（对世界发展指标数据库中的统计数据进行编制）所使用的不同方法和准则告知使用者的重要性。

本章提供了《世界发展指标》中有关主要人口统计、经济与环境指标的资料来源、数据收集计算方法以及报告标准。除此之外的文档可参阅世界发展指标数据库以及 http：//data. worldbank. org 上登载的世界银行统计能力的公告。

对高质量统计数据的需求与日俱增。统计数据为完善政策决策、证明结果以及加强公共责任提供了证据。然而，数据收集者之间的差别可能随着时间推移导致极大差异，国内和不同国家间都是如此。国家层面上的相关数据由于缺乏清晰文档，对其所用方法的担心可能使其不适用于标准化的国际应用。推迟公布数据和使用旧的调查方法作为当前预测的基础可能进一步降低所公布数据的质量。

为了应对这些挑战，提高数据传播质量，世界银行与其他国际机构、地区性发展银行、捐助人和其他合作伙伴紧密合作：

- 为统计制定合适的框架、指南和良好实践标准
- 建立共识，定义国际广泛认可的指标，如千年发展目标和2015年后发展议程
- 建立数据交换机制和方法
- 帮助国家提高统计能力

关于这些活动的更多信息以及其他数据项目参见 http：//dataworldbank. org。

基本数据文献

各经济体	货币	国民账户						国际收支和贸易			政府财政	IMF数据公布标准
		基年	参考年份	国民账户体系	SNA价格评估	替代转换系数	PPP调查年份	使用的《国际收支手册》	外债	贸易制度	会计概念	
阿富汗	阿富汗尼	2002/03		1993	B				A	G	C	G
阿尔巴尼亚	阿尔巴尼亚列克	[a]	1996	1993	B		Rolling	6	A	G	B	G
阿尔及利亚	阿尔及利亚第纳尔	1980		1968	B			6	A	S	B	G
美属萨摩亚	美元			1968						S		
安道尔	欧元	1990		1968						S		
安哥拉	安哥拉宽扎	2002		1993	P	1991–1996	2005	6	A	S	B	G
安提瓜和巴布达	东加勒比元	2006		1968	B			6		G	B	G
阿根廷	阿根廷比索	1993		1993	B	1971–1984	2005	6	A	S	C	S
亚美尼亚	亚美尼亚德拉姆	[a]	1996	1993	B	1990–1995	2005	6	A	S	C	S
阿鲁巴	阿鲁巴弗罗林	2000		1993	B			6		S		
澳大利亚	澳大利亚元	[a]	2011	2008	B		2011	6		G	C	S
奥地利	欧元	2005		1993	B		Rolling	6		S	C	S
阿塞拜疆	阿塞拜疆马纳特	2000		1993	B	1992–1995	2005	6	A	G	C	G
巴哈马	巴哈马元	2006		1993	B			6		G	B	G
巴林	第纳尔	1985		1968	P		2005	6		G	B	G
孟加拉国	孟加拉塔卡	1995/96		1993	B		2005	6	A	G	C	G
巴巴多斯	巴巴多斯元	1974		1968	B			6		G	B	G
白俄罗斯	白俄罗斯卢布	[a]	2000	1993	B	1990–1995	2005	6	A	G	C	S
比利时	欧元	2005		1993	B		Rolling	6		S	C	S
伯利兹	伯利兹元	2000		1993	B			6	A	G	B	G
贝宁	非洲法郎	1985		1968	P	1992	2005	6	A	S	B	G
百慕大	百慕大元	2006		1993	B			6		G		
不丹	努扎姆	2000		1993	B		2005	6	A	G	C	G
玻利维亚	玻利维亚诺	1990		1968	B	1960–1985	2005	6	A	G	C	G
波斯尼亚和黑塞哥维那	可兑换马克	[a]	1996	1993	B		Rolling	6	A	S	C	G
博茨瓦纳	波札那普拉	2006		1993	B		2005	6	A	G	B	G
巴西	巴西雷亚尔	2000		1993	B		2005	6	A	G	C	S
文莱	文莱元	2000		1993	P		2005			S		G
保加利亚	保加利亚列瓦	[a]	2002	1993	B	1978–1989, 1991–1992	Rolling	6	A	S	C	S
布基纳法索	非洲法郎	1999		1993	B	1992–1993	2005	6	A	G	B	G
布隆迪	布隆迪法郎	2005		1993	B		2005	6	A	S	C	G
佛得角	埃斯库多	2007		1993	P		2005	6	A	G	B	G
柬埔寨	柬埔寨瑞尔	2000		1993	B		2005	6	A	S	B	G
喀麦隆	非洲法郎	2000		1993	B		2005	6	A	S	B	G
加拿大	加拿大元	2005		2008	B		2011	6		G	C	S
开曼群岛	岛元	2007		1993						G		
中非共和国	非洲法郎	2000		1968	B		2005	6	A	S	B	G
乍得	非洲法郎	2005		1993	B		2005	6	P	S		G
海峡群岛	泽西镑和根西镑	2003	2007	1968	B							
智利	智利比索	2008		1993	B		2011	6		S	C	S
中国	人民币	2000		1993	P	1978–1993	2005	6	P	S	C	G
中国香港	港元	[a]	2011	2008	B		2005	6		G	C	S
中国澳门	澳门元	2011		1993	B		2005	6		G	C	G
哥伦比亚	哥伦比亚比索	2005		1993	B	1992–1994	2005	6	A	G	C	S
科摩罗	非洲法郎	1990		1968	P		2005		A	S		G
刚果民主共和国	刚果法郎	2000		1968	B	1999–2001	2005	6	A	S	C	G
刚果共和国	非洲法郎	1990		1968	P	1993	2005	6	P	S	C	G
哥斯达黎加	哥斯达黎加科郎	1991		1993	B			6	A	S	C	S
科特迪瓦	非洲法郎	1996		1968	P		2005	6	E	S	B	G
克罗地亚	克罗地亚库那	[a]	2005	1993	B		Rolling	6		G	C	S
古巴	古巴比索	2005		1993	B					S		
库拉索	荷属安的列斯盾			1993								
塞浦路斯	欧元	[a]	2000	1993	B		Rolling	6		G	C	S
捷克	捷克克朗	2005		1993	B		Rolling	6		S	C	S

	最新人口普查	最新人口、教育或健康家庭调查	最新收入和支出数据来源	人口动态登记的完整性	最新农业人口普查	最新工业数据	最新贸易数据	最新水资源使用数据
阿富汗	1979	MICS, 2010/11	IHS, 2008		2013/14		2012	2000
阿尔巴尼亚	2011	DHS, 2008/09	LSMS, 2012	Yes	2012	2010	2012	2006
阿尔及利亚	2008	MICS, 2012	IHS, 1995				2012	2001
美属萨摩亚	2010			Yes	2007			
安道尔	2011[b]			Yes			2006	
安哥拉	1970	MIS, 2011	IHS, 2008		2015			2005
安提瓜和巴布达	2011			Yes	2007		2012	2005
阿根廷	2010	MICS, 2011/12	IHS, 2012	Yes	2013	2002	2012	2000
亚美尼亚	2011	DHS, 2010	IHS, 2012	Yes	2013/14		2012	2007
阿鲁巴	2010			Yes			2012	
澳大利亚	2011		ES/BS, 1994	Yes	2011	2010	2012	2000
奥地利	2011[b]		IS, 2000	Yes	2010	2009	2012	2002
阿塞拜疆	2009	DHS, 2006	ES/BS, 2012	Yes	2015	2010	2012	2005
巴哈马	2010						2012	
巴林	2010			Yes			2011	2003
孟加拉国	2011	DHS, 2011	IHS, 2010		2008		2007	2008
巴巴多斯	2010	MICS, 2012		Yes	2010[c]		2012	2005
白俄罗斯	2009	MICS, 2012	ES/BS, 2012	Yes		2009	2012	2000
比利时	2011		IHS, 2000	Yes	2010	2009	2012	2007
伯利兹	2010	MICS, 2011	ES/BS, 2011				2012	2000
贝宁	2013	DHS, 2011/12	CWIQ, 2011		2011/12		2010	2001
百慕大	2010			Yes			2012	
不丹	2005	MICS, 2010	IHS, 2012		2009		2011	2008
玻利维亚	2012	DHS, 2008	IHS, 2009		2013	2001	2012	2000
波斯尼亚和黑塞哥维那	2013	MICS, 2011/12	LSMS, 2007	Yes			2012	2009
博茨瓦纳	2011	DHS, 1988	ES/BS, 2009/10		2011[c]	2010	2012	2000
巴西	2010	WHS, 2003	IHS, 2012		2006	2010	2012	2006
文莱	2011			Yes			2012	1994
保加利亚	2011	LSMS, 2007	ES/BS, 2007	Yes	2010	2010	2012	2009
布基纳法索	2006	DHS, 2010	CWIQ, 2009		2010		2011	2001
布隆迪	2008	MIS, 2012	CWIQ, 2006				2012	2000
佛得角	2010	DHS, 2005	ES/BS, 2007	Yes	2014		2012	2001
柬埔寨	2008	DHS, 2010	IHS, 2011		2013	2000	2012	2006
喀麦隆	2005	DHS, 2011	PS, 2007			2002	2012	2000
加拿大	2011		LFS, 2000	Yes	2011	2010	2012	1986
开曼群岛	2010			Yes				
中非共和国	2003	MICS, 2010	PS, 2008				2011	2005
乍得	2009	MICS, 2010	PS, 2002/03		2010/11		1995	2005
海峡群岛	2009/11[d]			Yes[e]				
智利	2012		IHS, 2011	Yes	2007	2008	2012	2007
中国	2010	NSS, 2007	IHS, 2008		2007	2007	2012	2005
中国香港	2011[f]			Yes		2010	2012	
中国澳门	2011			Yes		2010	2012	
哥伦比亚	2006	DHS, 2010	IHS, 2012		2013	2010	2012	2000
科摩罗	2003	DHS, 2012	IHS, 2004				2009	1999
刚果民主共和国	1984	DHS, 2013	1-2-3, 2004/05					2005
刚果共和国	2007	DHS, 2011/12	CWIQ/PS, 2011		2013	2009	2010	2002
哥斯达黎加	2011	MICS, 2011	IHS, 2012	Yes	2014	2010	2012	1997
科特迪瓦	1998	DHS, 2011/12	IHS, 2008		2014		2012	2005
克罗地亚	2011	WHS, 2003	ES/BS, 2008	Yes	2010		2012	2010
古巴	2012	MICS, 2010/11		Yes			2006	2007
库拉索								
塞浦路斯	2011			Yes	2010	2010	2012	2009
捷克	2011	WHS, 2003	IS, 1996	Yes	2010	2007	2012	2007

基本数据文献

各经济体	货币	国民账户 基年	参考年份	国民账户体系	SNA价格评估	替代转换系数	PPP调查年份	国际收支和贸易 使用的《国际收支手册》	外债	贸易制度	政府财政 会计概念	IMF数据公布标准
丹麦	丹麦克朗	2005		1993	B		Rolling	6		S	C	S
吉布提	非洲法郎	1990		1968	B		2005	6	A	G		G
多米尼克	东加勒比元	2006		1993	B			6	A	S	B	G
多米尼加共和国	多米加比索	1991		1993	B			6	A	G	C	G
厄瓜多尔	美元	2007		2008	B		2005	6	A	G	B	S
埃及	埃及镑	1991/92		1993	B		2005	6	A	G	C	S
萨尔瓦多	萨尔瓦多科郎	1990		1968	B			6	A	S	C	S
赤道几内亚	西非法郎	2000		1968	B	1965–1984	2005			G	B	
厄立特里亚	厄立特里亚纳克法	2000		1968	B			6	E			
爱沙尼亚	爱沙尼亚克朗	2005		1993	B	1987–1995	Rolling	6		S	C	S
埃塞俄比亚	埃塞俄比亚比尔	2011		1993	B		2005	6	A	G	B	G
法罗群岛	丹麦克朗			1993	B			6		G		
斐济	斐济元	2005		1993	B		2005	6	A	G	B	G
芬兰	欧元	2005		1993	B		Rolling	6		G	C	S
法国	欧元	[a]	2005	1993	B		Rolling	6		S	C	S
法属波利尼西亚	非洲法郎	1990/91		1993						S		
加蓬	非洲法郎	1991		1993	P	1993	2005	6	A	S		G
冈比亚	冈比亚达拉西	2004		1993	P		2005	6	A	G	B	G
格鲁吉亚	格鲁吉亚瓦瑞	[a]	1996	1993	B	1990–1995	2005	6	A	G	C	S
德国	欧元	2005		1993	B		Rolling	6		S	C	S
加纳	加纳塞迪	2006		1993	B	1973–1987	2005	6	P	G	B	G
希腊	欧元	[a]	2005	1993	B		Rolling	6		S	C	S
格陵兰	丹麦克朗	1990		1993						G		
格林纳达岛	东加勒比元	2006		1968	B			6	A	S	B	G
关岛	美元			1993						G		
危地马拉	危地马拉格查尔	2001		1993	B			6	E	S	B	G
几内亚	几内亚法郎	2003		1993	B		2005	6	E	S	B	G
几内亚比绍	非洲法郎	2005		1993	B		2005	6	E	G		G
圭亚那	圭亚那元	2006		1993	B			6	A	S		G
海地	海地古德	1986/87		1968	B	1991		6	A	G		G
洪都拉斯	洪都拉斯伦皮拉	2000		1993	B	1988–1989		6	A	S	C	G
匈牙利	匈牙利福林	[a]	2005	1993	B		Rolling	6	A	S	C	S
冰岛	冰岛克朗	2005		1993	B		Rolling	6		G	C	S
印度	印度卢比	2004/05		1993	B		2005	6	A	G	C	S
印度尼西亚	印度尼西亚卢比	2000		1993	P		2005	6	A	S	B	S
伊朗	伊朗里亚尔	1997/98		1993	B	1980–2002	2005	6	A	S	C	G
伊拉克	伊拉克第纳尔	1988		1968	P	1997, 2004	2005	6				G
爱尔兰	欧元	2005		1993	B		Rolling	6		G	C	S
马恩岛	马恩镑	2003		1968								
以色列	以色列新谢克尔	2005		1993	P		2011	6		S	C	S
意大利	欧元	2005		1993	B		Rolling	6		S	C	S
牙买加	牙买加元	2007		1993	B			6	A	G	C	G
日本	日元	2005		1993	B		2011	6		G	C	S
约旦	约旦第纳尔	1994		1968	B		2005	6	A	G		S
哈萨克斯坦	哈萨克斯坦滕戈	[a]	2000	1993	B	1987–1995	2005	6	A	G	C	S
肯尼亚	肯尼亚先令	2001		1993	B		2005	6	A	G	B	G
基里巴斯	澳元	2006		1993	B			6		G	B	G
朝鲜	朝鲜圆			1968				6				
韩国	韩圆	2005		1993	B		2011	6		G	C	S
科索沃	欧元	2008		1993	B				A			G
科威特	科威特第纳尔	1995		1968	P		2005	6		S	B	G
吉尔吉斯共和国	吉尔吉斯索姆	[a]	1995	1993	B	1990–1995	2005	6	A	S	B	S
老挝	老挝基普	2002		1993	B		2005	6	P	S	B	
拉脱维亚	拉脱维亚拉特	2000		1993	B	1987–1995	Rolling	6		S	C	S
黎巴嫩	黎巴嫩镑	1997		1993	B		2005	6	A	G	B	G
莱索托	莱索托洛蒂	2004		1993	B		2005	6	A	G	C	G

	最新人口普查	最新人口、教育或健康家庭调查	最新收入和支出数据来源	人口动态登记的完整性	最新农业人口普查	最新工业数据	最新贸易数据	最新水资源使用数据
丹麦	2011		ITR, 1997	Yes	2010	2009	2012	2009
吉布提	2009	MICS, 2006	PS, 2002				2009	2000
多米尼克	2011			Yes			2012	2004
多米尼加共和国	2010	DHS, 2013	IHS, 2012		2012/13		2012	2005
厄瓜多尔	2010	RHS, 2004	IHS, 2012		2013/15	2008	2012	2005
埃及	2006	DHS, 2008	ES/BS, 2011	Yes	2009/10	2010	2012	2000
萨尔瓦多	2007	RHS, 2008	IHS, 2012	Yes	2007/08		2012	2007
赤道几内亚	2002	DHS, 2011	PS, 2006					2000
厄立特里亚	1984	DHS, 2002	PS, 1993			2010	2003	2004
爱沙尼亚	2012	WHS, 2003	ES/BS, 2004	Yes	2010	2010	2012	2007
埃塞俄比亚	2007	DHS, 2011	ES/BS, 2010/11			2009	2012	2002
法罗群岛	2011			Yes			2009	
斐济	2007		ES/BS, 2009	Yes	2009	2009	2012	2000
芬兰	2010		IS, 2000	Yes	2010	2009	2012	2005
法国	2006[g]		ES/BS, 1994/95	Yes	2010	2009	2012	2007
法属波利尼西亚	2007			Yes			2012	
加蓬	2013	DHS, 2012	CWIQ/IHS, 2005				2009	2005
冈比亚	2013	DHS, 2013	IHS, 2010			2004	2011	2000
格鲁吉亚	2002	MICS, 2005; RHS, 2005	IHS, 2011	Yes		2010	2012	2005
德国	2011		IHS, 2000	Yes	2010	2009	2012	2007
加纳	2010	MICS, 2011	LSMS, 2005/06		2013/14	2003	2012	2000
希腊	2011		IHS, 2000	Yes	2009	2007	2012	2007
格陵兰	2010			Yes			2012	
格林纳达岛	2011	RHS, 1985		Yes	2012		2009	2005
关岛	2010			Yes	2007			
危地马拉	2002	RHS, 2008/09	LSMS, 2011	Yes	2013		2012	2006
几内亚	1996	DHS, 2012	CWIQ, 2012				2008	2001
几内亚比绍	2009	MICS, 2010	CWIQ, 2010				2005	2000
圭亚那	2012	DHS, 2009	IHS, 1998				2012	2000
海地	2003	HIV/MCH SPA, 2013	IHS, 2001		2008/09		1997	2000
洪都拉斯	2013	DHS, 2011/12	IHS, 2010		2013		2012	2006
匈牙利	2011	WHS, 2003	ES/BS, 2007	Yes	2010	2009	2012	2007
冰岛	2011			Yes	2010	2005	2012	2005
印度	2011	DHS, 2005/06	IHS, 2012		2011	2009	2012	2010
印度尼西亚	2010	DHS, 2012	IHS, 2013		2013	2009	2012	2000
伊朗	2011	DHS, 2000	ES/BS, 2005	Yes	2013	2009	2011	2004
伊拉克	1997	MICS, 2011	IHS, 2007		2011/12			2000
爱尔兰	2011		IHS, 2000	Yes	2010	2009	2012	1979
马恩岛	2011			Yes				
以色列	2009		ES/BS, 2001	Yes		2009	2012	2004
意大利	2012		ES/BS, 2000	Yes	2010	2009	2012	2000
牙买加	2011	MICS, 2011	LSMS, 2010		2007		2012	1993
日本	2010		IS, 1993	Yes	2010	2010	2012	2001
约旦	2004	DHS, 2012	ES/BS, 2010		2007	2010	2012	2005
哈萨克斯坦	2009	MICS, 2010/11	ES/BS, 2012	Yes			2012	2010
肯尼亚	2009	MIS, 2010; HIV/MCH SPA, 2010	IHS, 2005/06		2009[c]	2010	2010	2003
基里巴斯	2010						2012	
朝鲜	2008	MICS, 2009						2005
韩国	2010		ES/BS, 1998	Yes	2010	2008	2012	2002
科索沃	2011		IHS, 2011					
科威特	2011	FHS, 1996		Yes		2010	2009	2002
吉尔吉斯共和国	2009	DHS, 2012	ES/BS, 2012	Yes	2014	2010	2012	2006
老挝	2005	MICS, 2011/12	ES/BS, 2008		2010/11			2005
拉脱维亚	2011	WHS, 2003	IHS, 2008	Yes	2010	2010	2012	2002
黎巴嫩	1970	MICS, 2000		Yes	2011	2007	2012	2005
莱索托	2006	DHS, 2009	ES/BS, 2002/03		2010		2009	2000

基本数据文献

各经济体	货币	国民账户 基年	参考年份	国民账户体系	SNA价格评估	替代转换系数	PPP调查年份	国际收支和贸易 使用的《国际收支手册》	外债	贸易制度	政府财政 会计概念	IMF数据公布标准
利比里亚	利比里亚第纳	2000		1968	P		2005	6	A	S	B	G
利比亚	利比亚第纳尔	1999		1993	B	1986		6		G		G
列支敦士登	瑞士法郎	1990		1993	B					S		
立陶宛	立陶宛立特	2000		1993	B	1990–95	Rolling	6		G	C	S
卢森堡	欧元	[a]	2005	1993	B		Rolling	6		S	C	S
前南斯拉夫马其顿共和国	马其顿第纳尔	1995		1993	B		Rolling	6	A	S	C	S
马达加斯加	马尔加什法郎	1984		1968	B		2005	6	A	S	C	G
马拉维	马拉维克瓦查	2009		1993	B		2005	6	A	G		G
马来西亚	马来西亚林吉特	2005		1993	P		2005	6	E	G	B	S
马尔代夫	马尔代夫卢比	2003		1993	B		2005	6	A	G	C	G
马里	非洲法郎	1987		1968	B		2005	6	A	S	B	G
马耳他	欧元	2005		1993	B		Rolling	6		G	C	S
马绍尔群岛	美元	2004		1968	B					G		
毛里塔尼亚	毛里塔尼亚乌吉亚	2004		1993	B		2005	6	A	S		G
毛里求斯	毛里求斯卢比	2006		1993	B		2005	6	A	G		S
墨西哥	墨西哥新比索	2008		2008	B		2011	6	A	G	C	S
密克罗尼西亚	美元	2004		1993	B							
摩尔多瓦	摩尔多瓦列伊	[a]	1996	1993	B	1990–95	2005	6	A	G	C	S
摩纳哥	欧元	1990		1993						S		
蒙古	蒙古图格里克	2005		1993	B		2005	6	A	G	C	G
黑山	欧元	2000		1993	B		Rolling	6	A	S		G
摩洛哥	摩洛哥迪拉姆	1998		1993	B		2005	6	A	S	C	S
莫桑比克	莫桑比克梅蒂卡尔	2003		1993	B	1992–95	2005	6	A	S	B	G
缅甸	缅元	2005/06		1968	P			6	E	G	C	G
纳米比亚	纳米比亚元	2004/05		1993	B		2005	6		G	B	G
尼泊尔	卢比	2000/01		1993	B		2005	6	A	G	B	G
荷兰	欧元	[a]	2005	1993	B		Rolling	6		S	C	S
新喀里多尼亚	非洲法郎	1990		1993						S		
新西兰	新西兰元	2005/06		1993	B		2011	6		G	C	
尼加拉瓜	尼加拉瓜金科多	2006		1993	B	1965–95		6	A	G	B	G
尼日尔	非洲法郎	2006		1993	P	1993	2005	6	A	S	B	G
尼日利亚	尼日利亚奈拉	1990		1993	B	1971–98	2005	6	A	G	B	G
北马里亚纳群岛	美元			1968								
挪威	挪威克郎	[a]	2005	1993	B		Rolling	6		G	C	S
阿曼	阿曼里亚尔	1988		1993	P		2005	6		G	B	G
巴基斯坦	巴基斯坦卢比	2005/06		1993	B		2005	6	A	G	B	G
帕劳	美元	2005		1993	B					S		G
巴拿马	巴拿马巴波亚	1996		1993	B			6	A	S	C	G
巴布亚新几内亚	巴布亚新几内亚基那	1998		1993	B	1989		6	A	G	B	G
巴拉圭	巴拉圭瓜拉尼	1994		1993	B		2005	6	A	S	C	G
秘鲁	科鲁新索尔	1994		1993	B	1985–90	2005	6	A	S	C	S
菲律宾	菲律宾比索	2000		1993	P		2005	6	A	G	B	S
波兰	波兰兹罗提	[a]	2005	1993	B		Rolling	6		S	C	S
葡萄牙	欧元	2005		1993	B		Rolling	6		S	C	S
波多黎各	美元	1954		1968	P					G		
卡塔尔	卡塔尔里亚尔	2001		1993	P		2005			S	B	G
罗马尼亚	新卢旺达列伊	2000		1993	B	1987–89, 1992	Rolling	6	A	S	C	S
俄罗斯联邦	俄罗斯卢布	2000		1993	B	1987–95	2011	6		G	C	S
卢旺达	卢旺达法郎	2006		1993	P	1994	2005	6	A	G	B	G
萨摩亚	萨摩亚塔拉	2002		1993	B			6	A	S	B	G
圣马力诺	挪威克郎	1995	2000	1993	B						C	G
圣多美和普林西比	多布腊	2001		1993	P		2005	6	A	S	B	G
沙特阿拉伯	沙特阿拉伯里亚尔	1999		1993	P		2005	6		S		G
塞内加尔	非洲法郎	1999	1987	1993	B		2005	6	A	G	B	G
塞尔维亚	南斯拉夫新第纳尔	[a]	2002	1993	B		Rolling	6	A	S	C	G

	最新人口普查	最新人口、教育或健康家庭调查	最新收入和支出数据来源	人口动态登记的完整性	最新农业人口普查	最新工业数据	最新贸易数据	最新水资源使用数据
利比里亚	2008	DHS, 2013	CWIQ, 2007		2008[c]			2000
利比亚	2006				2013/14		2010	2000
列支敦士登	2010			Yes				
立陶宛	2011		ES/BS, 2008	Yes	2010	2010	2012	2007
卢森堡	2011			Yes	2010	2009	2012	1999
前南斯拉夫马其顿共和国	2002	MICS, 2011	ES/BS, 2009	Yes	2007	2010	2012	2007
马达加斯加	1993	MIS, 2013	PS, 2010			2006	2012	2000
马拉维	2008	HIV/MCH SPA, 2013	IHS, 2010/11		2006/07	2009	2011	2005
马来西亚	2010	WHS, 2003	ES/BS, 2012	Yes	2015	2010	2012	2005
马尔代夫	2006	DHS, 2009	IHS, 2010	Yes			2012	2008
马里	2009	DHS, 2012/13	IHS, 2009/10				2012	2000
马耳他	2011			Yes	2010	2008	2012	2002
马绍尔群岛	2011				2011[c]			
毛里塔尼亚	2013	MICS, 2011	IHS, 2008				2012	2005
毛里求斯	2011	RHS, 1991		Yes	2013/14	2010	2012	2003
墨西哥	2010	ENADID, 2009	IHS, 2012		2007	2010	2012	2009
密克罗尼西亚	2010		IHS, 2000					
摩尔多瓦	2004	MICS, 2012	ES/BS, 2012	Yes	2011	2010	2012	2007
摩纳哥	2008			Yes				2009
蒙古	2010	MICS, 2010	LSMS, 2012	Yes	2012	2008	2007	2009
黑山	2011	MICS, 2005/06	ES/BS, 2011	Yes	2010		2012	2010
摩洛哥	2004	MICS/PAPFAM, 2006	ES/BS, 2007		2012	2010	2012	2000
莫桑比克	2007	DHS, 2011	ES/BS, 2008/09		2009/10		2012	2001
缅甸	1983	MICS, 2009/10			2010	2003	2010	2000
纳米比亚	2011	DHS, 2013	ES/BS, 2009/10		2014		2012	2002
尼泊尔	2011	DHS, 2011	LSMS, 2011		2011/12	2008	2011	2006
荷兰	2011		IHS, 1999	Yes	2010	2008	2012	2008
新喀里多尼亚	2009			Yes			2012	
新西兰	2013		IS, 1997	Yes	2012	2009	2012	2002
尼加拉瓜	2005	RHS, 2006/2007	LSMS, 2009		2011		2012	2001
尼日尔	2012	DHS, 2012	CWIQ/PS, 2007		2004-08	2002	2012	2005
尼日利亚	2006	DHS, 2013	IHS, 2010		2013		2012	2005
北马里亚纳群岛	2010				2007			
挪威	2011		IS, 2000	Yes	2010	2008	2012	2006
阿曼	2010	MICS, 2012			2012/13	2010	2012	2003
巴基斯坦	1998	DHS, 2012/13	IHS, 2008		2010	2006	2012	2008
帕劳	2010			Yes			2012	
巴拿马	2010	LSMS, 2008	IHS, 2011		2011	2001	2011	2000
巴布亚新几内亚	2011	LSMS, 1996	IHS, 2009/10				2012	2005
巴拉圭	2012	RHS, 2008	IHS, 2011		2008	2002	2012	2000
秘鲁	2007	Continuous DHS, 2013	IHS, 2012		2012	2010	2012	2000
菲律宾	2010	DHS, 2013	ES/BS, 2012	Yes	2012	2008	2012	2009
波兰	2011		ES/BS, 2010	Yes	2010	2009	2012	2009
葡萄牙	2011		IS, 1997	Yes	2009	2009	2012	2002
波多黎各	2010	RHS, 1995/96		Yes	2007	2006		2005
卡塔尔	2010	MICS, 2012		Yes		2010	2012	2005
罗马尼亚	2011	RHS, 1999	LFS, 2010	Yes	2010	2010	2012	2009
俄罗斯联邦	2010	WHS, 2003	IHS, 2012	Yes	2014	2010	2012	2001
卢旺达	2012	MIS, 2013	IHS, 2011		2008		2012	2000
萨摩亚	2011	DHS, 2009			2009		2012	
圣马力诺	2010			Yes				
圣多美和普林西比	2012	DHS, 2008/09	PS, 2009/10		2011/12		2012	1993
沙特阿拉伯	2010	Demographic survey, 2007			2010	2006	2011	2006
塞内加尔	2013	Continuous DHS, 2013/14; HIV/MCH SPA, 2013/14	PS, 2010/11		2013	2010	2012	2002
塞尔维亚	2011	MICS, 2010	IHS, 2010	Yes	2012	2010		2009

基本数据文献

各经济体	货币	国民账户 基年	参考年份	国民账户体系	SNA价格评估	替代转换系数	PPP调查年份	国际收支和贸易 使用的《国际收支手册》	外债	贸易制度	政府财政 会计概念	IMF数据公布标准
塞舌尔	塞舌尔卢比	2006		1993	P			6	A	G	C	G
塞拉利昂	塞拉利昂利昂	2006		1993	B		2005	6	A	S	B	G
新加坡	新加坡元	2005		2008	B		2005	6		G	C	S
荷属圣马丁	荷属安的列斯盾			1993								
	欧元											
斯洛伐克共和国	欧元	2005		1993	B		Rolling	6		S	C	S
斯洛文尼亚	所罗门群岛元	[a]	2005	1993	B		Rolling	6		S	C	S
所罗门群岛	索马里先令	2004		1993	B			6	A	S		G
索马里	南非兰特	1985		1968	B	1977–1990			E			
南非	南苏丹镑	2005		1993	B		2005	6	P	G	C	S
南苏丹	欧元	2009		1993								
西班牙	斯里兰卡卢比	2005		1993	B		Rolling	6		S	C	S
斯里兰卡	东加勒比元	2002		1993	P		2005	6	A	G	B	G
圣基茨和尼维斯	东加勒比元	2006		1993	B			6		S	B	G
圣卢西亚	欧元	2006		1968	B			6	A	S	B	G
法属圣马丁	东加勒比元			1993								
圣文森特和格林纳丁斯		2006		1993	B			6	A	S	B	G
	苏丹第纳尔											
苏丹	苏里南盾	1981/82[h]	1996	1968	B		2005	6	A	G	B	G
苏里南	里兰吉尼	2007		1993	B			6		G	B	G
斯威士兰	瑞典克朗	2000		1993	B		2005	6	A	G	C	G
瑞典	瑞士法朗	[a]	2005	1993	B		Rolling	6		G	C	S
瑞上	叙利亚镑	2005		1993	B		Rolling	6		S	C	S
阿拉伯叙利亚共和国	塔吉克索莫尼	2000		1968	B	1970–2010	2005	6	E	S	B	G
塔吉克斯坦	坦桑尼亚先令	[a]	2000	1993	B	1990–1995	2005	6	A	G	C	G
坦桑尼亚	泰铢	[a]	2001	1993	B		2005	6	A	G	B	G
泰国	美元	1988		1993	P		2005	6	A	S	C	S
东帝汶	非洲法朗	2010		2008	B					S		G
多哥	潘比	2000		1968	P		2005	6	A	S	B	G
汤加	特立尼达和	2010/11		1993	B			6	A	G		G
特立尼达和多巴哥	多巴哥元	2000		1993	B			6		S	C	G
	突尼斯第纳尔											
突尼斯	土耳其里拉	1990		1993	B		2005	6	A	G	C	S
土耳其	土库曼斯坦马纳特	1998		1993	B		Rolling	6	A	S	C	S
土库曼斯坦		2005		1993	B	1987–1995,		6	E	G		
	美元					1997–2007						
特克斯和凯科斯群岛	澳大利亚元			1993						G		
图瓦卢	乌干达先令	2005		1968	B					G		G
乌干达	乌克兰格里夫尼亚	2001/02		1968	B		2005	6	A	G	B	G
乌克兰	阿联酋迪拉姆	[a]	2003	1993	B	1987–1995	2005	6	A	G	C	S
阿拉伯联合酋长国	英镑	2007		1993	P			6		G	C	G
英国	美元	2005		1993	B		Rolling	6		G	C	S
美国	乌拉圭比索	[a]	2005	2008	B		2011	6		G	C	S
乌拉圭	乌兹别克苏姆	2005		1993	B		2005	6		G	C	S
乌兹别克斯坦	瓦图	[a]	1997	1993	B	1990–1995		6	A	G		
瓦努阿图	委内瑞拉博利瓦	2006		1993	B			6	E	G	B	G
委内瑞拉	越南盾	1997		1993	B		2005	6	A	G	C	G
越南	美元	2010		1993	P	1991	2005	6	A	G		G
美属维尔京群岛	以色列谢克尔	1982		1968						G		
西岸和加沙	也门里亚尔	1997		1968	B			6		S	B	S
也门共和国	赞比亚克瓦查	1990		1993	P	1990–1996	2005	6	A	S	B	G
赞比亚	津巴布韦元	1994		1968	B	1990–1992	2005	6	A	S	B	G
津巴布韦		2009		1993	B	1991, 1998	2005	6	A	G	C	G

	最新人口普查	最新人口、教育或健康家庭调查	最新收入和支出数据来源	人口动态登记的完整性	最新农业人口普查	最新工业数据	最新贸易数据	最新水资源使用数据
塞舌尔	2010		BS, 2006/07	Yes	2011		2008	2005
塞拉利昂	2004	DHS, 2013; MIS, 2013	IHS, 2011				2002	2005
新加坡	2010	NHS, 2010		Yes		2010	2012	1975
荷属圣马丁	2011			Yes				
斯洛伐克共和国	2011	WHS, 2003	IS, 2009	Yes	2010	2009	2012	2007
斯洛文尼亚	2011[b]	WHS, 2003	ES/BS, 2004	Yes	2010	2010	2012	2009
所罗门群岛	2009		IHS, 2005/06		2012/13		2012	
索马里	1987	MICS, 2006						2003
南非	2011	DHS, 2003; WHS, 2003	ES/BS, 2010		2007	2010	2012	2000
南苏丹	2008		ES/BS, 2009					
西班牙	2011		IHS, 2000	Yes	2010	2009	2012	2008
斯里兰卡	2012	DHS, 2006/07	ES/BS, 2010	Yes	2013/14	2010	2012	2005
圣基茨和尼维斯	2011			Yes			2011	
圣卢西亚	2010	MICS, 2012	IHS, 1995	Yes	2007		2008	2005
法属圣马丁								
圣文森特和格林纳丁斯	2011			Yes			2012	1995
苏丹	2008	SHHS, 2010	ES/BS, 2009		2013/14	2001	2011	2005[i]
苏里南	2012	MICS, 2010	ES/BS, 1999	Yes	2008		2011	2000
斯威士兰	2007	MICS, 2010	ES/BS, 2009/10		2007[c]		2007	2000
瑞典	2011		IS, 2000	Yes	2010	2009	2012	2007
瑞士	2010		ES/BS, 2000	Yes	2008	2007	2012	2000
阿拉伯叙利亚共和国	2004	MICS, 2006	ES/BS, 2004		2014		2010	2005
塔吉克斯坦	2010	DHS, 2012	LSMS, 2009		2013		2000	2006
坦桑尼亚	2012	HIV/MCH SPA, 2013/14	ES/BS, 2011/12		2007/08	2007	2012	2002
泰国	2010	MICS, 2012	IHS, 2011		2013	2006	2012	2007
东帝汶	2010	DHS, 2009/10	LSMS, 2007		2010[c]		2005	2004
多哥	2010	DHS, 2013	CWIQ, 2011		2011/12		2012	2002
汤加	2006						2012	
特立尼达和多巴哥	2011	MICS, 2011	IHS, 1992	Yes		2006	2010	2000
突尼斯	2004	MICS, 2011/12	IHS, 2010		2014/15	2006	2011	2001
土耳其	2011	DHS, 2003; WHS, 2003	LFS, 2009			2009	2012	2003
土库曼斯坦	2012	MICS, 2011	LSMS, 1998	Yes			2000	2004
特克斯和凯科斯群岛	2012			Yes			2012	
图瓦卢	2012						2008	
乌干达	2002	AIS, 2011; DHS, 2011	PS, 2009/10		2008/09	2000	2012	2002
乌克兰	2001	MICS, 2012	ES/BS, 2009	Yes	2012/13		2012	2005
阿拉伯联合酋长国	2010				2012		2011	2005
英国	2011		IS, 1999	Yes	2010	2009	2012	2007
美国	2010		LFS, 2000	Yes	2012	2008	2012	2005
乌拉圭	2011	MICS, 2012	IHS, 2012	Yes	2011	2008	2012	2000
乌兹别克斯坦	1989	MICS, 2006	ES/BS, 2011	Yes				2005
瓦努阿图	2009	MICS, 2007			2007		2011	
委内瑞拉	2011	MICS, 2000	IHS, 2012	Yes	2007		2011	2000
越南	2009	MICS, 2010/11	IHS, 2010	Yes	2011/12	2010	2011	2005
美属维尔京群岛	2010			Yes	2007			
西岸和加沙	2007	MICS, 2010	IHS, 2009			2010		2005
也门共和国	2004	DHS, 2013	ES/BS, 2005			2006	2012	2005
赞比亚	2010	DHS, 2013	IHS, 2010		2010[c]		2011	2002
津巴布韦	2012	DHS, 2010/11	IHS, 2011/12				2012	2002

注：表中使用的缩略语的解释，见表后的说明。

a. 重新调整了原不变价格数据。b. 人口数据汇编自管理登记机构。c. 人口和家庭普查。d. 最近的人口普查：Guernsey，2009；Jersey，2011。e. 根西岛和泽西岛的人口登记。f. 1986 年和 1996 年的人口普查基于 1/7 的人口样本，而 2006 年的人口普查基于 1/10 的人口样本。f. 滚动抽样式普查基于连续的样本调查。h. 从 1996 年起，报告期由财政年度改为日历年度。1996 年之前的数据已转换为日历年度数据。i. 包括南苏丹。

基本数据文献

基本数据文献的说明

基年是在各国的国民经济账户计算中用以作为不变价格基期的年份。来自国民经济账户加总数值的价格指数，如GDP隐含平减指数，以相对于基年价格的当年价格表示。**参考年份**是指一国本币不变价格序列进行评估的年份。通常情况下，参考年份是与基年相同的，同样用于报告不变价格序列。然而，当不变价格数据链式相连时，基年每年都会变化，所以针对特定的参考年份，需要重新调整数据，以便提供一致的时间序列。当一国没有对基年的数据做出以上调整，世界银行的工作人员就会重新调整数据，以便维持较长的历史时间序列。为了进行跨国之间的比较或者对数据进行加总，《世界发展指标》提供的不变价格数据都会重新调整为共同的参考年份（2000年）和共同的货币（美元）。**国民账户体系**鉴别一个国家是使用的1968年的国民账户体系、1993年的国民账户体系，还是2008年的国民账户体系。**SNA价格评估**表明国民账户中的增加值是以基本价格（VAB）来报告，还是以生产者价格（VAP）来报告。生产者价格中包括了生产者缴纳的税值，因而一般会夸大生产中的实际增加值。然而，对于那些农业补贴较高的国家来讲，其基本价格可能高于生产者价格。**替代转换系数**是那些以世界银行估算的转换系数替代了官方汇率（IMF的《国际金融统计》）的国家和年份。更多有关转换系数的讨论，见统计方法。**购买力平价（PPP）调查年份**指的是可获得国际比较项目的购买力平价（PPPs）估测值的最近调查年份。**使用的国际收支手册**是指为编制和报告国际收支数据项目而采用的分类体系。BPM6指IMF的《国际收支手册》第6版（2009）。**外部债务**表明2012年公布的债务情况。A表明已报告数据。P表明基于报告数据或者收集的信息，但包含有世界银行工作人员的估算。E是指世界银行工作人员估算的数据。**贸易制度**指一般贸易制度（G）或特别贸易制度（S）。在一般贸易制度下，直接用于国内消费或存放在海关货栈中的货物都在第一次到达时被记录为进口。在特别贸易制度下，当货物入境或从海关货栈移出时如申报用于国内消费，则记录为进口。一般贸易制度下的出口包括以下向外运送的货物：（a）全部或部分由该国生产的货物；（b）既未申报为，也不会转化为用户国内消费的从海关货栈外运的外国货物；（c）申报用于国内消费，在未转化的情况下外运的本国货物。在特别贸易制度下，出口包括（a）类和（c）类。按某些编制方法，（b）类和（c）类被列为再出口。由仅出于运输目的而进入和离开的货物组成的直接过境贸易不包括在进出口贸易统计中。**政府财务会计概念**描述了中央政府财政数据报告的会计基础。大多数国家的政府财政数据已将（C）并入一套会计账户中，它包括所有中央政府的财政活动。中央政府预算账户（B）不包括中央政府单位。**IMF数据公布标准**列示了同意IMF的特别数据公布标准（SDDS）或者一般数据公布标准（GDDS）的国家。“S”指同意SDDS并且已在标准传播公告板上公布数据的国家（http：//dsbb. imf. org）；而“G”指赞同GDDS的国家。对那些已得到或正式寻求进入国际资本市场途径的成员国，IMF建立SDDS以引导它们向公众提供经济和金融数据。GDDS有助于指导成员国向公众及时公布综合的、可以获得的、可靠的经济、金融和社会人口统计资料。IMF的成员国可以自愿选择参与SDDS或GDDS。GDDS和SDDS两者有望提高及时、完整的数据的可获得性，从而有助于健康的宏观经济政策的执行。SDDS也有望改善金融市场的功能。**最新的人口普查**表明了进行人口普查并至少公布了初步结果的最近年份。在基本数据（例如，按年龄和性别划分的人口，以及会计账目、覆盖面和完整性的详细定义）可得的情况下，我们能够通过及时的修订反映最近人口普查的初步结果。基于登记制度进行普查的国家每隔5年或者10年也会生成类似人口普查的表格，而不是执行传统的人口普查。德国2001年的人口普查是利用1.2%的人口进行的以注册为基础的测试普查。法国的情况较为罕见，其自2004年以来每年都开展滚动普查，其最新的同时覆盖全部人口的普查是1999年的全民人口普查。**最新人口统计、教育或健康家庭调查**提供了在第二部分编制人口、教育和健康数据时使用的有关调查的信息。AIS是艾滋病指标调查，DHS是人口和卫生调查，ENADAD是人口动态国家调查，FHS是家庭健康调查，HIV/MCH是HIV/母亲和儿童健康，LSMS是生活水平测量研究调查，MICS是多指标集群调查，MIS是疟疾指标调查，NHS是国家健康调查，NSS是人口变化的全国抽样调查，PAPFAM是泛阿拉伯家庭卫生项目，RHS是生殖卫生调查，SHHS是苏丹家庭健康状况调查，SPA是服务供应评估，WHS是世界健康调查。有关AIS、DHS、MIS和SPA的详细信息，见www. measuredhs. com；有关MICS的详细信息，见www. childinfo. org；有关RHS的详细信息，见www. cdc. gov/reproductivehealth；有关WHS的详细信息见www. who. int/healthinfo/survey/en。**最新收入和支出数据来源**是为采集收入和支出数据而进行的家庭调查。家庭调查的名称详细信息，见国际家庭调查网站（www. surveynetwork. org）。核心福利指标问卷调查（CWIQ）是世界银行开发的，其衡量的是不同人口组别的关键社会指标，尤其是对核心社会和经济服务的获取、使用和满意度的指标。支出调查/预算调查（ES/BS）收集了家庭消费和人口、社会和经济总体特点的详细信息。家庭综合调查（IHS）收集了各种项目的详细信息，包括卫生、教育、经济活动、住房和公共事业。收入调查（IS）收集了关于家庭收入和财富，以及各种社会和经济特点的信息。所得税登记（ITR）提供了人口的收入和补贴的信息，如总收入、应纳税所得额和不同经济群体纳税。劳动力核心调查（LFS）收集的信息包括就业、失业、劳动小时数、收入和工资。生活水平衡量调查（LSMS）是由世界银行开发的，它提供了家庭财富及其影响因素的全面图景，通常合并了个人、家庭和社区层面的数据。优先调查（PS）是由世界银行设计的根据监测结果显示的调查，其高效快捷地收集了大量家庭的成本数据。1－2－3调查（1－2－3）的实施分三个阶段，其收集的是社会人口和就业数据、非正规部门的数据，以及生活条件和家庭消费的信息。**人口动态登记完整性**是人口动态登记（出生与死亡）统计的完整性至少达到90%的国家，经由联合国统计署确认，并公布在《人口与人口动态统计报告》中。相对于其他国家，拥有完整的人口动态统计登记的国家能提供更准确、更及时的人口统计指标。**最新农业人口普查**列举了最近一次进行或计划进行农业人口普查并报告给联合国粮食与农业组织的年份。**最新产业数据**指在联合国工业发展组织数据库中可得到的，按国际标准产业分类（第2次或第3次修订版）三位数水平的制造业增加值数据的最近年份。**最新贸易数据**指从联合国商品贸易统计数据库获得的最近年份的有关商品贸易的数据。**最新水资源使用数据**指根据不同来源的淡水数据进行汇编的最近年份。

特殊报告时期

大多数经济体的财政年度是与日历年一致的，本表给出了例外情况。财政年度的截止期是中央政府财政年度结束的日期。其下属各级政府的财年和统计调查的报告年份可能不同。

国民账户数据的报告期被指定为基于日历年度（CY）或者财政年度（FY）。大多数经济体用日历年度来报告其国民账户和国际收支数据，但也有一些国家使用跨两个日历年的财政年度。在《世界发展指标》中，财年的数据被指定为占该财年较大部分时间的日历年的数据。如果某个国家的财年截止期在6月30日前，其数据将列在该财年期间日历年的第一年中；如果财年截止期在6月30日或以后，该数据将列在第二年。在《世界发展指标》中国际收支数据按日历年列示。

对国民账户数据的修订

当改变方法或者完善数据资料来源时，各国统计机构就会对其国民账户数据进行修订。当数据资料来源发生改变时，《世界发展指标》中的国民账户数据也会修订。以下的注释尽管不全面，但也提供了对以前数据修订的信息。**澳大利亚**：当前序列增加值由澳大利亚统计局更新；修订了1990年之后的数据；澳大利亚使用SNA2008体系。**博茨瓦纳**：根据官方政府数据，修订了2006年之后的国民账户数据；2006年之前的数据以财政年度为基础报告。**佛得角**：根据官方政府统计和IMF的数据，修订了1990年之后的国民账户数据；新的基年为2007年。**乍得**：根据IMF的数据，修订了2005年之后的国民账户数据；新的基年为2005年。**加拿大**：加拿大公布使用SNA 2008体系。**中国**：根据国家统计局的数据，修订了2000年之后以不变价格计算的货物和服务的出口和进口的方法。**厄瓜多尔**：根据官方政府数据，修订了1965年之后的国民账户数据；新的基年为2007年。厄瓜多尔公布使用SNA 2008体系。**埃塞俄比亚**：根据IMF数据，修订了2000年之后的国民账户数据；新的基年为2011年。**斐济**：根据统计局数据，修订了2005年之后的国民账户支出数据；新的基年为2005年。**中国香港**：中国香港特别行政区公布使用SNA2008体系。**伊拉克**：根据官方政府数据，修订了2000年之后的国民账户数据；新的基年为1988年。**基里巴斯**：根据IMF、亚洲发展银行和世界银行的数据，修订了2000年之后的国民账户数据。**马拉维**：根据IMF的数据，修订了2000年之后的国民账户数据；新的基年为2009年。**马来西亚**：根据官方政府数据，修订了1990年之后的以不变价格和当前价格计算的增值服务的数据。不变价格的国民账户数据关联至1960年；新的基年为2005年。**墨西哥**：基年变为2008年；墨西哥公布使用SNA2008体系。**密克罗尼西亚联邦**：根据太平洋和维尔京群岛培训项目，修订了2009年之后的国民账户数据。**尼日尔**：根据官方政府数据，修订了2006年之后的国民账户数据；新的基年为2006年。**尼日利亚**：根据官方政府数据，在将市场价格不变价GDP增长率的历史数据保留到2006年的同时，修订了1981年之后的国民账户数据。**巴拉圭**：修订了1960年之后的国民账户数据。将两个水电厂（与邻国共同享有）的产出计算在内，提高了对GDP的估计。**罗马尼亚**：根据国家统计机构的数据，修订了国民账户数据；新的基年为2000年。**新加坡**：新加坡公布使用SNA 1993和SNA 2008混合体系。**东帝汶**：根据官方政府数据，修订了国民账户数据；附加值通过基本价格衡量；新的基年为2010年。东帝汶公布使用SNA 2008体系。**图瓦卢**：根据IMF、世界银行和官方政府的数据，修订了2006年之后的国民账户数据；1999年之前的增加值以生产者价格衡量，2000年之后改用基本价格。**美国**：美国公布使用SNA 2008体系。**瓦努阿图**：根据官方政府统计，1997年之前的增加值以生产者价格衡量，1998年之后改用基本价格。**越南**：根据越南统计局的数据，修订了2000年之后的国民账户数据；新的基年为2010年。**赞比亚**：国民账户基准反映了货币的变化，2013年1月新赞比亚克瓦查以1:1,000的比例取代旧克瓦查。

特殊报告期的经济体

经济体	财政年度结束期	国民账户数据报告期
阿富汗	3月20日	FY
澳大利亚	6月30日	FY
孟加拉国	6月30日	FY
博茨瓦纳	6月30日	FY
加拿大	3月31日	CY
埃及	6月30日	FY
埃塞俄比亚	7月7日	FY
冈比亚	6月30日	CY
海地	9月30日	FY
印度	3月31日	FY
印度尼西亚	3月31日	CY
伊朗	3月20日	FY
日本	3月31日	CY
肯尼亚	6月30日	CY
科威特	6月30日	CY
莱索托	3月31日	CY
马拉维	3月31日	CY
缅甸	3月31日	FY
纳米比亚	3月31日	CY
尼泊尔	7月14日	FY
新西兰	3月31日	FY
巴基斯坦	6月30日	FY
波多黎各	6月30日	FY
塞拉利昂	6月30日	CY
新加坡	3月31日	CY
南非	3月31日	CY
斯威士兰	3月31日	CY
瑞典	6月30日	CY
泰国	9月30日	CY
乌干达	6月30日	FY
美国	9月30日	CY
津巴布韦	6月30日	CY

统计方法

本部分将介绍编写《世界发展指标》时使用的一些统计方法。内容包括：计算地区和收入组别的加总所使用的方法以及计算增长率所使用的方法；还介绍了为得到用于测算以美元计价的国民总收入（GNI）和人均GNI估算值的转换系数而使用的世界银行图表集法。每张表格后的“关于数据的说明”还介绍了其他统计方法和计算方法。

加总原则

每个表格的末尾都有按世界银行对各经济体的地区和收入分类而计算的加总。在本书的封二和封底可找到按世界银行的地区和收入分类的214个经济体。加总数也包括中国台湾的数据。大多数表格中也包含了欧元区的加总数，包括欧盟中的经济及货币联盟（EMU）成员国，这些成员国都采用欧元作为其货币：奥地利、比利时、塞浦路斯、爱沙尼亚、芬兰、法国、德国、希腊、爱尔兰、意大利、卢森堡、马耳他、荷兰、葡萄牙、斯洛伐克共和国、斯洛文尼亚和西班牙。其他一些分类，例如欧盟，则在它们所出现的在线表格后面的关于数据部分中作了说明。

由于数据缺失，有些经济体组别的加总数只能看作是未知总额或平均值的近似值。使用加总原则是为了得到固定不变的一组经济体从一个时期到另一个时期的估算值以及所有指标的估算值。由于使用了近似值，子组别加总值与总计值及平均值之间可能会出现微小的差异。此外，汇编错误和数据报告的实际做法也可能使理论上应该完全一致的加总值（例如，世界出口额和进口额）有所差异。

《世界发展指标》中使用的主要加总方法有5种：

- 对于在表格中标以字母“t”的各组别以及世界总数，缺失的数据是根据可获得数据的总值和上一年度估算数总值的关系计算出来的。从2005年往前和往后进行计算外推。2005年的缺失数据是根据数据最齐全的那一年的替代变量之一计算而得。计算得出的数据值（或其替代变量）与可获得数据的总值具有相同的关系。如果缺失数据占基准年度数据总量的1/3以上，则不予计算。用作替代的变量有：以美元计价的GNI、总人口、以美元计算的货物和劳务进出口值，以及以美元计值的农业、工业、制造业和服务业的增加值。
- 标有字母“s”的加总值是全部可获数据之和。缺失的数据不予估算。如果某一给定年份的系列观测数据或系列数据的替代值缺失1/3以上，则该年的总值不予计算。
- 加总比率（标以字母“w”）通常是这些比率的加权平均值（运用名义价值，或在一些情况下其他指标作为权重）。当计算为未加权平均值时，标以字母“u”。加总比率按可获得数据计算得出。缺失数据被假定为与可获得数据相同的平均值。如果缺失数据在基准年度中占权数值的1/3以上，则加总比率不予计算。在极少数情况下，加总比率可以这样计算：根据前述计算总额的原则算出缺失数据值之后，再算出该组别总值的比率。
- 加总增长率（标以字母“w”）通常是增长率的加权平均数值。在极少数情况下，增长率可以根据该组别总值的时间序列来计算。如果某个时期内缺失一半以上的观察数据，则不计算增长率。有关增长率计算方法进一步的讨论，参见后文。

- 标有字母“m”的加总数是表格中所列数值的中位数。如果人口超过100万的国家缺失的观察数据在一半以上，则数值不予列示。

以上原则可能出现例外。根据世界银行分析人员的判断，加总数可以基于少于50%的可获得数据来计算。在其他情况下，如果缺失或被剔除的数值被认为微不足道或不相关，则可以仅根据表格中列出的数据计算加总。

增长率

增长率是年度平均数值，并以百分数来表示。除非特别注明，否则价值增长率是依据不变价格序列计算得出的。计算增长率的方法主要有3种：最小二乘法、指数端点法和几何端点法。从一个时期到下一个时期的变化率是按与前一时期变化的比例计算的。

最小二乘增长率。只要有足够长的时间序列能够进行可靠计算，就使用最小二乘增长率。如果某个时期内的观测数据缺失一半以上，则不计算增长率。最小二乘增长率r按如下方法计算：把变量在相关时期内每年数据的对数拟合成一条线性回归曲线。回归方程的形式如下：

$$\ln X_t = a + bt$$

这相当于下面这个复合增长方程的对数变形：

$$X_t = X_0 \ (1 + r)^t$$

在这个方程中，X是变量，t是时间，$a = \ln X_0$和$b = \ln(1 + r)$均为待估参数。如果b^*是b的最小二乘估计值，则年均增长率r等于$[\exp(b^*) - 1]$，再乘以100即可取得百分数。算出的增长率为平均增长率，它代表的是整个时期内所获得的观测数据。它不一定和任何两个时期之间的实际增长率相等。

指数增长率。某些人口指标，特别是劳动力和人口数量，在两个时间点之间的增长率是按如下方程计算的：

$$r = \ln(p_n/p_0)/n$$

其中，p_n和p_0分别是这段时期内最后一个和第一个观测数据，n是这一时期内的年数，ln是自然对数算子。这个增长率是按两个时间点之间的连续指数增长模型计算。它不考虑这个序列的中间值。指数增长率与根据一年间隔期测算的年度变化比率并不相同，后者给定为$(p_n - p_{n-1})/p_{n-1}$。

几何增长率。几何增长率可用于衡量不连续阶段内的复合增长，例如，利息或红利的支付与再投资。尽管以指数增长率代表的持续增长可能更符合实际情况，但大多数经济现象只是每隔一段时间后估计一次，因此，宜使用复合增长模型。在n个时期内的平均增长率按如下方程计算：

$$r = \exp[\ln(p_n/p_0)/n] - 1$$

世界银行图表集法

在出于某些实用目的计算用美元计价的GNI和人均GNI时，世界银行使用图表集转换系数。使用这一转换系数的目的是为了在对国民收入进行跨国比较时减少汇率波动的影响。

每年的图表集转换系数都是一个国家当年的汇率（或替代转换系数）和前两年的汇率的平均值，同时还应按照该国与日本、英国、美国和欧元区的通货膨胀率之间的差别进行调整。

调整的目的在于降低任何由于通胀引起的汇率变化。

统计方法

一个国家在 t 年和 $t-n$ 年间的通胀率（r_{t-n}）用 GDP 平减指数（p_t）来衡量：

$$Rt-n=pt/pt-n$$

在 t 年和 $t-n$ 年间的国际通胀率（$r_{t-n}^{SDR\$}$）用 GDP 平减指数基于国际货币基金组织记账单位特别提款权（SDRs）的变形来衡量，即"SDR 平减指数"。SDR 平减指数是日本、英国、美国和欧元区的 GDP 平减指数（用 SDR 表示）的加权平均数，转换为美元价格。权数由一个 SDR 单位中所含的各国货币量来决定。

$$r_{t-n}^{SDR\$}=\frac{p_t^{SDF\$}}{p_{t-n}^{SDR\$}}$$

t 年的图表集转换系数（本国货币对美元）（e_t^{atlas}）为：

$$e_t^{atlas}=\frac{1}{3}\left[e_t+e_{t-1}\left(\frac{r_{t-1}}{r_{t-1}^{SDR\$}}\right)+e_{t-2}\left(\frac{r_{t-2}}{r_t^{SDR\$}}-2\right)\right]$$

其中 e_t 是 t 年的平均年度汇率（本国货币对美元）。

t 年以美元计价的 GNI（图表集法）（$Y_t^{atlas\$}$）的计算方法是将图表集转换系数应用到一个国家的当前价格（本币价格）GNI 中，如下：

$$Y_t^{atlas\$}=Y_t/e_t^{atlas}$$

得出的图表集法美元计价 GNI 可以用一个国家的年中人口去除，得到人均 GNI（图表集法）。

替代转换系数

世界银行对官方汇率是否适宜用做转换系数进行系统性地评估。当官方汇率被认为严重偏离国内的外币交易和贸易产品交易中使用的实际汇率时，需使用另一种替代转换系数。这一点只适用于在原始数据文档中列出的少数几个国家。在图表集法以及《世界发展指标》其他地方使用的替代转换系数仅用作单一年份转换系数。

做出贡献的其他人员

1. 世界概览

第1部分由 Neil Fantom 领导的团队撰写。Neil Fantom 起草了导言部分，千年发展目标表格由 Mahyar Eshragh-Tabary、Juan Feng、Masako Hiraga、Wendy Huang、Buyant Erdene Khaltarkhuu、Hiroko Maeda、Johan Mistiaen、Malvina Pollock 和 Emi Suzuki 制作。参与表格制作的有 Mahyar Eshragh - Tabary、Juan Feng、Masako Hiraga、Wendy Huang、Bala Bhaskar Naidu Kalimil、Haruna Kashiwase、Buyant Erdene Khaltarkhuu、Hiroko Maeda 和 Emi Suzuk。世界银行经济政策与债务处的 Signe Zeikate 提供了重债穷国债务减免计划和多边债务减免计划下的债务减免估计值。

2. 人口

第2部分由 JuanFeng、Masako Hiraga、Haruna Kashiwase、Hiroko Maeda 和 Emi Suzuki 与世界银行人类发展网络、发展经济学副行长属下的发展研究组合作起草。Emi Suzuki 准备了人口估计值和预测值。全球贫困工作小组——来自贫困削减与平等网络、发展研究组和发展数据组的贫困专家组根据国家贫困线整理了贫困估计值。世界银行发展研究组的 Shaohua Chen 和 Prem Sangraula 根据国际贫困线准备了贫困估计值。来自理解儿童工作情况项目的 Lorenzo Guarcello 和 Furio Rosati 准备了有关童工的数据。其他做出贡献的人员包括 Samuel Mills（医疗卫生）；来自国际劳工组织的 Salwa Haidar、Maddalena Honorati、Theodoor Sparreboom 和 Alan Wittrup（劳动力）；联合国教科文组织统计研究所的 Amelie Gagnon、Friedrich Huebler 和 Weixin Lu（教育和识字率）；Chandika Indikadahena（医疗卫生支出）、Monika Bloessner、Elaine Borghi 和 Mercedes de Onis（营养不良和超重）、Teena Kunjument（医疗卫生工作者）、Jessica Ho（医院病床）、Rifat Hossain（水和卫生设施）、Luz Maria de Regil（贫血）、Hazim Timimi（肺结核）、Colin Mathers 和 Wahyu Mahanani（死亡原因）和 Lori Marie Newman（梅毒）；世界卫生组织全体人员；国际糖尿病联盟的 Leonor Guariguata（糖尿病）；联合国艾滋病规划署的 Mary Mahy（艾滋病）；联合国儿童基金会的 Colleen Murray（医疗卫生）。Eric Swanson 对引言以及整个编写过程给予了评论和建议。

3. 环境

第3部分是由 Mahyar Eshragh - Tabary 与主管可持续发展网络的世界银行副行长属下的农业与环境服务部合作起草的。Mahyar Eshragh - Tabary 撰写了引言和重点关注故事，Tariq Khokhar 提出了宝贵意见和排版上的帮助。Sonu Jain 帮助起草了财富积累方面的重点关注故事。Esther G. Naikal 和 Chris Sall 帮助准备了颗粒物浓度和自然资源租金方面的数据。Ramgopal Erabelly 为计算最大型城市和城市群的人口数据提供技术支持。Neil Fantom 和 William Prince 为本书所有阶段工作均提供了建设性意见和支持。其他做出贡献的人员包括国际能源署的 Sharon Burghgraeve 和 Karen Treanton、德国国际合作公司（GTZ）的 Gerhard Metchies 和 Armin Wagner、国际自然保护联盟的 Craig Hilton - Taylor 和 Caroline Pollock、国际道路联合会的 Cristian Gonzalez。本编写组为联合国粮食和农业组织、联合国环境规划署和世界保护监测中心、国际自然保护联盟、能源二氧化碳信息分析中心美国部、国际能源机构和美国对外灾难援助机构国际开发办公室提供它们的在线数据库表示感谢，世界银行农业与环境服务部为本部分的撰写提供了大量的人力资源。

4. 经济

在世界银行发展数据组可持续发展和经济

数据小组的密切配合下，第 4 部分由 Bala Bhaskar Naidu Kalimili 起草，Liu Cui 和 William Prince 提出了宝贵意见。引言由 Bala Bhaskar Naidu Kalimili 撰写，Tariq Khokhar 提出了宝贵意见。Bala Bhaskar Naidu Kalimili 和 Maurice Nsabimana 撰写了重点关注部分。中、低收入经济体国民核算账户数据由世界银行地区工作人员通过年度统一调查汇集得出。Maja Bresslauer，Liu Cui，Federico Escaler，Mahyar Eshragh－Tabary，Bala Bhaskar Naidu Kalimili，Buyant Erdene Khaltarkhuu，and Maurice Nsabimana 进行了国民账户数据库的更新、估算和确证工作。Esther G. Naikal 和 Chris Sall 准备了调整后的储蓄和调整后的收入数据。Azita Amjadi 提供了来自世界贸易整合解决方案的贸易数据。本编写组感谢欧洲统计局、国际货币基金组织、经济合作与发展组织、联合国工业发展组织、世界贸易组织提供的数据库资源。

5. 政府与市场

在世界银行金融与私营部门发展网络、减贫与经济管理网络、可持续发展网络、国际金融公司以及外部合作伙伴的协助下，第 5 部分由 FedericoEscaler 和 Buyant Erdene Khaltarkhuu 起草。Buyant Erdene Khaltarkhuu 在 Neil Fantom、Tariq Khokhar 和 William Prince 的协助下共同撰写了引言。其他做出贡献的人员包括 Alexander Nicholas Jett（私有化和基础设施项目）；Leora Klapper 和 Frederic Meunier（营业登记）；Jorge Luis Rodriguez Meza，Valeria Perotti 和 Joshua Wimpey（企业调查）；Frederic Meunier 和 Rita Ramalho（营商环境）；Alka Banerjee、Trisha Malinky 和 Michael Orzano（标准普尔全球股票市场指数）；Kenneth Anya（脆弱环境）；国际战略研究所的 James Hackett（军事人员）；斯德哥尔摩国际和平研究所的 Sam Perlo－Freeman（军费开支和武器交易）；Therese Petterson（战争相关死亡）；国际道路联合会的 Christian Gonzalez、国际民用航空组织的 Narjess Teyssier 以及 Marc Juhel 和 Hélène Stephan（交通）；联合国贸易与发展会议的 Vincent Valentine（港口）；Azita Amjadi（高科技出口）；国际电信联盟的 Vanessa Grey、Esperanza Magpantay、Susan Teltscher 和 Ivan Vallejo Vall、联合国贸易与发展会议的 Torbj-rn Fredriksson、Scarlett Fondeur Gil 和 Diana Korka（信息通讯技术商品贸易）；联合国教科文组织统计研究所的 Martin Schaaper（研究与发展、研究人员和技术人员）；世界知识产权组织的 Ryan Lamb（专利和商标）。

6. 全球联系

在世界银行发展数据组的金融数据小组、发展研究组（贸易）、发展展望组（商品价格和侨汇）、国际贸易组（贸易便利）和外部合作伙伴的协助下，Wendy Huang 在 Evis Rucaj、Rubena Sukaj 的协助下共同起草了第 6 部分。Evis Rucaj 撰写了本部分的引言。Azita Amjadi（贸易和关税）和 Rubena Sukaj（外债和金融数据）在数据和表格方面提供了大量帮助。其他做出贡献的人员包括 Frédéric Docquier（移民率）；联合国贸易与发展会议的 Flavine Creppy、Yumiko Mochizuki 和国际贸易中心的 Mondher Mimouni（贸易）；Cristina Savescu（商品价格）；DHL 的 Jeff Reynolds 和 Joseph Siegel（运输成本）；经济合作与发展组织的 Yasmin Ahmad 和 Elena Bernaldo（援助）；Ibrahim Levent 和 Maryna Taran（外债）；联合国难民事务高级专员办事处的 GTarek Abou Chabake（难民）；世界旅游组织的 Teresa Ciller（旅游）。Ramgopal Erabelly、Shelley Fu 和 William Prince 提供了技术支持。

其他部分

内封的地图由世界银行地图设计单位的 JeffLecksell 协调完成。William Prince 撰写了使用指南和每部分在线图表和数据的目录，并在 Neil Fantom 的协助下撰写了统计方法。Liu Cui

和 Federico Escaler 撰写了原始数据文档。Leila Rafei 起草了合作伙伴。

数据管理

世界发展指标数据库由 William Prince 在数据管理和质量小组的 Liu Cui、Shelley Fu 的帮助下协调管理。RezaFarivari 领导的数据和信息系统小组的 Ramgopal Erabelly 主要负责数据库管理系统的运作。

设计、制作与编辑

Azita Amjadi 和 Leila Rafei 协调了制作的各个方面。在 Meta de Coquereaumont、Jack Harlow、Bruce Ross - Larson 和 Christopher Trott 的领导下，通信发展公司提供了全面的设计指导和编辑。Elaine Wilson 制作了封面和地图，并对本书进行了排版。Peter Grundy Art & Design 公司的 Peter Grundy、Broadley Design 公司的 Diane Broadley 对本报告进行了设计。

行政助理、办公技术和系统支持

Elysee Kiti 提供了行政方面的支持。Jean - Pierre Djomalieu、Gytis Kanchas 和 Nacer Megherbi 提供了信息技术支持。Ugendran Makhachkala、Shanmugam Natarajan、Atsushi Shimo 和 Malarvizhi Veerappan 为《世界发展指标》的数据平台应用提供了软件支持。

出版与发行

由 CarlosRossel 领导的出版和知识部门在整个制作过程中提供了有价值的帮助。Denise Bergeron、Stephen McGroarty、Nora Ridolfi、Paola Scalabrin 和 Janice Tuten 协调了印刷、营销和发行工作。发展经济学副行长办公室的 Merrell Tuck - Primdahl 对通信战略进行了管理。

世界发展指标的移动应用

软件的制作和测试由 Shelley Fu 管理，提供帮助的人员还有 Prashant Chaudhari, NeilFantom, Mohammed Omar Hadi, Soong Sup Lee, Parastoo Oloumi, William Prince, Virginia Romand, Jomo Tariku, and Malarvizhi Veerappan。Soong Sup Lee 领导的数据和信息系统小组承担了系统创建工作。Liu Cui 和 William Prince 提供数据质量保证。

在线获取

通过开放数据网站、世界银行数据申请、新表的浏览申请和编程接口申请，获取《世界发展指标》在线数据的协调工作由 NeilFantom 和 Soong Sup Lee 负责。Azita Amjadi 领导的小组负责网站的创建和维护工作，其中包括 George Gongadze, Timothy Herzog, Meri Jebirashvili, Jeffrey McCoy, Leila Rafei 和 Jomo Tariku。Soong Sup Lee 领导的小组负责系统改善，项目管理则由 Malarvizhi Veerappan 负责。设计、编程和测试工作由 Ying Chi、Shelley Fu、Siddhesh Kaushik、Ugendran Machakkalai、Nacer Megherbi、Shanmugam Natarajan、Parastoo Oloumi、Manish Rathore、Ashish B. Shah、Atsushi Shimo、Maryna Taran 和 Jomo Tariku 完成。Liu Cui 和 William Prince 协调了制作工作并提供质量保证。世界银行对外事务部的小组提供了在线申请的多语种翻译工作。

客户反馈

编写组还要感谢不辞辛苦为本书提供帮助的许多人士，他们的反馈意见和建议有助于我们改进今年的版本。请联系我们 data@ worldbank. org。